É muito raro um líder de igreja conseguir reunir clareza de pensamento e emoção ardente para dirigir-se às necessidades da futura igreja. Dan Kimball consegue ambas as coisas e fala como alguém que realmente vive na linha de frente da batalha. Sou grato por sua sabedoria.

John Ortberg, autor de *Venha andar sobre as águas: Saia do barco e dê o passo para a maior aventura espiritual de sua vida* (Editora Vida)

Em seu trabalho de pesquisa e ministério pós-sensível-ao-interessado voltado para as gerações emergentes, Dan Kimball faz como o apóstolo Paulo: "Tornei-me tudo para com todos, para de alguma forma salvar alguns. Faço tudo isso por causa do evangelho".

Luis Palau, Luis Palau Evangelistic Association

O futuro da igreja nos Estados Unidos depende de gente inovadora como Dan Kimball e das idéias apresentadas neste livro. O cristianismo clássico pode ser aplicado a congregações e igrejas novas ou não com o objetivo de alcançar as novas gerações.

Bob Buford, fundador da Leadership Network e autor de *A arte de virar o jogo no segundo tempo da vida*

Cabelo da moda, mente brilhante, coração apaixonado — Dan Kimball pertence à tribo de homens e mulheres criativos que fazem a causa de Cristo avançar. Seu compromisso com missões e com o contexto estabelece um fundamento importante para qualquer discussão sobre estilo e inovação.

Erwin Raphael McManus, arquiteto cultural, Mosaic, Los Angeles, Califórnia.

Sinto-me inspirado e empolgado cada vez que vejo um líder eclesiástico lidar com o assunto de como a igreja pode alcançar com eficiência uma geração numa cultura mutável. O ministério e os ensinamentos de Dan Kimball irão alargar nossos horizontes e desafiar a todos nós que desejamos levar a noiva de Cristo ao seu potencial máximo.

Nancy Beach, diretora de programação, Willow Creek Community Church

Este livro irá desafiá-lo a refletir profundamente e repensar como sua igreja pode se envolver com a cultura emergente em seu formato singular, tendo você e sua equipe como indivíduos singulares, no momento singular que você estiver vivendo... esteja você ministrando numa igreja estabelecida e rica em tradições ou numa igreja nova recém-implantada, aberta e com total liberdade. [...] Nenhum livro pode transformar seu ministério numa tarefa fácil, mas um bom livro como este pode ajudá-lo a encarar tal desafio.

Brian McLaren, autor de *More ready than you realize*

Dan Kimball acende um holofote (ou para ser mais preciso, uma fileira de castiçais), que ilumina o mundo "sensível-ao-interessado" repleto de mistérios. Que as igrejas não ousem ignorar as perspectivas das gerações emergentes à medida que elas levam o evangelho para o futuro.

Marshall Shelley, editor do *Leadership Journal*

Nós sempre entramos em contato com pessoas que trabalham com jovens, pastores, líderes de igreja que desejam compreender os artifícios do pós-modernismo e suas implicações para a igreja, mas sentem-se intimidados pela maior parte do que já foi escrito sobre o assunto. O livro de Dan Kimball destila as complexas idéias em partes menores e digeríveis sem torná-las simplistas. E ele não pára por aí: oferece uma discussão prática das implicações reais para o ministério.

Tic Long, presidente da Youth Specialties Events

Dan Kimball tem conselhos para a igreja que todos nós deveríamos ouvir. É hora de voltarmos para o cristianismo clássico.

Chris Seay, autor de *The Gospel According to Tony Soprano* [O evangelho segundo Tony Soprano] e pastor da Ecclesia em Houston

Nunca irei me esquecer da primeira vez que ouvi Dan Kimball falar em sua igreja em Santa Cruz. Suas palavras simplesmente pairavam no ar, de tão presentes e atuais que eram. E neste livro suas palavras saltam das páginas para dentro de nossa vida como inspiração e ficam impregnadas em nossa mente e coração, incitando nossos pensamentos e sentimentos por muito tempo depois do primeiro encontro.

David Crowder, artista da Sparrow Records e pastor de música e artes da University Baptist Church, Waco, Texas

De vez em quando surge um livro que descreve a realidade de modo assustadoramente simples e sem maiores esforços. No mundo dos ministérios, este livro é um deles.

Sally Morgenthaler, fundadora do Sacramentis.com e autora do livro *Worship evangelism* [Evangelismo pela Adoração]

Este livro é maravilhoso, um exemplo detalhado de uma igreja com propósitos num mundo pós-moderno. Meu amigo Dan Kimball escreve com paixão, do fundo do coração, e com profundo desejo de alcançar a cultura e as gerações emergentes. Enquanto meu livro Uma igreja com propósitos *explica o chamado da igreja, o livro de Dan explica como aplicá-lo às pessoas criativas da cultura que pensam e sentem em termos pós-modernos. Você precisa prestar atenção a ele porque os tempos estão mudando.*

Rick Warren, pastor da Saddleback Valley Community Church e autor de *Uma vida com propósitos* (Editora Vida)

Testado no laboratório de seu próprio ministério eficiente, Dan Kimball continua a ensinar e modelar uma paixão pelas almas não-alcançadas das gerações emergentes. Ele merece uma avaliação honesta e integral. Leia este livro por sua conta e risco. Para muitos ele pode parecer ameaçador, mas poderá abrir seus olhos para a realidade e para uma esperança renovada para nossos filhos e netos.

Howard G. Hendricks, professor no Dallas Theological Seminary

Dan tem coragem de ser exemplo de um pensamento revolucionário e sabedoria para incentivar ações reconciliadoras. Este livro é tanto um guia quanto um blog de transformação.

Spencer Burke, criador do theooze.com

Com este livro maravilhoso Dan Kimball presenteou os seguidores de Cristo e todos os que se importam com o futuro de sua igreja. Fundamentado em uma teologia missional e formatado na atividade prática do ministério, este livro é um guia de campo essencial para líderes que querem compreender a transição, hoje em andamento, de um mundo antigo para um mundo novo e para o surgimento de uma nova igreja. Leia este livro, aprenda com ele e compartilhe-o com outros.

Carol Childress, Leadership Network

Dan Kimball realiza um trabalho maravilhoso ao contrastar os mundos cristãos moderno e pós-moderno (pós-cristão), e ainda oferece o que considero ser um guia de princípios extremamente práticos que podem ser contextualizados em qualquer cenário.

Daniel Hill, pastor da Axis, Willow Creek Community Church, Barrington, Illinois

Dan Kimball tem a capacidade de fazer uma crítica equilibrada da igreja evangélica moderna que é tanto branda quanto vigorosa. Este livro irá abrir muitos olhos e, conseqüentemente, a igreja será aperfeiçoada.

Tony Jones, autor de *Postmodern Youth Ministry* [Ministério para jovens pós-modernos] e ministro de jovens e jovens adultos na Colonial Church of Edina, Minnesota.

Dan Kimball realizou um trabalho muito eficiente ao transmitir informações essenciais e exemplos práticos que irão informar e inspirar os que estão começando a se envolver com a igreja emergente e os que já estão nas trincheiras há anos. Criativo, acessível, inspirador... Este é o Dan Kimball clássico.

Dieter Zander, co-fundador do Reimagine!, uma incubadora de ações sociais, criativas, construtoras de comunidades e inspiradas no Reino sediada em São Francisco

Como um pastor que compreende tanto a cultura atual como a importância da fundamentação bíblica, Dan conseguiu estabelecer um caminho seguro de ser trilhado por qualquer líder de igreja emergente. Suas idéias sobre liderança são envolventes e desafiadoras para todo aquele que desejar introduzir em nosso mundo a verdade cristalina do evangelho.

Paul Allen, diretor-executivo da revista *Rev*.

Enquanto muitos cristãos amaldiçoam as "trevas" do pós-modernismo e outros minimizam seus valores, Dan Kimball nos ajuda a enxergar com realismo como a igreja de hoje pode se comunicar e alcançar a cultura emergente à nossa volta. Qualquer um que desejar fazer parte do exército de pessoas que está criando uma nova abordagem ministerial precisa ouvir este pioneiro.

Gary Tuck, Ph.D., professor associado de literatura bíblica do Western Seminary, San Jose

Dan é um praticante, não um mero teórico. Ele não é estrategista de gabinete. Está na linha de frente alcançando essa geração. Este é um livro prático. Entretanto, faz mais do que meramente apresentar uma metodologia que se relaciona com questões fundamentais. O livro oferece uma abordagem fundamentada na Bíblia para o ministério, mas, de modo claro, estabelece que não há um único modo de ministrar. Tanto que muito do que é apresentado é novo e progressista. Em seguida, Dan sopra vida nova sobre os métodos centenários de comunhão com Deus.

Les Christie, presidente do Youth Ministry Department no San Jose Christian College

Trabalhei com Dan durante dez anos num ministério de uma escola de ensino médio, em Graceland, e também agora ao iniciarmos o trabalho da Vintage Faith Church. Tenho o privilégio de chamá-lo de amigo íntimo. Este livro irá abrir seus olhos para as incríveis oportunidades de influenciar o reino que a igreja emergente tem num país pós-cristão como os Estados Unidos. O aspecto mais interessante deste livro é o fato de todo o seu conteúdo ter sido vivenciado no contexto de nossa comunidade local, de estilo de fé clássica.

Josh Fox, pastor de louvor e artes das igrejas Graceland/Santa Cruz Bible Church e Vintage Faith Church

O que mais gostei neste livro é o fato de ter lido algo que teve origem na prática. Tive o privilégio de trabalhar com Dan por muitos anos e pude vê-lo viver, aprender e pôr em prática tudo o que ele escreve neste livro. Ele não é apenas um teórico.

Chip Ingram, presidente do Caminhada Bíblica

A igreja emergente

©2003, de Dan Kimball
Título original
The Emerging Church — Vintage Christianity for new generations
edição publicada por
ZONDERVAN
(Grand Rapids, Michigan, EUA)

■

Todos os direitos desta tradução em língua portuguesa reservados por Editora Vida.

PROIBIDA A REPRODUÇÃO POR QUAISQUER MEIOS, SALVO EM BREVES CITAÇÕES, COM INDICAÇÃO DA FONTE.

Todas as citações bíblicas foram extraídas da *Nova Versão Internacional* (*NVI*), ©2001, publicada por Editora Vida, salvo indicação em contrário.

■

EDITORA VIDA
Rua Júlio de Castilhos, 280 Belenzinho
CEP 03059-000   São Paulo, SP
Tel.: 0 xx 11 2618 7000
Fax: 0 xx 11 2618 7044
www.editoravida.com.br
www.vidaacademica.net

Editor responsável: Sônia Freire Lula Almeida
Preparação: Nilda Nunes
Revisão de provas: Polyana Lima
Assistente editorial: Alexandra Resende
Diagramação: Efanet Design (adaptação)
Capa: Arte Peniel
Crédito de direitos da imagem: Pictocology
Imagem: estática em tela de televisão
Crédito de direitos da imagem: Kamil Vojnar
Imagem: composição em velas e crucifixo

Dados Internacionais de Catalogação na Publicação (CIP)
(Câmara Brasileira do Livro, SP, Brasil)

Kimball, Dan
   A igreja emergente: cristianismo clássico para as novas gerações / Dan Kimball; tradução Robinson Malkomes; prefácio Luiz Sayão — São Paulo: Editora Vida, 2008.

   Título original: The emerging church : vintage christianity for new generations.
   ISBN 978-85-383-0081-6

   1. Culto público 2. Evangelização 3. Igreja - Trabalho com jovens I. Título

08-08597   CDD 264

Índice para catálogo sistemático:

1. Culto público : Cristianismo   264

Dan Kimball

A igreja emergente
cristianismo clássico para as novas gerações

Com comentários de
Rick Warren
Howard Hendricks
Brian McLaren
Sally Morgenthaler
Chip Ingram
Mark Oestreicher

Tradução
Robinson Malkomes

Vida
ACADÊMICA

Sumário

Prefácio à edição brasileira de Luiz Sayão 11
Prefácio de Rick Warren 13
Prefácio de Brian McLaren 15
Agradecimentos 17
Introdução 19

PARTE 1
Desconstruindo o ministério pós-moderno, velas e café

1. O interessado pós-cristão, antiigreja, anticristão 27
2. Como foi minha mudança de sensível-ao-interessado para pós-sensível-ao-interessado 39
3. Compreendendo o passado para compreender o futuro .. 51
4. Além do pós-modernismo, das velas e do que é legal 61
5. Mais que um abismo entre gerações 73
6. Nascido (Budista-Cristão-Wiccaniano-Muçulmano-Hétero-*Gay*) nos Estados Unidos 87
7. Gosto de Jesus, mas não dos cristãos 101
8. O que é "igreja"? O segundo capítulo mais importante deste livro 115

PARTE 2
Reconstruindo o cristianismo clássico na igreja emergente

9. O dilema do culto sensível-ao-interessado 127
10. O que é essa coisa que chamamos "culto de adoração"? ... 139
11. O culto sensível-ao-interessado e a reunião de adoração pós-sensível-ao-interessado 147
12. Vencendo o temor do ensino e da adoração multissensoriais 155
13. Criando um espaço sagrado para a adoração clássica 161
14. Contando com o espiritual e expressando as artes 173

15. Criando reuniões de adoração multissensoriais e experienciais 189
16. Pregação — voltando a contar histórias 211
17. Pregando sem palavras 229
18. Evangelismo — mais que uma oração para ir para o céu ... 245
19. Formação espiritual — tornando-se um cristão clássico ... 263
20. Liderança para a igreja emergente 279

Epílogo pessoal: A jornada não pára 299
Apêndice A: Modelo de uma reunião de adoração clássica 305
Apêndice B: Exemplos de temas para ensino 309
Apêndice C: Recursos para a igreja emergente 315
Notas 323

Prefácio à edição brasileira

de Luiz Sayão

O mundo protestante anglo-saxão tem conhecido um novo enfoque eclesiológico nos últimos anos. A nova tendência, resultante do impacto da pós-modernidade, é conhecida como *emerging church*, ou, como se tenta traduzir: "igreja emergente". O tema é absolutamente indispensável para o ministério cristão contemporâneo, para a realidade brasileira inclusive.

A *emerging church* está diretamente relacionada com o mundo pós-moderno. É preciso dizer que a pós-modernidade é o movimento da cultura que rejeita os valores da modernidade e vê com desconfiança os princípios racionais supostamente universais, desenvolvidos na época do Iluminismo. A filosofia de perfil irracionalista do final do século XIX preparou terreno para a pós-modernidade. Mas a pós-modernidade propriamente dita tem origem nas primeiras décadas do século XX, e seu impacto maior ocorreu nas últimas décadas. O fenômeno teve início nas artes, inicialmente na arquitetura, e depois teve espaço ampliado na cultura geral. O impacto maior na sociedade se deu por influência da mídia. O cinema, a televisão e a internet são seus principais disseminadores. Esse novo modo de ser já criou uma nova cultura que desafia o jeito tradicional de ser igreja. A nova cultura manifesta algumas tendências como metanaturalismo, desespero humanista, irracionalismo, misticismo, relativismo, existencialismo, pluralismo, predomínio do artístico etc. Tudo isso traça um perfil distinto de uma nova realidade que precisa ser mapeada, compreendida e enfrentada.

O grande desafio para os cristãos é ser igreja nessa nova cultura. Em que medida a igreja deve mudar e como ela deve permanecer inalterada no novo cenário cultural é a questão a ser considerada. Com muitas expectativas apresentamos aqui a obra de Dan Kimball. Trata-se de uma leitura provocante, instrutiva e instigadora. Com toda a certeza, não passará em branco e seguramente trará muita luz sobre a nova realidade.

Não há muita dúvida de que nossa tradição evangélica histórica foi moldada teológica e eclesiologicamente com os parâmetros da modernidade. Essa igreja histórica, e um tanto quanto "naftalínica", sente em diversos aspectos o seu descompasso com a nova geração. É necessário remodelar a igreja e tornar a mensagem bíblica relevante para o mundo contemporâneo. Todavia, a questão é mais complexa quando o assunto é teologia. O desafio é construir uma teologia desprendida da modernidade que não se afunde nas areias movediças da gelatinosa pós-modernidade. Nem sempre as boas propostas eclesiológicas da *emerging church* serão acompanhadas da solidez teológica necessária.

É conhecido que a igreja brasileira está entre as mais efervescentes do mundo. É vibrante, atuante e viva. Contudo, é nova, frágil e superficial. Sua capacidade de ajustar-se aos novos contextos é fato comprovado. De todo modo, os desafios da sociedade agnóstico-mística pós-moderna parece ser um gigante incomensurável a ser vencido.

Esperamos que esta excelente obra de Kimball seja uma contribuição importante para promover a reflexão adequada e pertinente que permitirá um crescimento qualitativo e quantitativo da igreja brasileira.

LUIZ SAYÃO
Pastor, hebraísta e lingüista

Prefácio

de Rick Warren

No ministério, algumas coisas jamais devem ser mudadas, enquanto outras necessitam de alterações constantes. Os cinco propósitos de Deus para sua igreja são inegociáveis. Se uma igreja falha na adoração, na comunhão, no discipulado, no ministério da Palavra e no evangelismo, ela deixa de ser igreja. É apenas um clube. Todavia, o estilo que escolhemos para atingir esses propósitos eternos deve ser continuamente ajustado e modificado, porque a cultura humana está em constante transformação.

A palavra "contemporâneo" significa literalmente "que é do mesmo tempo". Por definição, uma coisa contemporânea não deve durar para sempre. Ela é eficaz apenas por um tempo, e tem sua relevância naquele momento específico. Isso é o que a torna contemporânea. O que consideramos contemporâneo e relevante para os próximos dez anos, estará, sem sombra de dúvida, obsoleto e desgastado em vinte anos.

Como pastor, tenho observado muitas igrejas adotarem um estilo contemporâneo no louvor, na programação, na arquitetura, na música e em outros elementos. Isso é correto, contanto que a mensagem bíblica permaneça inalterada. Mas o que está na moda hoje estará inevitavelmente fora de moda em breve, e os ciclos de mudança estão se tornando cada vez mais curtos, suportados pela tecnologia e pela mídia. Novos estilos e novas preferências, assim como a moda, estão sempre surgindo.

Permita-me dar-lhe um conselho. Nunca vincule sua igreja a um estilo, pois logo ele estará desatualizado e fora de moda. Na Saddleback Church, mudamos os estilos de adoração, programação e evangelismo muitas vezes durante nossos primeiros vinte anos e iremos continuar mudando porque o mundo continua mudando. A única maneira de sermos relevantes é ancorando nosso ministério em verdades imutáveis e propósitos eternos, mas sempre atentos e dispostos a adaptar a maneira de comunicar essas verdades e propósitos.

Este livro é maravilhoso, um exemplo detalhado de uma igreja com propósitos num mundo pós-moderno. O meu amigo Dan Kimball escreve com paixão, do fundo do coração, e com intenso desejo de alcançar a cultura e as gerações emergentes. Enquanto meu livro *Uma igreja com propósitos* explica o chamado da igreja, o livro de Dan explica como aplicá-lo às pessoas criativas da cultura que pensam e sentem em termos pós-modernos. Você precisa prestar atenção a ele porque os tempos estão mudando.

Nos últimos vinte anos, as pessoas que buscam coisas espirituais mudaram bastante. Em primeiro lugar, há muito mais gente nessa categoria. Há pessoas interessadas em assuntos espirituais por toda parte. Eu nunca vi tanta gente com anseio de descobrir e desenvolver a dimensão espiritual da vida. Por essa razão, existe um grande interesse no pensamento oriental, em práticas da Nova Era e em elementos transcendentes. Hoje as pessoas interessadas na vida espiritual estão com fome de símbolos, metáforas, experiências e histórias que revelem a grandeza de Deus. E porque essas pessoas estão em constante mutação devemos ser sensíveis a elas, assim como Jesus foi; devemos estar dispostos a encontrá-las em seu próprio mundo e nos comunicar de um modo que compreendam.

Provavelmente você não irá concordar com tudo o que vai ler neste livro. Dan sinceramente admite (com humildade) que exagerou em alguns casos, como nos gráficos comparativos e quando trata das diferenças entre o antigo e o novo, entre o moderno e o pós-moderno, entre o ministério de ontem e o ministério de amanhã. Generalizações são *geralmente* equivocadas. Mas, por favor, não permita que essa visão, ou qualquer outra que esteja em discordância com a sua façam-no menosprezar este importante livro. Dan tem algo vital para falar, e a igreja precisa ouvir.

Lembre-se: o mundo muda, mas a Palavra não. Para ser eficaz no ministério, devemos aprender a viver com a tensão entre essas duas verdades. A minha oração é que Deus use este livro para fazer surgir uma nova safra de igrejas que, a exemplo de Davi em Atos 13.36, têm "servido ao propósito de Deus em sua geração". Precisamos de igrejas que sejam movidas por propósitos e também sejam pós-modernas, que não se desgastem com o tempo e sejam sempre oportunas. Que Deus o use com esse propósito.

Prefácio

de Brian McLaren

Muitas vezes nos últimos anos, os líderes de igrejas agiram como se ser sensível aos interessados na fé fosse sinônimo de estar preso a um modelo que serve para todo mundo ou tivesse algo a ver com franquias, clones ou imitações. Com muita freqüência, trocamos estilos, métodos e modos de pensar tradicionais e rígidos por outros "contemporâneos", mas igualmente rígidos. Muitas vezes agimos sem reflexão suficiente, sem pensar a fundo nas profundas relações entre igreja e cultura, entre passado, presente e futuro, entre nossos métodos e nossa mensagem. E temos sido propensos a esquemas e artifícios de um pragmatismo irrefletido (algumas vezes desesperado), não nos revelando sem malícia como as pombas nem astutos como as serpentes (Mateus 10.16).

Desde que conheci Dan Kimball, ele me impressionou por ser criativamente diferente de todas essas tendências. Um verdadeiro aprendiz e inovador, ele formula perguntas importantes. E lê ampla e profundamente. E pensa e repensa, por mais doloroso que isso seja! Por meio deste livro, você será estimulado a fazer o mesmo.

Este livro irá desafiá-lo a refletir profundamente e repensar como sua igreja pode se envolver com a cultura emergente em seu formato singular, tendo você e sua equipe como indivíduos singulares, no momento singular que você estiver vivendo... esteja você ministrando numa igreja estabelecida e rica em tradições ou numa igreja nova recém-implantada, aberta e com total liberdade, esteja onde estiver, com limitações ou com recursos, com desvantagens ou com vantagens peculiares e exclusivas. São suas oportunidades singulares ou desafios singulares. Nenhum livro pode transformar seu ministério numa tarefa fácil, mas um bom livro como este pode ajudá-lo a encarar o desafio.

A igreja emergente lhe oferece idéias novas e estimulantes, bem como sugestões práticas que envolvem a cultura emergente com o evangelho. Nossa compreensão do evangelho muda constantemente à medida que nos envolvemos na missão em nosso mundo complexo e dinâmico, e descobrimos que o evangelho dispõe de um rico caleidoscópio de significados a oferecer, surtindo níveis inexplorados de profundidade e revelando incontáveis facetas de descobertas e relevância. Sem dúvida, à medida que entrarmos no mundo pós-moderno, olharemos para trás e veremos que determinados aspectos de nossa compreensão moderna do evangelho eram limitados ou imperfeitos e, sem dúvida, deveremos ser humildes e cuidadosos, pois poderemos cometer (e cometeremos) os mesmos equívocos do passado em nosso novo contexto.

Mas esse é nosso desafio e, quando terminar de ler a última página deste livro, você se sentirá mais motivado e preparado para enfrentá-lo... e para considerá-lo uma oportunidade emocionante e um privilégio.

Agradecimentos

À equipe da Graceland e à comunidade: Foi no chão de minha sala de estar durante uma longa oração que nasceu a idéia das reuniões de adoração da Graceland e da abordagem de ministério com Josh Fox e Rollyn Zoubek. Durante os anos seguintes, Josh Fox, Heather Margo, Christine Beitsch, Jessica Ivan, Ursula Haas-Macmillon, Erik Hopper e Joe Schimmels participaram em algum momento da equipe. Os membros da Graceland também contribuíram de forma muito importante para este livro, pois foi a vida de cada um deles que ajudou a formatar o ministério e as idéias aqui descritas.

Muitos líderes que com fidelidade serviram Jesus participaram do grupo e de muitas maneiras ajudaram a escrever este livro, mesmo sem ter consciência disso. Rod e Connie Clendenen, Steve e Caren Ruppert, Tom e Debi Rahe, Fred e Bebe Barnes, Robert Namba, Bonnie Wolf, e outros que ao longo dos anos constituíram belos exemplos de gerações que repassaram sua fé para as gerações mais novas.

À Santa Cruz Bible Church: Preciso agradecer a Chip Ingram, aos presbíteros e à equipe administrativa da igreja. Eles me concederam o santo privilégio de servir Jesus no ministério com jovens durante muitos anos. Ali tive liberdade para pensar de formas diferentes em como encarar e experimentar o ministério ao começar as reuniões de adoração da Graceland. Por intermédio da Santa Cruz Bible Church, Josh Fox e eu estamos outra vez explorando novas possibilidades e estendendo a visão para poder alcançar a cultura emergente, fundando a primeira igreja-irmã da Santa Cruz Bible Church: a Vintage Faith Church [Igreja da fé clássica] (www.vintagechurch.org).

À Emergent, a Leadership Network e a outros líderes de igrejas emergentes: Tenho sido desafiado e influenciado em meu processo de repensar a igreja e o ministério por muitas conversas e amizades com pensadores como Brian McLaren, Doug Pagitt,

Brad Cecil, Sally Morgenthaler, Tony Jones, Brad Smith, Spencer Burke, Dieter Zander, Denny Henderson, Mark Oestreicher e Tic Long da Youth Specialties, Paul Allen, Daniel Hill, e muitos outros líderes e igrejas emergentes com os quais tive o privilégio de manter diálogo.

O fato é que, sem essas pessoas, eu não saberia dizer se teria sobrevivido nessa jornada até aqui. Com elas aprendi que não estava sozinho e que há outros por aí tendo a mesma percepção da realidade e fazendo as mesmas perguntas; percebi, então, que eu não estava ficando maluco. Na verdade, nem tenho como agradecer a todas essas pessoas a maneira pela qual Deus as usou em minha vida, ministério e sobriedade filosófica. Em particular, à Leadership Network (www.leadnet.org) e à Emergent (www.emergentvillage.com) que foram realmente usadas por Deus para ajudar no renascimento da minha visão de igreja e ministério, à medida que olhamos para onde Deus está agindo, dando forma à igreja emergente. É uma alegria ser parte da diretoria da Emergent-YS e uma emoção imaginar qual será o próximo passo de Deus com esse movimento.

A Becky, Skip e Jan: Becky, minha esposa, ajudou-me com quase tudo neste livro, pois somos uma equipe e juntos no ministério servimos Jesus. Skip e Jan, meus pais, também ajudaram a formar meu pensamento sobre o que uma família e uma igreja podem ser, por meio do belo exemplo que me deram como pais. Isso me ajudou a compreender o amor de Deus por seus filhos.

A Paul Engle e John Raymond: Paul e John da editora Zondervan foram incrivelmente encorajadores neste processo, tornando muito agradável minha primeira experiência como autor. Gostei do fato de que os dois foram pastores e, portanto, compreendiam o ministério e os desafios que enfrentamos na igreja emergente.

Aos comentaristas neste livro (veja as biografias no final): Agradeço a Chip, Rick, Mark, Sally e ao dr. Hendricks por gastarem tempo para ler e colaborar escrevendo. Seus vários comentários e opiniões fazem esta obra ter muitas vozes e não apenas uma.

Introdução

" Tenham cuidado para que ninguém os escravize a filosofias vãs e enganosas, que se fundamentam nas tradições humanas e nos princípios elementares deste mundo, e não em Cristo.

— Colossenses 2.8

Você já tentou digitar as palavras *igreja emergente* e *pós-moderno* em seu *site* de busca favorito na internet? Eu já. Eu poderia passar horas vendo os resultados de *sites* de igrejas, *webzines*, grupos de discussão e *blogs* que demonstram que Deus está se movendo entre os líderes emergentes em todo o mundo. Deixando o meu computador, passo os olhos sobre um catálogo na minha mesa de um grande distribuidor de livros e conto mais de uma dúzia de novos livros sobre o assunto. O interesse pelo tema está claramente crescendo, ou seja, como a igreja pode alcançar as gerações emergentes no contexto que alguns denominam pós-moderno ou pós-cristão.

Estou absolutamente empolgado! Os líderes da igreja estão percebendo que as mudanças em nossa cultura não podem ser mais ignoradas. Talvez tenhamos sido despertados pela presença cada vez menor de pessoas das gerações mais jovens em nossas igrejas. Talvez o Espírito de Deus esteja se movendo entre nós, proporcionando-nos uma sensação inquietante de que a igreja do jeito que está não pode continuar.

Precisamos **pensar na cultura emergente porque muita coisa está em jogo**

Acredito com todo o meu coração que é necessária essa discussão sobre a cultura que muda com toda a rapidez e sobre a

> **emergente, emergir**
> adj. recém-formado ou apenas começando a ter proeminência
> v. vir à tona, ser descoberto[1]

igreja emergente. Enquanto muitos estão preparando sermões e se mantendo ocupados com questões internas das igrejas, algo alarmante está acontecendo do lado de fora. O que antes era uma nação com uma cosmovisão judeu-cristã está rapidamente se tornando uma nação pós-cristã, não-alcançada e sem experiência nem vínculo com a igreja. Tom Clegg e Warren Bird no livro *Lost in America* [Perdido na América] afirmam que a população dos Estados Unidos sem vínculo com alguma igreja é hoje o maior campo missionário no mundo de fala inglesa e o quinto maior em todo o globo.[2]

Gerações estão surgindo ao nosso redor sem nenhuma influência cristã. Então devemos repensar tudo o que estamos fazendo em nossos ministérios.

Um perigo claro e real ao ler este livro

Muitas vezes participo de conversas em que algumas pessoas acabam fazendo perguntas assim: "Que tipo de música traria os jovens para sua igreja?" ou "Qual é o modelo para começarmos um novo culto de louvor que alcance as gerações emergentes?". Muitas dessas perguntas focam a metodologia para o ministério.

Esse foco, porém, apresenta um perigo para o qual precisamos chamar a atenção desde já neste livro: o perigo de focar a metodologia para o ministério sem a devida compreensão e atenção para aspectos fundamentais muito mais importantes. Vou citar aqui três premissas nas quais baseio o que escrevo.

1. Não há um modelo único para a igreja emergente

Em vez de apenas um modelo, há centenas e milhares de modelos de igrejas emergentes. A modernidade pode nos ter ensinado a olhar para um simples modelo e imitá-lo. Mas, no contexto pós-moderno de hoje, não é assim tão simples.

Entretanto, podemos perceber paradigmas impressionantes se desenvolvendo entre as igrejas conectadas com a mente e o coração pós-cristão por todos os Estados Unidos e na Inglaterra. Farei

referências a diversos exemplos neste livro. Mas, por favor, lembre-se de que não existe um modelo para fazer as coisas, porque não é possível pôr a igreja emergente dentro de um molde. Ela está sendo formada por igrejas grandes, pequenas, igrejas nos lares, igrejas multirraciais e interculturais, igrejas urbanas, rurais e de periferia. Espero que você possa enxergar este livro não como um manual que mostra como aplicar um modelo de igreja, mas como um material estimulante que leve todos a pensar no que Deus quer que seja realizado de maneira singular no seu contexto.

2. A igreja emergente é mais uma mentalidade do que um modelo

Aprendi que os líderes emergentes anseiam pela mesma coisa. Eles sabem que algo precisa mudar em nossas igrejas evangélicas se quisermos alcançar e envolver a cultura emergente. Eles sabem que temos de mudar o jeito que pensamos a igreja, não apenas mudar nossas formas de ministração. Os líderes emergentes não têm receio de eliminar as lentes dos ministérios modernos, pelas quais estamos enxergando a "igreja", e substituí-las por um novo conjunto de lentes que nos permitam reexaminar tudo o que fizemos até aqui. A igreja emergente não deve tentar mudar apenas a embalagem de nossos ministérios. Precisamos olhar para dentro com uma nova mentalidade.

3. A igreja emergente mede o sucesso de modo missional

A igreja moderna tem sido criticada por gabar-se (ou envergonhar-se) quando conta os três Ps (prédios, planejamento financeiro e pessoas) para, direta ou indiretamente, medir o sucesso por apenas esse critério. A igreja emergente precisa ter cautela para não cair na mesma armadilha. Não podemos ter sucesso simplesmente começando a usar velas, obras de arte, a prática da *lectio divina* e estações de oração. Sucesso é muito mais que ter uma reunião de adoração alternativa que se tornou o evento mais disputado da cidade, atraindo centenas de jovens.

 A igreja emergente precisa redefinir como medimos o sucesso: pelas características de um discípulo de Jesus com a mente focada no Reino, gerado pelo Espírito, não por nossas metodologias, estatísticas, estratégias ou coisas interessantes ou inovadoras que estamos fazendo.

Como devemos medir o sucesso na igreja emergente? Observando o resultado de nossas práticas, o que elas *produzem* no povo de Deus quando as pessoas são enviadas com a missão de viver como sal e luz em suas comunidades (Mateus 5.13-16), e observando se as pessoas de nossa igreja levam justiça social e caridade a sério como parte da missão que Jesus realizou. Devemos medir o sucesso ao olhar para as mesmas características que o Espírito de Deus recomendou para a igreja emergente e missionária de Tessalônica no primeiro século: "Assim, tornaram-se modelo para todos os crentes que estão na Macedônia e na Acaia. Porque, partindo de vocês, propagou-se a mensagem do Senhor na Macedônia e na Acaia. Não somente isso, mas também por toda parte tornou-se conhecida a fé que vocês têm em Deus. O resultado é que não temos necessidade de dizer mais nada sobre isso, pois eles mesmos relatam de que maneira vocês nos receberam, e como se voltaram para Deus, deixando os ídolos a fim de servir ao Deus vivo e verdadeiro, e esperar dos céus seu Filho, a quem ressuscitou dos mortos: Jesus, que nos livra da ira que há de vir" (1Tessalonicenses 1.7-10).

A igreja emergente de Tessalônica foi elogiada porque sua missão e mensagem propagaram-se, e sua fé "por toda parte tornou-se conhecida" (1.8). Paulo os ensinou a ganhar o respeito "dos que são de fora" (4.12). Dessa reputação e do foco em missões, muitos vieram a conhecer Jesus e se "voltaram para Deus, deixando os ídolos" (1.9). Os tessalonicenses viveram intensamente as missões e o amor na igreja (4.9,10). Levavam o viver santo e puro a sério (4.1-7). São esses os critérios pelos quais devemos julgar nosso sucesso.

Escrevo essas palavras com uma grande preocupação pessoal. Tenho conversado com outros líderes de ministérios, todos zelosos

e empolgados com todas as novidades que estamos vivendo em nossas igrejas e ministérios emergentes. Falamos sobre filósofos e sobre novas perspectivas teológicas, compartilhamos os eventos de adoração *rave* na Inglaterra, conversamos sobre adoração vivenciada. E algumas vezes criticamos o que a modernidade fez com a igreja. Mas o que infelizmente quase sempre falta em nossas conversas é falarmos sobre as características tão estimadas na igreja de Tessalônica. Então, à medida que ler este livro, peça ao Espírito de Deus que lhe mostre como usá-lo para produzir características parecidas com as dos tessalonicenses.

Dividi este livro em duas partes. Espero que você resista à tentação de pular para a segunda parte, em que falo sobre alguns assuntos ministeriais práticos, porque a primeira parte é de extrema importância. Se não compreendermos as causas dos sintomas, nosso tratamento será meramente cosmético e ineficiente.

Na segunda parte iremos focar o processo de repensar a liderança, a formação espiritual, a missão da igreja e o evangelismo. Vamos também olhar como diversas igrejas americanas estão mudando seus cultos de adoração para ir ao encontro das necessidades da cultura emergente.

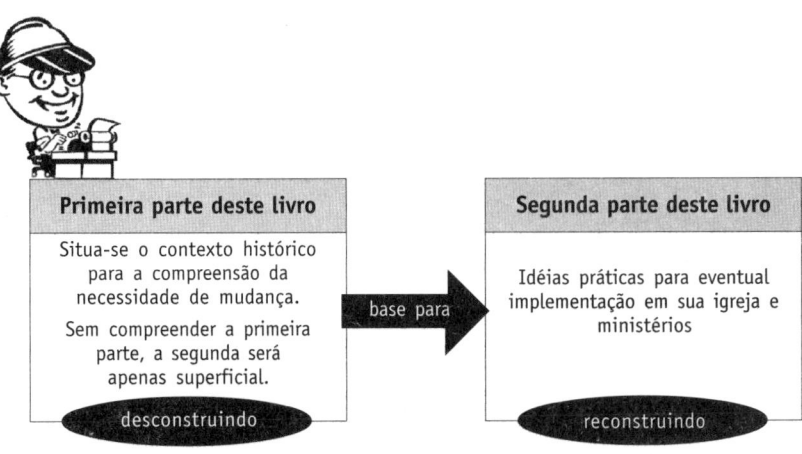

Que o nosso coração bata mais rápido quando pensarmos em como nossas igrejas podem ser reconhecidas pelo amor, pela maneira de orar e compartilhar Jesus, em vez de serem conhecidas

> O que mais gostei neste livro é o fato de ter lido algo que teve origem na prática. Tive o privilégio de trabalhar com Dan por muitos anos e pude vê-lo viver, aprender e pôr em prática tudo o que ele escreve neste livro. Ele não é apenas um teórico.
>
> — Chip Ingram

apenas por um estilo de pregação, pela música, pela arte ou pela presença de velas. A igreja tem a ver com o Espírito de Deus produzindo discípulos de Jesus, com coração missionário e focado no Reino, qualquer que seja a metodologia usada. A igreja emergente tem a ver com amor e fé num mundo pós-cristão. A igreja emergente tem a ver com Jesus.

Gostaria de apresentá-lo a um amigo chamado Sky, uma pessoa típica das gerações emergentes. Quando você entrar no primeiro capítulo, conhecerá a história dele.

Parte 1

DESCONSTRUINDO
o ministério pós-moderno, velas e café

Capítulo 1

O interessado pós-cristão, antiigreja, anticristão

> **Nem todos os que estão a vagar estão perdidos.**
> — J. R. R. Tolkien

"Olá. Meu nome é Sky, e não sou cristão."

Sky, um rapaz de 24 anos de idade, subiu ao palco durante nosso culto de adoração das noites de domingo e ficou ao meu lado. Sky era criativo e artístico, um pensador inteligente que havia se formado em Fotografia. Ele tinha uma personalidade introvertida e estava um pouco nervoso, mas permaneceu corajosamente ao meu lado, vestido com uma roupa de poliéster meio "retrô" e exibindo suas longas costeletas (que eu particularmente admiro). Estendi a ele o microfone, e ele começou a contar a sua história com uma declaração simples e direta: "Olá. Meu nome é Sky, e não sou cristão".

Eu pude sentir o burburinho de surpresa das pessoas quando ele proferiu essas palavras. Creio que muitas estavam esperando ouvir Sky compartilhar seu testemunho de como Jesus havia transformado a sua vida. Mas naquela noite havíamos falado sobre a importância de termos amizades verdadeiras com aqueles que não freqüentam nenhuma igreja. Expliquei como Jesus gastava tempo com os pecadores e os avessos à religião (Mateus 9.10). E decidi que não havia melhor maneira de ensinar sobre esse assunto do

que ouvir a perspectiva de alguém que não professa a fé cristã, alguém que, na verdade, seria considerado um pecador sem religião.

Sky ficou ali, na frente de algumas centenas de jovens, e disse a eles os porquês de não ser cristão. Suas razões, infelizmente, fazem coro com as outras vozes que já ouvi, e ouço cada vez mais, de pessoas das gerações emergentes, toda vez que o assunto cristianismo é abordado.

"O cristianismo é uma religião organizada pelas mãos do homem."

Sky falou de sua criação em um lar sem religião. Seus pais, que se divorciaram quando ele era jovem, nunca o incentivaram a freqüentar uma igreja. Na verdade, eles eram muito desconfiados dos cristãos e rejeitavam a igreja. À medida que Sky crescia, ele aprendia com os pais a pensar de maneira inteligente e por conta própria, e suas observações o levaram a crer que o cristianismo era uma religião organizada, repleta de regras estabelecidas pelas mãos do homem e fundamentada em opiniões e política.

"O cristão é uma pessoa muito crítica e bitolada."

Baseado em sua experiência, Sky tinha a percepção de que a maioria dos cristãos era crítica e bitolada. Se o assunto fosse questões sexuais, éticas ou morais, os cristãos estavam sempre prontos a apontar o dedo e dizer que os outros estavam errados e eles sempre estavam certos. Ele disse que achava uma bobagem o apego que a igreja tem às suas opiniões dogmáticas. Achava que os cristãos eram pensadores muito superficiais por acreditarem que somente eles tinham as respostas corretas e verdadeiras.

"O cristão é uma pessoa arrogante por pensar que somente ele tem a única e verdadeira religião."

Sky falou que, de seu ponto de vista, todas as religiões e visões de mundo deveriam ser consideradas equivalentes em valor e beleza. Achava que a crítica e a condenação que ele ouvia os

cristãos infligir aos não-cristãos eram nocivas e indesculpáveis. Disse que considerava realmente arrogante o fato de cristãos acharem que possuem a única religião verdadeira e o único caminho que leva a Deus. Por todas essas razões, testemunhou, ele não apenas rejeitava o cristianismo, mas também se sentia rejeitado por ele. Embora tivesse descrito a si mesmo como uma pessoa muito espiritual, deixou claro que o cristianismo seria uma das últimas religiões que decidiria seguir. Apresentou sua perspectiva sobre os cristãos como uma palavra de precaução para as pessoas naquela noite, a fim de que não cometessem esses erros quando fossem interagir com alguém como ele.

Mas a história de Sky ainda não tinha terminado.

Algumas pessoas "incomuns e muito diferentes"

Não faz muito tempo, cerca de dois anos depois da noite do seu "antitestemunho", Sky estava novamente ao meu lado e de frente para aquelas pessoas em outra noite de domingo. Como na primeira vez, Sky falou ao microfone, mas agora nós dois estávamos de pé, com água até a cintura, dentro do batistério. Agora, em vez de explicar por que não era cristão e as razões de sua incredulidade, ele declarou com firmeza e emoção: "Eu amo Jesus e quero servi-lo com toda a minha vida".

Embora ainda tivesse a mesma aparência e continuasse com suas longas costeletas (pelo menos não estava usando sua roupa de poliéster no batistério), era um Sky bastante diferente daquele que estivera no palco havia dois anos. Eu podia sentir sua emoção à medida que ele compartilhava o que havia acontecido em sua vida. Ele precisou até fazer uma pausa por alguns momentos, porque sua voz havia ficado embargada pela emoção. A história de Sky não tem nenhum tipo de trauma importante, nem ele atingiu o fundo do poço em alguma área de sua vida. Ele simplesmente contou a história de alguém que havia conhecido no trabalho e que havia lhe apresentado alguns cristãos que, segundo ele, eram "pessoas incomuns e muito diferentes".

Sky contou que, ao conhecer esses cristãos e fazer amizade com eles, pela primeira vez foi capaz de ver Jesus em pessoas que diziam ser suas seguidoras. Disse que não tinha nenhuma expectativa de que existisse um grupo de cristãos com os quais pudesse se relacionar. Disse que a maneira pela qual o receberam como amigo e viviam a vida para Jesus, apesar de não saberem no que ele acreditava, fez com que refletisse. Disse que foi isso que o levou a ir regularmente às reuniões de adoração, todas as noites de domingo.

Levado a estar na presença de cristãos em adoração

De pé no batistério, Sky agradeceu a cada um naquela noite por ter influenciado sua decisão. Explicou que aquele era o primeiro grupo de cristãos que ele vira em verdadeira adoração a Deus de uma maneira realmente espiritual. Contou sobre o impacto que sentia quando nas reuniões de domingo via as pessoas entoando canções de alegria para Deus, orando de joelhos e levando Jesus a sério. Ele jamais tinha percebido que os cristãos buscam e encontram a Deus dessa maneira. Para ele, era uma coisa muito incomum de ver, e era tão diferente de tudo o mais que já tinha vivenciado que era levado a sempre retornar. Disse que as imagens das pessoas adorando daquele jeito não saíam da sua cabeça e, por isso, ele sempre voltava.

Sky contou a todos sobre certo domingo em que tomou sua decisão durante um momento em que todos se sentaram em silêncio para refletir e orar. Sky gostava desses momentos de silêncio no culto de adoração, quando podia sondar seu coração. Naquela noite, sentado junto a uma mesa, ele percebeu que queria conhecer aquele Jesus que vinha experimentando através de seus amigos e nas reuniões das noites de domingo. Contou a todos como inclinou a cabeça, colocando-a entre as mãos e orou (e aqui eu cito as palavras de Sky literalmente): "Senhor, não consigo compreender tudo o que significa segui-lo, mas tenho visto o seu poder em atuação nas outras pessoas e sentido a sua presença. Eu o quero como meu salvador e como centro da minha vida". Sky disse que veio a saber depois que, no exato momento de sua oração, seus amigos sentados próximos a ele também estavam orando intensamente em seu favor.

A história de Sky não termina com uma oração de decisão para levá-lo ao céu

Sentados numa das primeiras filas, naquela noite em que Sky falava do batistério, estavam seus pais. Embora não fossem cristãos, foram ver o batismo do filho, sabendo que aquilo significava muito para ele. Ao lado dos pais de Sky estavam Rod e Connie Clendenen, dirigentes do estudo bíblico do meio de semana e mentores espirituais. Rod tem 80 anos de idade; toda noite de quarta-feira, ele e a esposa Connie abrem as portas de casa para um grupo formado por jovens de vinte e poucos anos e fazem estudos profundos de vários livros da Bíblia. Rod e Connie se tornaram uma parte importante da vida de Sky, mesmo que estejam separados por gerações. Sky sentiu que precisava estudar seriamente a Bíblia para conhecer melhor o cristianismo. De fato, assumiu o compromisso de ler a Bíblia inteira antes do seu batismo. Levou cerca de dois anos, mas conseguiu. Sky agora ajuda a liderar o grupo de estudo bíblico de vez em quando e tem grande prazer de harmonizar sua vida com os ensinamentos de Jesus. Ele sempre permite que não-cristãos vejam como Deus transformou sua vida, mas resolveu tomar cuidado para não se deixar consumir demais com as coisas da "igreja", em detrimento das pessoas que precisam ver Jesus nele.

Evangelizando um interessado pós-cristão, anticristão e antiigreja

Depois que batizei Sky naquela noite, as pessoas aplaudiram e louvaram a Deus com grande entusiasmo. Um jovem incrédulo com uma forte visão antiigreja e anticristã tinha sido transformado num consagrado seguidor de Jesus. E isso aconteceu sem que se respeitassem as diretrizes da moderna receita "sensível-ao-interessado" para crescimento de igrejas.

Há dois jeitos de compreender o termo sensível-ao-interessado. A forma pela qual emprego o termo neste livro pode confundi-lo, se você não dominar o assunto. Em certo sentido, todos nós devemos ser sensíveis aos interessados quando se trata de sermos sensíveis às pessoas que estão sempre buscando a Deus, fazendo disso um estilo de vida. Jesus era muito sensível aos interessados, e nós também devemos ser. Mas o fato é que o termo sensível-ao-interessado também se tornou conhecido como uma metodologia ministerial, e em particular como determinado tipo de culto. É basicamente nesse sentido que estou empregando o termo neste livro. Confuso? Vejamos algumas definições.

Sensível-ao-interessado como estilo de vida

Ser sensível-ao-interessado como estilo de vida significa que, em tudo o que fazemos, somos sensíveis às pessoas que estão buscando verdades espirituais. Isso se aplica às nossas conversas com essas pessoas; aplica-se ao modo pelo qual planejamos nosso culto de adoração. Nesse sentido, não é um estilo ou metodologia de adoração; é um estilo de vida utilizado em nossa vida cristã para nos tornarmos sensíveis aos interessados na fé.

Sensível-ao-interessado como estilo

Atualmente na cultura norte-americana, quando alguém se refere a uma abordagem ou a um culto de adoração sensível-ao-interessado, muitas vezes está falando de metodologia ou estilo de ministério — uma estratégia de ministério para atrair aqueles que sentem que a igreja é irrelevante ou obtusa. Isso muitas vezes acarreta a remoção de tudo o que é considerado bloqueio religioso e demonstrações de espiritualidade (coisas como louvor prolongado, símbolos religiosos, períodos de oração intermináveis, liturgia etc.) para que os interessados[1] possam se relacionar com o ambiente e ser transformados pela mensagem de Jesus. Geralmente, o culto sensível-ao-interessado funciona como porta de entrada para a igreja, mas é em outro contexto ou reunião que a igreja oferece adoração e ensinamentos mais profundos. É basicamente nesse sentido que estou usando o termo neste livro.

Sky conheceu Jesus e se tornou parte da igreja não por causa de um esquete de teatro bem ensaiado, de um sermão sofisticado de quatro pontos, de uma programação sem imperfeições, nem

---

> Ser sensível às pessoas que estão querendo buscar a Deus não é um estilo de adoração! Eu poderia citar centenas de estilos diferentes que estão sendo usados por igrejas sensíveis aos interessados, incluindo cultos para surfistas, cultos para caubóis, cultos para artistas, cultos para grupos étnicos, cultos litúrgicos e cultos pós-modernos. Isso acontece porque nem todos os interessados são iguais.
>
> Ser sensível à mentalidade dos não-cristãos é uma postura bíblica (1Coríntios 14.23) estabelecida por Jesus e por Paulo. É um grande amor pelas pessoas, demonstrado pela tentativa de alcançá-las e de se relacionar com elas no nível em que se encontram (seja isso o que for), para que Jesus possa salvá-las. Em um mundo pós-moderno, construir essa ponte é uma tarefa muito difícil, mas este livro pode mostrar o caminho. Um bom começo é não ficar esperando que o não-cristão pense, sinta e aja como os cristãos antes de se tornar um deles.
>
> — RICK WARREN

por causa dos novos assentos estofados. Também não foi porque nos reunimos em um local bem iluminado, de estilo contemporâneo, claro e jovial, onde todos os símbolos religiosos foram retirados, sem vitrais e sem uma atmosfera de igreja que permite que os interessados se sintam mais à vontade. Também não foi porque usamos música secular nas reuniões da igreja para que ele pudesse interagir com ela, nem porque reduzimos o tempo de louvor ao mínimo com o receio de que alguém como Sky se desinteressasse. Na realidade, Sky vivenciou exatamente o oposto disso tudo.

Quando foi à reunião de adoração de seus novos amigos, ele vivenciou uma abordagem de ministério e de culto de adoração mais do tipo "pós-sensível-ao-interessado". Essa abordagem não traz absolutamente nada de novo; na verdade, é simplesmente uma volta a uma forma de "cristianismo clássico" mais básico e mais puro.

> **clássico**
> adj. de alta qualidade, em especial originado em uma época passada

Pós-sensível-ao-interessado

É retornar a uma forma básica de cristianismo clássico, que, sem fazer apologia, foca a vivência do Reino pelos discípulos de Jesus. Uma reunião de adoração pós-sensível-ao-interessado destaca, jamais esconde, demonstrações plenas de espiritualidade (louvor e adoração prolongados, símbolos religiosos, liturgia, muito tempo de oração, uso farto das Escrituras e de leituras etc.) para que as pessoas possam ter uma experiência e ser transformadas pela mensagem de Jesus. Essa abordagem, no entanto, se faz com vida renovada, sem deixar de ser "sensível", à medida que se oferecem aos interessados instruções claras e explicações regulares para que compreendam termos teológicos e exercícios espirituais.

De fato, tempos depois soube de Sky que, se tivéssemos oferecido coisas associadas com um "culto sensível-ao-interessado", ele não teria se sentido atraído. Se tinha que gastar tempo indo ao culto numa igreja, ele me disse que desejava experimentar um evento espiritual autêntico no qual pudesse perceber se Deus realmente estava vivo e sendo adorado. Se tivesse ido a um culto que seus amigos freqüentavam e descobrisse que as cruzes e tudo que se relacionasse com religião e espiritualidade haviam sido retirados, e ali não abrissem a Bíblia e houvesse pouco tempo para louvar, adorar e orar, ele teria tido a sensação de que os cristãos ou estavam com vergonha ou estavam tentando esconder as coisas em que acreditavam. Para ele, isso teria sido um sinal de hipocrisia e até mesmo um aspecto desanimador em relação à igreja.

Muitas coisas que retiramos de nossas igrejas, por significarem obstáculos para os interessados das gerações anteriores, são hoje exatamente as coisas que atraem as gerações emergentes.

Que ironia! Tantas coisas que no passado me esforcei por eliminar, para me tornar sensível-ao-interessado, para evitar que ofendessem ou confundissem um interessado como Sky, são as coisas que exerceram maior influência na sua decisão de se tornar cristão. Para Sky, uma abordagem sensível-ao-interessado (de estilo e não de estilo de vida) teria sido um completo fracasso e possivelmente até prejudicial. Sky vem de uma geração que cresceu em uma cultura pós-cristã em constante transformação, uma cultura diferente daquelas gerações que cresceram quando o movimento sensível-ao-interessado estava começando. Precisamos reconhecer que estamos nos movendo em direção a uma era pós-sensível-ao-interessado.

De modo nenhum menosprezo o valor do ministério de estilo sensível-ao-interessado. Sei que de fato Deus usou esse estilo de maneiras fenomenais e continuará a usar. Mas a nossa cultura está em transformação. As gerações anteriores cresceram em contato com uma igreja obtusa e sem sentido; assim, o modelo sensível-ao-interessado empenhou-se para reapresentar a igreja como instituição relevante, contemporânea e pessoal. Mas as gerações emergentes estão crescendo sem nenhuma experiência com igreja, seja boa, seja ruim. Como no caso de Sky, quando ele foi pela primeira vez a uma igreja, seu desejo era viver uma

experiência espiritual, transcendente. Eliminar tudo que fosse francamente espiritual teria sido muito estranho para ele.

A igreja emergente existe num mundo pós-sensível-ao-interessado

Nos capítulos seguintes, iremos saber mais do que levou Sky à sua conversão e do que o atraiu em seus amigos cristãos e nas reuniões de adoração de que participou. Iremos prestar mais atenção nas coisas que atraem as pessoas das gerações emergentes (e as que não atraem tanto) em relação à fé cristã e à igreja atual. A história de Sky não é isolada; por todo o país tenho escutado relatos semelhantes que se repetem cada vez mais. Creio que a primeira opinião de Sky sobre o cristianismo está rapidamente se tornando a norma. Se você ainda não está ouvindo opiniões como a que Sky apresentou, é apenas uma questão de tempo para que isso aconteça. Creio que há muitos Skys em nossa comunidade local, talvez muito mais do que você imagina. Mas as boas-novas são que eles estão espiritualmente abertos.

Acredito que estamos em um ponto da história da igreja em que precisamos repensar algumas de nossas premissas e reexaminar algumas de nossas pressuposições sobre igreja e ministério. Conforme iremos discutir nos capítulos seguintes, a igreja emergente está surgindo num mundo que passa por transformações muito rápidas. Assim, precisamos mudar a maneira pela qual exercemos nosso ministério.

Uma nova onda de mudanças

Em tempos recentes, a onda de mudanças atingiu a igreja com o movimento sensível-ao-interessado. Outra onda está agora chegando às nossas praias. Isso não deve nos surpreender. O tempo passa, gerações surgem, a cultura muda, e, portanto, a igreja deve também mudar. Podemos ver isso na história antiga da igreja, na história da igreja na Europa, assim como na história da igreja nos Estados Unidos. Muitos se referem à mudança que estamos experimentando agora como uma passagem da era moderna para a era pós-moderna. Alguns chamam isso de mudança de uma

Acho que aqui na costa leste dos Estados Unidos, onde muitas igrejas evangélicas são da direita religiosa, e muitas pessoas, se não a maioria, são democratas liberais, o nível de ansiedade ao fazer uma visita à igreja é tão alto que as pessoas simplesmente não vão — a menos que estejam realmente buscando a Deus. O que importa para elas quando decidem fazer essa visita, penso eu, é encontrar interessados (pessoas que se interessam pelo Reino de Deus e por sua justiça) autênticos e honestos, num culto rico e significativo, misterioso, mas compreensível ou acessível. Em outras palavras, a estrada da fé necessita de rampas de acesso e sinalização clara. Se o culto for esquisito, estranho, falso, forçado ou inacessível, essas características irão minar a credibilidade da mensagem. Um de nossos desafios é fazer que nossos símbolos (e rituais e demais artigos religiosos) sejam compreensíveis para as pessoas novas, para que possam se ligar ao significado desses símbolos. Em outras palavras, temos de buscar cultura cristã para uma cultura pós-cristã. Sky e outros como ele, com muita probabilidade, não chamariam isso de absolutamente nada nem desejariam ser rotulados como pós-qualquer coisa. Entretanto, as gerações emergentes estão sendo definitivamente formatadas pela cultura, por certo muito mais do que elas ou nós podemos perceber.

O tipo de mudança a que estou me referindo não é somente aquilo que acontece em um culto de louvor e adoração, com a música ou com a estratégia de pequenos grupos. Esses assuntos são apenas periféricos. É uma mudança revolucionária que afeta quase tudo o que fazemos — até mesmo o que vem à nossa mente quando pensamos na palavra igreja.

Não importa quanto a cultura ou o ministério da igreja mudem, Jesus nunca muda

Você deve estar pensando: "Eu gostaria de ver as gerações emergentes sendo alcançadas, mas como é que vou conseguir me manter atualizado com tantas ondas de mudanças culturais?". Em meio à nossa ansiedade, lembre-se de que, embora a metodologia ministerial mude, a igreja mude e a cultura mude, Jesus nunca muda.

"Jesus Cristo é o mesmo, ontem, hoje e para sempre" (Hebreus 13.8). Ele agora é o mesmo Jesus que esteve no cenáculo na Páscoa e o mesmo que apareceu a Paulo na estrada de Damasco. Ele é o mesmo Jesus presente quando Martinho Lutero afixou suas noventa e cinco teses nas portas da Igreja do Castelo em Wittenberg. Ele é o mesmo Jesus presente quando o Iluminismo estava a todo vapor. Mundo moderno, mundo pós-moderno, mundo pós-pós-moderno... Jesus nunca muda. Ele é a razão e o foco de tudo o que fazemos. Ele é o nosso refúgio, não importa a direção da maré, nem para onde ela está nos levando.

Não devemos nos esquecer de que as mudanças culturais não surpreendem Jesus. Eu não creio que ele esteja olhando aqui para baixo e dizendo: "Ah, não! Eu não contava com essa mudança pós-moderna! O que iremos fazer?". Podemos nos consolar com o fato de que estamos vivenciando apenas um período na história, e isso, na perspectiva da eternidade, não passa de um piscar de olhos. Entretanto, é uma realidade, e os líderes da igreja emergente devem agir como estudiosos da história mundial e da história da igreja para poder ganhar perspectiva sobre todas essas coisas.

A volta ao cristianismo clássico

No mundo de hoje, as gerações emergentes não possuem nenhuma âncora ou verdade com as quais se firmar. Assim, à medida que ouvem e têm uma primeira experiência com Jesus como verdade e âncora, a esperança quanto ao futuro aumenta de modo incrível. À medida que a igreja emergente retorna para uma forma mais pura e clássica de cristianismo, podemos ver um crescimento explosivo semelhante ao que a igreja primitiva experimentou. Essas novas ondas de mudanças culturais podem oferecer a maior oportunidade que já tivemos para ver muitos interessados antiigreja, anticristãos e pós-cristãos como Sky se encontrarem com Jesus.

> uma alternativa para 1. não usar símbolos que não fazem nenhum sentido para as pessoas e 2. para não nos livrarmos de todos os símbolos; devemos 3. usar símbolos e encontrar maneiras que os tornem sedutores, atraentes e acessíveis a pessoas que não estão habituadas a eles.
>
> — Brian McLaren

Pensamentos emergentes

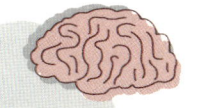

1. Você conhece alguém como Sky? Você diria que as críticas dessa pessoa em relação à igreja são as mesmas de Sky, ou existem outras que você tem ouvido dos que vêm das gerações emergentes?
2. Se não conhece ninguém como Sky, você acha que pessoas como ele não existem na sua comunidade, ou apenas que você não freqüenta os mesmos círculos que elas? De que maneira você poderia ter contato com pessoas como ele na sua região?
3. Se alguém como Sky visitasse sua igreja, de que ele gostaria? O que você acha que ele encontraria lá para confirmar seus preconceitos acerca do cristianismo?
4. Você está preocupado ou empolgado com as mudanças culturais? Por quê? Se você se sente mais ansioso do que empolgado, o que você faria para se sentir mais à vontade com o fato de que, embora a cultura possa mudar, Jesus permanece o mesmo para sempre?

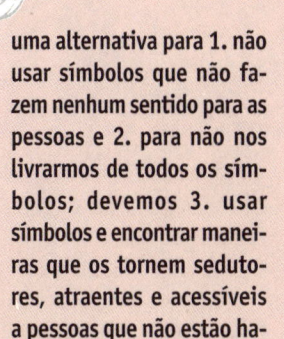

Capítulo 2

Como foi minha mudança de sensível-ao-interessado para pós-sensível-ao-interessado

> "Tornei-me judeu para os judeus, a fim de ganhar os judeus. Para os que estão debaixo da Lei, tornei-me como se estivesse sujeito à Lei (embora eu mesmo não esteja debaixo da Lei), a fim de ganhar os que estão debaixo da Lei. Para com os fracos tornei-me fraco, para ganhar os fracos. Tornei-me tudo para com todos, para de alguma forma salvar alguns.
> — 1Coríntios 9.20,22

Eu era um completo principiante ao ministério no final de 1980. Minha primeira responsabilidade na Santa Cruz Bible Church era liderar um grupo de alunos do ensino médio com 11 adolescentes. Lembro-me vividamente da primeira noite, olhando para o rosto daqueles alunos sem ter idéia do que fazer.

Então, como a maioria dos pastores novos e ansiosos, iniciei minha peregrinação à Willow Creek Community Church nas proximidades de Chicago e à Saddleback Church em Orange County, na

> Extrair um modelo ministerial de uma igreja e introjetá-lo em outra sem considerar o contexto é um dos maiores equívocos na prática ministerial atual.
>
> — Mark Oestreicher

Califórnia. Em Willow Creek, meu coração se condoeu pelas pessoas que não conheciam Jesus. Aprendi a apreciar o valor de uma programação ministerial excelente e a enxergar a igreja pelos olhos do interessado. Em Saddleback, aprendi a importância de abordar todos os ministérios com propósito e estratégia. Aprendi a importância de eliminar barreiras "religiosas" para poder comunicar a mensagem de Jesus mais claramente. Também estudei livros famosos sobre metodologias ministeriais e participei de seminários e conferências para lapidar minhas habilidades pastorais.

Globo espelhado, máquinas de fumaça e Jesus

Nos anos seguintes, levei muito a sério esses princípios modernos, valores e modelos e me empenhei para implantá-los em meu ministério com adolescentes. Redigimos uma declaração de missão, elaboramos uma estratégia e definimos nossos dez valores principais, e logo estávamos em uma missão para impactar as cinco escolas de ensino médio no condado de Santa Cruz. Em nosso evento de evangelismo do meio da semana, desejávamos ser sensíveis-ao-interessado entre os adolescentes. Então, utilizamos teatro, uma banda de *rock*, máquina de fumaça, vídeos, iluminação especial, até mesmo um globo espelhado pendurado no teto. A cada semana, ensinávamos profundas mensagens bíblicas sobre sexo, auto-estima e sobre todos os problemas típicos enfrentados pelos adolescentes. Na metade dos anos 90, nosso culto de evangelismo de meio de semana e no estilo sensível-ao-interessado passou de 11 adolescentes para algo entre 250 e 300, um resultado empolgante em uma comunidade praiana relativamente pequena como Santa Cruz. Esse grande grupo foi dividido por escolas, em encontros menores para que a liderança pudesse se encontrar e fazer amizades com os alunos pessoalmente. Mais da metade daqueles adolescentes também participava de pequenos grupos de estudo bíblico e de classes de escola dominical próprias para alunos adolescentes e jovens, nos quais recebiam uma educação bíblica mais aprofundada e adoravam a Deus. Uma porcentagem alta desses alunos detinha cargos de liderança. Éramos privilegiados por ver tantos adolescentes aceitando a Jesus com a utilização dos princípios que eu havia aprendido. Muitos desses adolescentes abraçaram por vocação um ministério de tempo integral. Foi uma época extremamente emocionante! Vivenciamos uma grande parcela de sucesso genuíno em vidas transformadas, uma clara evidência de que a mão de Deus estava no ministério.

Sentindo as primeiras ondas de mudança vindas das gerações pós-cristãs emergentes

Mas a história não termina aqui com um final feliz. Eu tinha compreendido que havíamos encontrado uma estratégia que estava funcionado e que a usaríamos para sempre (ou até a volta de Jesus). Entretanto, depois de muitos anos de um ministério frutífero, comecei a notar uma tendência sutil e perturbadora. Alguma coisa estava mudando. Eu podia sentir essa mudança nas conversas que mantinha com os adolescentes. Era capaz de senti-la nos resultados dos programas de evangelismo que estávamos conduzindo. Podia senti-la nas perguntas que os adolescentes estavam fazendo. Eu ainda não sabia o que era aquilo, mas estávamos sentindo os efeitos de gerações emergentes nascendo em um mundo pós-cristão (e que vou definir aqui como pós-sensível-ao-interessado).

Pouco a pouco, comecei a reconhecer que os alunos que não eram crentes, que antes eram impactados por toda a nossa programação, nossos esquetes, videoclipes e mensagens atuais, estavam demonstrando cada vez menos interesse. Com a tecnologia agora tão acessível aos adolescentes, a ponto de poderem criar seu próprios videoclipes deslumbrantes, assistir a eles na igreja não era mais grande coisa. As apresentações de *PowerPoint* extravagantes haviam perdido sua singularidade à medida que os alunos começaram a criar suas próprias apresentações para a escola. Os efeitos especiais nos *videogames* com os quais eles estavam acostumados atingiram níveis bem mais sofisticados do que jamais podíamos oferecer. Levavam uma vida por si própria acelerada; ir à igreja para mais uma experiência acelerada estava perdendo seu impacto.

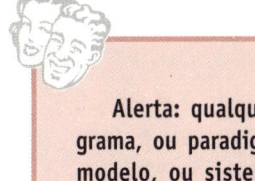

> **Alerta:** qualquer programa, ou paradigma, ou modelo, ou sistema que alegue ser eterno — ou, trocando em miúdos, "com funcionamento garantido" — deve ser evitado a todo custo!
>
> — MARK OESTREICHER

> Contrariando muito nosso pensamento atual sobre a importância que poderosos ministérios para jovens têm no desenvolvimento espiritual vitalício de futuros adultos, as pesquisas comprovam: um adolescente que comparece regularmente ao culto de adoração de uma igreja, mas que não participa de grupos para jovens, tende a continuar participando dos cultos de adoração da igreja quando adulto mais do que o adolescente ativo nos grupos de jovens que não participa dos cultos de adoração com outras faixas etárias.
>
> — MARK OESTREICHER

> **Enquanto Dan Kimball** fazia sua transição e iniciava a Graceland com novas filosofias e abordagens, muitos outros ministérios faziam o mesmo. A abordagem "espetáculo" na adoração que Dan usou durante oitos anos com ministérios para adolescentes teve seus picos de sucesso no final da década de 1980 e início da década de 1990. Dan estava vivenciando os abalos secundários de um enorme terremoto espiritual. Em vez de precisar convencer as pessoas de que Deus existe e é interessante, as pessoas sem vínculos com a igreja já pressupunham essas coisas. A questão depois dessa mudança é: "Será que a igreja é capaz de escapar desse gueto acostumado com canções felizes e plantas artificiais e ministrar para uma cultura intolerante a grandes personalidades e espiritualmente auto-suficiente?".
>
> — SALLY MORGENTHALLER

A propósito, de qual Deus você está falando?

A mudança que eu estava sentindo não tinha a ver apenas com uma simples programação. Não era mais tão simples dizer aos alunos: "Deus ama você". Agora eles perguntavam: "A propósito, de qual Deus você está falando?". A maioria parecia acreditar em um deus, mas estava exposta a uma enorme variedade de crenças mundiais e a outras maneiras de compreendê-lo... ou compreendê-la.

Para tornar as coisas ainda mais complexas, essas mudanças não se limitavam apenas aos nossos adolescentes. Muitos dos nossos jovens em época de faculdade também começaram a ter grandes dificuldades de se conectar com o ministério da igreja para os universitários e de se integrar com as atividades e cultos principais para adultos na igreja. Os adolescentes da igreja educados em lares cristãos, que tiveram a oportunidade de aprender os valores judeu-cristãos, e que tiveram um histórico com a cultura cristã contemporânea e com os valores e a linguagem dessa cultura, pareciam ter mais facilidade para fazer essa transição. Mas aqueles que se converteram à fé cristã vindos de ambientes e históricos não cristãos não conseguiam se conectar com tanta facilidade. Sabíamos que o problema não estava numa eventual inércia ou irrelevância de nosso ministério com jovens ou de nossos cultos para adultos. Nossa igreja era vibrante, viva, com um ótimo louvor contemporâneo e com uma pregação fenomenal.

Mas, de algum modo, tudo isso não estava mais estabelecendo uma ligação com o coração daqueles jovens adultos. Esses padrões me assombravam. O que deveria ser feito? Estávamos fazendo tudo que vinha sendo eficiente. Tínhamos um excelente equipamento de som e de iluminação, tínhamos a nossa estratégia, tínhamos a nossa declaração de missão e tínhamos ótimos resultados fazendo discípulos de Jesus. De onde essas novas perguntas estavam surgindo? Você pode imaginar a minha frustração e como me sentia perplexo.

Então comecei a fazer alguns telefonemas. Liguei para um seleto grupo de igrejas saudáveis e em crescimento espalhadas pelos Estados Unidos e fiz perguntas como estas: "Vocês estão sentindo mudanças nos ministérios para jovens e universitários?";

"As gerações mais jovens estão comparecendo aos cultos de adoração com os adultos?"; "Na sua cidade, qual o percentual das pessoas de gerações mais jovens que freqüentam as igrejas locais?".

Eu não estava sozinho; o mesmo problema estava surgindo no país inteiro. As respostas que ouvi me fascinaram. De costa a costa, muitas igrejas grandes e de muito sucesso estavam vivenciando a mesma tendência que vínhamos observando em Santa Cruz. Estavam surgindo algumas tendências:

- Os adolescentes não-cristãos e os jovens adultos não estavam mais respondendo aos métodos de evangelismo que tinham sido, até então, de grande sucesso.
- Os adolescentes e os jovens adultos geralmente não mais se interessavam pelo culto da igreja moderna e contemporânea de abordagem sensível-ao-interessado que alcançara grande sucesso com as gerações mais novas no passado.
- Os ministros que trabalhavam com adolescentes, universitários e jovens adultos estavam, de maneira geral, confusos sobre o que fazer e claramente passavam por um estado de transição.

De uma sensação de alívio para uma sensação de pânico

No início, compreendi que não estava sozinho e tive uma enorme sensação de alívio. Mas então irrompeu uma sensação de pânico. Se o que eu estava percebendo era uma tendência nacional, as implicações de longo prazo poderiam ser devastadoras. Como iríamos alcançar as gerações futuras se os métodos ministeriais que sempre funcionaram com as gerações anteriores não mais estavam surtindo resultado com as gerações emergentes? O que aconteceria se essa geração crescesse rejeitando a igreja, e depois seus filhos nascessem e crescessem sem nenhum conceito de fé cristã em sua educação? E os filhos dos filhos? Como seriam as nossas igrejas se as gerações emergentes não fossem alcançadas? O que poderíamos fazer para que essa cultura nova e emergente conhecesse Jesus?

Desligando a máquina de fumaça e invadindo o porão da igreja

Eu estava completamente perdido, sem saber o que fazer. Então, certo dia, tarde da noite, estava assistindo à banda The Cranberries tocando no *Unplugged* da MTV. Era uma apresentação totalmente acústica. O palco estava enfeitado com um tecido escuro e iluminado por candelabros. Parecia mais o porão da casa da minha avó e não um cenário de *show* de *rock*, e eu fiquei abismado com a simplicidade de tudo aquilo. Nenhum *show* de iluminação sofisticada nem estruturas que suspendem a bateria. Eu também notei a proximidade com que a platéia se sentava em relação aos músicos. Não havia uma separação gigante entre esses dois grupos. Aliás, eles estavam quase juntos, como se fossem uma "comunidade". De imediato senti que havia algo de muito interessante nessa abordagem.

É óbvio que a MTV estuda a cultura e conhece o seu público; então talvez eles tivessem alguma fundamentação naquilo. Além disso, fazer as coisas daquele jeito seria muito mais simples do que toda a preparação padrão e a produção completa do nosso culto de quarta-feira. Assim, algumas semanas depois, no início do verão, tentamos uma experiência semelhante em nossa reunião de meio de semana.

No lugar de todo aquele brilho e muitas luzes, colocamos apenas algumas velas. Senti que elas iriam acrescentar uma sensação de catacumba na nossa reunião, uma percepção remanescente da igreja primitiva em Roma, nos esconderijos. Encenei para os adolescentes alguns esquetes sobre essa fase das catacumbas quando lançamos essa nova abordagem. (Na verdade, eu pensei ser a primeira pessoa a introduzir velas em uma igreja que não fosse católica. E não tinha a menor idéia de que outros líderes por todo o país estavam fazendo exatamente a mesma coisa.) Em vez de peças de teatro bem ensaiadas e vídeos extravagantes, simplesmente introduzimos algumas sessões de leitura das Escrituras feitas por adolescentes sentados em banquinhos. Em vez de falar de cima de um palco com uma banda tocando música a todo volume em equipamentos elétricos, montamos um palco mais baixo, e a banda passou a tocar tudo no estilo acústico. Invadimos o porão da nossa igreja e colocamos alguns objetos e móveis mais rústicos que encontramos para dar uma aparência meio despojada. Eu não sabia o que esperar, mas o que aconteceu a seguir apenas me confundiu mais e me surpreendeu mais ainda.

"Eu gostei disso. É realmente muito espiritual."

A música *pop-rock* tocada em alto som de nossos eventos típicos de quarta-feira era normalmente acompanhada de altos gritos e berros. Mas, à medida que nossa reunião despojada se desenvolvia, eu podia ouvir as vozes de nossos adolescentes se erguer em adoração. Quando me levantei para falar, em vez do sussurro dos adolescentes se contorcendo ao fundo, havia uma tranqüilidade absoluta. Um grupo específico de skatistas mais radicais, que normalmente causava muitas interrupções, sentou-se em silêncio para me ouvir. Por favor, lembre-se de que não se tratava de nosso culto matutino de domingo para adolescentes cristãos; era o nosso evento de evangelismo. Tínhamos o costume de contratar profissionais de segurança para patrulhar a região durante esses eventos.

Quando uma das reuniões despojadas terminou, um adolescente esperou para falar comigo. Ele era um dos nossos adolescentes mais desinteressados e indiferentes, e eu estava temeroso do que ele tinha para me dizer. Minha expectativa era que ele me dissesse que aquela reunião tinha sido chata e maçante e que jamais retornaria. Ao contrário, ele sorriu e acenou com a cabeça em aprovação e disse: "Eu gostei disso. Foi realmente muito espiritual".

Que coisa incrível de ser ouvida! Havíamos tentado com tanto afinco eliminar todos os aspectos relacionados com o mundo espiritual para que pudéssemos comunicar o amor de Deus àquele adolescente, mas aparentemente em vão. Agora que tínhamos quase completamente invertido nossa tática, parecia enfim que havíamos conseguido estabelecer algum ponto de contato. Isso era de mexer totalmente com a nossa cabeça. Os adolescentes de hoje que não são crentes desejam experiências espirituais? Eu sabia que os adolescentes cristãos buscavam a vida espiritual, mas e os

---

O uso que Dan Kimball fez da palavra pânico me faz lembrar o momento poderoso quando a força dessa mudança me atingiu. Estávamos no final da década de 1970, e eu fazia faculdade de Literatura. Estava numa aula de crítica literária (a crítica literária foi o portal por onde o pensamento pós-moderno ingressou na academia americana), e discutíamos o livro *Self-Consuming Artifacts* [Objetos de auto-consumo] de Stanley Fish. Eu me lembro de ter pensado: "Se essa maneira de pensar realmente pegar, o mundo inteiro vai mudar". E então me lembro de um arrepio me percorrendo a espinha: "E não sei ao certo se a fé cristã consegue lidar com essa mudança". Levei uns vinte anos para reunir forças e coragem para atacar essas questões de frente, questões que, naquele dia, entraram sorrateiramente em meu cérebro naquela sala de aula.

— BRIAN MCLAREN

> **Um momento!** Tem gente que, ao ler estas páginas, já saiu à procura de lugares onde comprar velas! Se você simplesmente copiar os métodos de Dan Kimball como as experiências dele com máquinas de fumaça e globos espelhados (francamente, Dan, um globo espelhado?), estará apenas correndo na direção do mesmo muro a que ele chegou dez anos atrás. Acrescentar algumas velas e instrumentos musicais desligados da tomada ao que você já está fazendo não é a resposta para os seus problemas.
>
> — MARK OESTREICHER

não-cristãos? Em vez de desestimulá-los, isso estava fazendo com que desejassem conhecer mais a Deus? É claro que adolescentes sempre necessitam de muitos eventos divertidos, "louvorzões" e "acampadentros". Mas agora precisamos reconhecer que, talvez, essa cultura esteja lutando para trazer à tona um apetite espiritual aprisionado. O desejo desses adolescentes é *ter experiência* com Deus e não apenas receber informações sobre ele ou sobre as coisas que ele não gosta, que, por coincidência, são as coisas que eles mais querem fazer.

Foi isso que me fez começar a sair de uma abordagem de estilo sensível-ao-interessado em termos de igreja e evangelismo. Eu estava começando a compreender que, do ponto de vista cultural, estamos agora, de fato, numa era pós-interessado. Ao perceber isso, pude me identificar com o que o apóstolo Paulo disse em 1Coríntios 9.22: "Tornei-me tudo para com todos, para de alguma forma salvar alguns". Eu então comecei a ser pós-sensível-ao-interessado na maneira de abordar todos os aspectos do ministério, promovendo uma mudança para uma abordagem mais pura e mais clássica.

Comecei a imaginar se os adultos também estavam querendo uma experiência espiritual em vez da experiência de estilo sensível-ao-interessado. Será que o sentimento de mudança estava transcendendo a juventude e impactando também os adultos?

Adultos de estilo pós-sensível-ao-interessado?

Iniciamos a nossa pesquisa reunindo vários jovens adultos, tanto crentes quanto incrédulos, para uma série de sessões de tempestade de idéias. Levamos esse grupo para alguns cultos de igrejas modernas e contemporâneas e nos encontramos depois para fazer algumas perguntas sobre as impressões do grupo em relação aos cultos. O que eles nos disseram era absolutamente fascinante e de virar a cabeça. Do mesmo modo que havíamos descoberto com os adolescentes, muitas coisas que havíamos inserido em nossas igrejas para tornar os cultos contemporâneos e relevantes eram exatamente as coisas que os jovens adultos não apreciavam. (Falarei mais sobre as respostas desse grupo no capítulo 13.) Algumas coisas que eu jamais tinha notado eram muito perceptíveis para eles. Muitas coisas que eles achavam que a igreja deveria ser nunca foram mencionadas em nenhum dos seminários ou conferências de que eu costumava participar.

> As mudanças em nossa cultura estão influenciando as gerações emergentes fazendo-as ansiar por uma abordagem de cristianismo e igreja que seja mais pura e mais clássica. Por essa razão, a metodologia contemporânea sensível-ao-interessado vai na direção contrária daquilo que gera um contato mais profundo com essas gerações.

E assim pegamos as idéias e impressões dessas pessoas sobre a igreja e começamos a refletir e orar. Fizemos uma experiência ao iniciar um encontro de adoração nas noites de domingo chamado Graceland. Escolhemos esse nome porque remetia a algo de familiar da cultura *pop* (a mansão de Elvis Presley) e tinha um duplo sentido com um significado espiritual ("terra da graça"). (Sem contar que eu era superfã do Elvis antes da década de 1960!) Queríamos um nome que não fosse um lugar-comum nos círculos cristãos, que não parecesse de mau gosto para o incrédulo ou para aqueles sem vínculos com a igreja e que refletisse nosso coração como uma comunidade onde experimentávamos a graça de Deus. Começamos usando a mesma abordagem dos eventos despojados para adolescentes, ajustando-a a um grupo de mais idade. A nossa intenção era criar uma reunião específica para jovens adultos (de 18 a 30 anos de idade), mas logo percebemos que os adolescentes, assim como os que tinham mais de 30 anos, desejavam participar. Então, acabamos transformando o encontro em um culto de adoração para todas as idades. Em poucos anos, o encontro cresceu muito mais do que podíamos imaginar. Centenas de pessoas costumavam comparecer, e muitas estavam tendo sua primeira experiência com igreja. Muitos cristãos que tinham se desiludido com sua própria experiência em uma igreja evangélica se tornaram participantes da nossa igreja. Se tivéssemos continuado com os nossos métodos ministeriais modernos e com a abordagem de estilo sensível-ao-interessado, creio que jamais teríamos visto essas coisas acontecendo. Embora a abordagem clássica pós-interessado atraia, em primeiro lugar, as gerações mais jovens, foi fascinante ver o número de pessoas fora da faixa dos 18 aos 30 anos de idade que estavam se relacionando e querendo esse tipo de abordagem ministerial. Creio que devemos reconhecer que, embora a abordagem sensível-ao-interessado tenha alcançado muitas pessoas das gerações mais antigas, uma porcentagem significativa de pessoas também pertencentes a essas gerações não foram conquistadas por essa abordagem de igreja e ministério contemporânea e sensível-ao-interessado.

Calma, por favor... isso não se resume ao culto de adoração

Até agora falei bastante sobre a "reunião" ou culto nas minhas histórias. Mas creio que o que está acontecendo vai muito além disso. No caso de algumas igrejas emergentes, tal tipo de reunião pode nem existir. Na verdade, o culto de adoração não é o único aspecto sobre o qual devemos concentrar nossa atenção. Repensar a igreja emergente envolve repensar quase *tudo* o que fazemos. O culto de adoração é somente uma parte.

A viagem pode ser para um lugar desconhecido, mas isso pode tornar as coisas ainda mais emocionantes

Você e eu vivemos em um momento fascinante da história da igreja. Este livro foi escrito para nos conduzir numa viagem durante essa era fascinante de mudanças arrebatadoras, uma viagem com destino desconhecido. Não há caminhos fáceis, nem mapas ou sinalizações de trilhas. A cultura está em rápida e constante transformação, e há muitas incógnitas. Mas, mesmo assim, podemos dar passos corajosos de fé e seguir em frente. Deus chamou Abraão para uma viagem sem lhe revelar o destino (Hebreus 11.8-10). Os que são chamados para ministrar às gerações emergentes encontram-se em situação semelhante. Como Abraão, se pedirmos a direção de Deus, ele nos dará. Assim como estamos enfrentando novas questões culturais, também Abraão as enfrentou quando deixou seu lar em Ur e seguiu em direção a uma nova cultura em Canaã. Mas se não depositarmos nossa confiança em nossas próprias táticas e na sabedoria humana, e sim na direção de Deus, poderemos ter a esperança de que o "arquiteto e construtor" de nossa fé há de nos guiar. Podemos iniciar nossa viagem e ansiar por aquilo que ele tem reservado para a igreja emergente.

Pensamentos emergentes

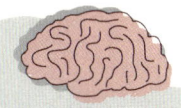

1. Há alguma coisa ou pessoa na história do nosso ministério com adolescentes que você relacione com a sua experiência de igreja?
2. Qual seria a primeira reação das gerações emergentes de sua cidade e de sua igreja diante da idéia de uma experiência espiritual direta, mais pura e mais clássica?
3. Como você classificaria sua igreja em uma escala que vai de sensível-ao-interessado até pós-sensível-ao-interessado? Ou sua igreja se enquadra em outro tipo de classificação?

Capítulo 3

Compreendendo o passado para compreender o futuro

> "...da tribo de Issacar, 200 chefes que sabiam como Israel deveria agir em qualquer circunstância.
> — 1Crônicas 12.32

"Por que os jovens não vão mais à minha igreja?"

Em uma recente conferência, envolvi-me numa conversa com o pastor titular de uma igreja muito grande e bem conhecida, focada fundamentalmente em *baby-boomers**. Era a primeira vez que nos encontrávamos. Embora no primeiro momento eu o tenha achado confiante, inteligente e eloqüente, após alguns minutos de uma conversa cordial, percebi um sinal de urgência em sua voz e enxerguei um pouco de confusão em seu olhar. Isso aconteceu um pouco antes de ele falar abertamente sobre a essência do assunto, perguntando: "O que está acontecendo com os jovens? Por que eles não vão mais à minha igreja?".

A igreja dele não era uma igreja que andava para trás nem estava morrendo. Eles tinham ótimas instalações e edifícios com equipamento de mídia de última geração. Como muito dinheiro tinha sido investido nos ministérios para jovens adultos e universitários

---

* Nascidos aproximadamente entre 1946-64 [N. do T.]

> Aqui no nordeste dos Estados Unidos, as megaigrejas (entre os protestantes de origem racial branca) não desfrutam de tanta popularidade como em outras regiões. E também não são populares na Europa. A razão disso pode ser simplesmente que a cultura por aqui é mais permeada por conceitos pós-modernos (sim, bem mais do que no sul da Califórnia, embora provavelmente não mais do que em São Francisco, Seattle ou Minneapolis), e a pós-modernidade tende a se esquivar das igrejas grandes e mais poderosas, das mais organizadas e profissionais. Essas megaigrejas tendem a conduzir cristãos nominais a uma vida cristã mais vibrante, e não tanto alcançar pessoas mais radicais sem vínculos com igreja. Aliás, algumas pessoas mais radicais e sem vínculos com a igreja aqui da região são filhos e netos de evangélicos também radicais.
>
> — Brian McLaren

nos últimos anos, parecia que o sucesso eram favas contadas. Mas eles não o conseguiram, pois não houve aumento da participação das gerações mais jovens. O pastor disse que, apesar de todos os seus prósperos anos de ministério, em que se autode-nominava um estudioso de crescimento da igreja, estava estupefato e muito preocupado com o futuro de sua comunidade. Ele balançou a cabeça em sinal de espanto e disse: "Eu não consigo compreender esse negócio de pós-modernismo".

Ninguém pode negar que, nos últimos anos, dirigiu-se uma grande atenção ao desenvolvimento de diversos modelos de igreja projetados principalmente para alcançar *baby-boomers* e pessoas de espírito mais moderno. Igrejas de estilo sensível-ao-interessado e orientadas para os interessados mudaram a cultura eclesiástica dos Estados Unidos e conquistaram coisas indiscutivelmente maravilhosas para Jesus. Muitas pessoas que tiveram experiências eclesiásticas ruins retornaram para a igreja, e uma multidão de outras pessoas teve a primeira experiência com igreja e fé contemporâneas transformadoras de vidas. Deus ainda está usando essas igrejas em grandes coisas e continuará a fazê-lo.

Uma megaigreja em quase todas as cidades, mas uma tendência perturbadora em curso

Hoje é possível encontrar uma megaigreja em quase todas as regiões mais populosas dos Estados Unidos. Centros de adoração foram transformados em auditórios contemporâneos. É possível ir a algumas igrejas e encontrar sistemas de som que custam milhares de dólares e apresentações em PowerPoint de textos bíblicos projetadas em telas do tamanho das grandes salas de cinema. Equipes de louvor, antes formadas por um organista e um pianista, têm agora bateristas e guitarristas. Substituímos os bancos de madeira duros e desconfortáveis por assentos de teatro estofados. Os pregadores se adaptaram para poder falar às grandes platéias, com técnicas motivacionais e poderosas ferramentas de comunicação. A igreja se aclimatou a muitos aspectos da cultura norte-americana.

Mesmo assim, muitas igrejas parecem estar lidando com um problema cada vez maior. Apesar de todos esses acréscimos contemporâneos e aperfeiçoamentos, estamos perdendo terreno.

Em todos os lugares, os jovens estão se distanciando das igrejas e bem mais interessados em conhecer outras religiões mundiais ou crenças espirituais.

Àqueles que necessitam de dados estatísticos, o pesquisador George Barna oferece algumas observações críticas:

- Dentre todas as faixas etárias, as pessoas entre 18 e 32 são as que menos se descrevem como religiosas, ou cristãs, ou cristãs comprometidas.[1]
- Os jovens adultos, nos Estados Unidos de hoje, parecem ser os mais inclinados a se abrir para conhecer outras crenças que não o cristianismo.[2]
- Os jovens adultos estão evitando a igreja. A freqüência está em declínio geração após geração.[3]
- Comparados com adolescentes dos últimos vinte anos, os adolescentes de hoje têm a mais baixa inclinação a freqüentar uma igreja quando estão vivendo sem depender dos pais.[4]
- Os dados referentes a jovens adultos também apontam para a possibilidade de que as igrejas estejam perdendo terreno em termos de influência, o que fará com que precisem pensar em novos tipos de abordagens.[5]

O HOMEM QUE TOMA CAFÉ DEMAIS DE SHANNON WHEELER

© 2002 Shannon Wheeler. www.toomuchcoffeeman.com/ usado com permissão

Os líderes de igreja estão percebendo essas tendências e debatendo sobre como lidar com elas. Vimos as evidências disso em um fórum promovido pela Leadership Network (www.leadnet.org), sediado na Santa Cruz Bible Church. O propósito era estudar o início de novos cultos no contexto das igrejas existentes como meio de alcançar a cultura emergente. No princípio, tínhamos a expectativa de receber entre 50 e 75 participantes, mas logo percebemos como esse assunto é importante. Cerca de 250 pastores e líderes inscreveram-se para a conferência, das mais diferentes denominações e de igrejas dos mais diversos tamanhos, muitos com rol de membros na casa dos milhares. Muitas vezes naquela semana, e múltiplas vezes desde então, as mesmas questões têm sido levantadas: "Por que os jovens não mais vão à minha igreja?" e "Eu não entendo esse negócio de pós-modernismo".

Ah, não! Mais uma discussão sobre o termo "pós-moderno"

Sei que, para alguns, a palavra pós-moderno se tornou desgastada por tanto uso e por ser muito analisada. Assim, é possível que você esteja cansado de ouvi-la. Você deve estar pensando: "Ah, não, mais uma discussão sobre pós-modernismo". Se essa for a sua reação e você puder dizer com sinceridade que já compreende o amplo conceito de pós-modernismo, então talvez deva pular os dois capítulos seguintes. Tudo isso pode ser repetitivo para você, mas, para que os outros sejam capazes de lidar com a metodologia e as questões ministeriais dos capítulos à frente, eu não poderia simplesmente ignorá-los, oferecendo apenas uma visão introdutória, já que a segunda parte deste livro depende deles.

Outros podem ter ouvido falar de pós-modernismo, mas o conceito ainda permanece vago. Tudo o que essas pessoas sabem é que "o pós-modernista não acredita na verdade absoluta". Se você é uma delas, então saiba que achará esta breve introdução valiosa; espero que resolva boa parte da confusão. Não há a necessidade de tornar-se um especialista nem de saber quem são todos os filósofos pós-modernos, mas ao menos uma compreensão geral será benéfica para sua igreja e para seu ministério.

Se você desdenha do pós-modernismo como se fosse algo passageiro e sem efeito, que não traz impacto sobre a igreja, então preciso fazer-lhe a seguinte pergunta: "Onde estão os jovens de sua igreja?". Você deve conhecer os jovens crentes que cresceram ali, mas e as gerações emergentes na sua cidade? A sua igreja é um grupo homogêneo? As novas gerações estão agora se tornando a maior parte da cultura emergente e provavelmente não são capazes de se conectar com o que muitas igrejas estão fazendo hoje.

A chave para compreender o futuro está em compreender o passado

Quando sabemos que as transformações culturais estão ocorrendo, a nossa reação inicial pode ser uma tentativa de destacar os novos problemas e então ajustar os nossos ministérios para solucioná-los. Se não estamos vendo os jovens vindo para as igrejas hoje, talvez devamos apenas acrescentar algumas canções com outros ritmos na programação do louvor. Ou talvez se diminuirmos as luzes e acrescentarmos algumas velas, estaremos nos relacionando com esse tal de "pós-modernismo", e as gerações emergentes irão retornar para as nossas igrejas. Entretanto, é inútil tentar consertar um elemento superficial sem saber qual é a causa. Temos de ser iguais aos homens de Issacar, que compreenderam o seu tempo e foram capazes de discernir o que deveriam fazer.

Ao longo da nossa história, períodos importantes de transição cultural afetaram drasticamente a nossa visão de mundo. Francis Schaeffer rastreou esses períodos em seu livro e também na série de vídeos *Como viveremos?**. Filósofos e sociólogos chamam isso de nossa epistemologia, ou poderíamos dizer nossa cosmovisão, ou visão de mundo. A nossa cosmovisão consiste nas pressuposições e nos fundamentos sobre os quais o significado e o propósito de nossa vida são construídos.

A nossa cosmovisão impacta nossos valores, o modo pelo qual processamos os dados e como chegamos às nossas conclusões. Ela determina o que pensamos de Deus, da humanidade e da religião. A nossa cosmovisão afeta o modo pelo qual enxergamos não apenas "a igreja", mas também organizações individuais das

epistemologia

n. (do grego *episteme*, "conhecimento"; *logos*, "teoria") teoria filosófica do método ou das bases que usamos para obter nosso conhecimento

pressuposição

n. aquilo em que acreditamos ou admitimos *a priori*

* Publicado pela Ed. Cultura Cristã. [N. do T.]

igrejas. A nossa cosmovisão é a lente através da qual vemos o mundo, todas as coisas.

A maioria de nós iria concordar que transformações da cosmovisão cultural aconteceram por toda a história humana e que elas não são simples invenções de filósofos e professores. Ninguém pode negar, por exemplo, que a imprensa, a Reforma e o Iluminismo, cada um a seu modo, transformaram profundamente a cultura e até mesmo a igreja, à medida que ingressávamos na era moderna. Agora, nos primeiros anos do século XXI, muitos acreditam que estamos experimentando a próxima grande transformação cultural, mesmo que ela não esteja acontecendo da noite para o dia. Livros inteiros têm sido escritos para examinar com profundidade essas transformações e seus efeitos. Se você deseja uma compreensão mais profunda, por favor, leia os ótimos livros disponíveis escritos pos grandes especialistas no assunto (veja o apêndice C).

> **Precisamos olhar para o nosso passado para que possamos compreender como chegamos onde estamos hoje. Então poderemos começar a discernir para onde a igreja emergente poderá se dirigir no futuro.**

Não há como fazer justiça com os três mil anos de história mundial usando alguns parágrafos e gráficos. Mas, para o propósito deste livro, precisamos ao menos compreender e perceber que, através da história, aconteceram mudanças importantes. Quando percebermos isso, talvez não mais tenhamos receio de fazer as mudanças necessárias à igreja emergente.

Compreendendo o passado

Não faz muito tempo, conversei com alguém que nasceu em uma região primitiva da África ocidental e agora está trabalhando lá como pastor. À medida que falávamos sobre o pós-modernismo, percebi que se tratava de um assunto estranho às situações que ele estava enfrentando. De algum modo, ele está lidando com uma cosmovisão pré-moderna entre os grupos tribais para os quais ministra. Minha tentativa de mapear toda essa história realmente não tinha muito a ver com a situação dele. Então reconheci que a breve visão da história a seguir é muito básica e eurocêntrica. Entretanto, espero transmitir os pontos necessários de modo que sejam rapidamente compreendidos e relembrados a fim de nos preparar para as mudanças culturais da igreja americana.

As datas no quadro a seguir são meras aproximações e refletem a época em que a mudança estava ocorrendo, não quando exatamente começou ou terminou. Como estamos iniciando uma transformação, muitos podem discordar ou deixar de enxergar o que está ocorrendo. Mas apenas porque você não é capaz de ver as ramificações não significa que isso não seja uma realidade. Mudanças ou transformações como essa levam décadas para ser percebidas plenamente na vida cotidiana.

O ano 2000 no quadro foi escolhido como ponto de transição para o pós-modernismo simplesmente porque foi nessa época que começamos a perceber um profundo e evidente grau de filosofia pós-modernista em nossa cultura. Alguns dizem que o pós-modernismo inaugurou-se com a queda do Muro de Berlim; outros defendem 1969, ano em que ocorreu o Woodstock; alguns retroagem um pouco mais. Como não há um ano exato, estou usando uma data aproximada em razão da necessidade de demonstrar que estamos vivendo no início do pós-modernismo. No capítulo seguinte iremos estudar a nossa época de modo mais específico e como podemos enxergar algumas dessas mudanças no cotidiano de nossa vida e o que elas significam para o nosso ministério.

> Muitos líderes da igreja, de modo geral inteligentes, cometem o equívoco de ver o pós-modernismo como uma questão estreita e restrita a uma geração. Mas os registros apontam para algo bem diferente. Até uma breve análise do assunto, de apenas quinze minutos, se for honesta, pode revelar isso. O pós-modernismo possui todos os pilares filosóficos bem desenvolvidos, todos os pilares estéticos e culturais que caracterizam extensos períodos de tempo.
>
> — SALLY MORGENTHALER

Principais mudanças de cosmovisão

	Mundo antigo 2500 a.C. – 500 d.C.	**Mundo medieval 500 – 1500**	**Mundo moderno 1500 – 2000+**	**Mundo pós-moderno 2000+**
Epistemologia	Cosmovisão regional. Época das primeiras civilizações históricas. As divindades eram consideradas regionais e territoriais.	Cosmovisão judeu-cristã teocêntrica.	Durante o Iluminismo a epistemologia muda para a confiança centrada no homem e na razão a fim de descobrir a verdade.	Visão autodeterminada e pluralista da cultura e da religião. Aceitam-se verdades e crenças conflitantes.
Compreensão	O poder e a fé estavam em reis, impérios e divindades locais.	O poder e a fé estavam na igreja.	O poder e a fé estavam na razão humana, na ciência, na lógica, que também ajudava a explicar e interpretar Deus.	O poder e a fé estão na experiência pessoal.
Comunicação	Comunicação oral e registros históricos locais limitados.	Manuscritos e comunicação oral.	A imprensa transforma a comunicação.	Internet e mídia aceleram uma revolução na comunicação global.
Autoridade	A autoridade estava na revelação dada através de oráculos, poetas, reis e profetas.	A autoridade estava na Bíblia, mas devia ser compreendida de acordo com a interpretação da igreja. A Bíblia não estava nas mãos do povo.	A autoridade estava na razão, na ciência e na lógica. Para os cristãos, estava na interpretação racional da Bíblia.	Desconfia-se de qualquer autoridade. A Bíblia está aberta a muitas interpretações e é apenas uma entre muitos escritos religiosos.
Tema	"Quem é o homem, para que com ele te importes?" — Salmos 8.4	"Creio para compreender." — Anselmo (1033 - 1099)	"Conhecimento é poder." — Francis Bacon "Penso, logo existo." — René Descartes (1596–1650)	"Se isso faz você feliz, então não pode ser ruim." — Sheryl Crow "Cada ponto de vista é uma visão originada em um ponto de vista."

Este quadro foi adaptado do Leadership Network com acréscimos de Brian McLaren, que também discute o assunto em seu livro *A New Kind of Christian*.

Pensamentos emergentes

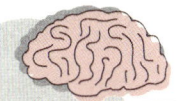

1. Analise o quadro sobre mudanças de cosmovisão. Alguma vez você já olhou para a igreja através de lentes epistemológicas para poder ver como ela se transformou durante cada uma dessas eras? Você é capaz de citar exemplos da história da igreja em que ela teve de se adaptar à sua época?
2. Olhe novamente para o quadro "Principais mudanças de cosmovisão". Alguma coisa salta aos olhos ao reconhecer alguma mudança da era moderna para a pós-moderna no contexto em que você vive?
3. Você concorda ou resiste à idéia de que estamos passando por uma mudança pós-moderna em nossa cosmovisão? Dê algumas razões para sua resposta.

Capítulo 4

Além do pós-modernismo, das velas e do que é legal

> **"Você está fazendo as malas para ir a um lugar onde jamais ninguém esteve.**
>
> — U2, *Walk On* — [*A jornada espiritual do U2*]*

Uma turma de líderes cristãos pode ser uma turma bem interessante. Em toda essa discussão sobre igreja emergente, escuto todos os tipos de idéias sobre o que está ocorrendo culturalmente. Acabo de almoçar com um aluno de uma faculdade bíblica bastante conservadora. Ele menospreza o pós-modernismo e disse que isso não tem impacto sobre o ministério. Disse ainda: "Tudo o que precisamos fazer é pregar a Palavra de Deus, e o ministério irá muito bem". Por outro lado, recebo *e-mails* constantemente de pastores me dizendo saber que precisam fazer alguma coisa e estão planejando começar um "culto pós-moderno" radical e diferente, mas se referem apenas à mudança de estilo do que estão fazendo, o que mostra que não entendem o significado de pós-modernismo. Algumas pessoas apenas estão ouvindo o termo pela primeira vez, e outras estão cansadas de ouvi-lo.

> Um brilhante professor que conheço e respeito afirmou numa reunião pública que o pós-modernismo é apenas uma moda passageira. Eu o desafiei e dei-lhe uma saída, dizendo: "Creio que você teve a intenção de dizer que o modo pelo qual a igreja está respondendo à inegável transformação pós-moderna é uma moda passageira, certo?". Ele fez uma longa pausa e então consentiu: "Certo, acho que foi essa a minha intenção".
>
> — Mark Oestreicher

---

* Publicado no Brasil pela W4 Editora. [N. do T.]

> **Nem todas as igrejas no mundo caíram no conto do modernismo**, pelo menos não tanto quanto as evangélicas, que o engoliram tão completamente que muita gente acha impossível fazer uma separação entre modernismo e cristianismo. A igreja afro-americana, no entanto, nunca o engoliu de verdade. Isso também vale para alguns segmentos do cristianismo que estão fora da América do Norte. Para essa gente, não há modernismo para des-construir, nem aquela carga da qual se livrar. É claro que eles têm seus problemas. Mas passaram por cima dessa questão, que nós ainda teremos de enfrentar por mais um tempo, e se acham em condições de passar diretamente para uma nova práxis.
>
> — Mark Oestreicher

A discussão nos círculos cristãos não precisa se ater à simples utilização da palavra pós-moderno. Precisa ir além das velas e de uma música legal para a adoração. Não se resume a coisas superficiais que geralmente descrevemos como pós-modernas. Partindo do princípio de que o pós-modernismo está ainda em processo de desenvolvimento, ainda não temos condições de definir o termo. Não sabemos o início exato do pós-modernismo nem há quanto tempo ele está entre nós. Não sabemos para onde ele nos levará nem qual será seu nível de influência na formatação de uma nova cultura. Algumas pessoas têm até sugerido que estamos nos movendo para uma fase pós-pósmodernista, na qual, agora que o pós-modernismo desconstruiu tudo o que precisava, estaríamos, na verdade, construindo sobre alicerces pós-modernistas.

Uma palavra que podemos sentir no ar e ao nosso redor, mas não somos capazes de defini-la

Querendo ou não denominar essas transformações de pós-modernismo, algo está acontecendo e pode ser sentido, ouvido e observado na arte, na música, nas tendências da moda e na vida das pessoas nas gerações emergentes. Gosto da analogia da caverna feita por Platão e usada por Tony Jones no livro *Postmodern Youth Ministry* [Ministério para jovens pós-modernos]. Um homem vive em uma sociedade completamente confinada numa caverna onde todos acreditam que a caverna é a única realidade que há e estão satisfeitos com isso. Depois de o homem finalmente pôr o pé para fora da caverna e ver o sol, as estações, a maravilha do mundo exterior, ele retorna e tenta explicar o que viu às pessoas que ainda estavam confinadas. Mas elas não conseguem fazer outra coisa, a não ser chamá-lo de louco e recusar-se a ouvi-lo. Durante muitos anos mantive pendurado na parede ao lado de minha mesa, no escritório da igreja, um quadro com uma tira em quadrinhos baseada na alegoria da caverna de Platão.

Todos estão acorrentados dentro de uma caverna. Esses prisioneiros vêem apenas sombras e as consideram a realidade	Um homem escapa. Ele sai da caverna e vê o mundo real	Ele retorna, mas, ofuscado pela luz, parece mais tolo que antes

Philosophy for Beginners [Filosofia para iniciantes], de Richard Osborne (New York: Writers and Readers Publishing Inc., 1992). Usado com permissão.

A razão por que me identifiquei com aquele homem na caverna — a ponto de pendurar um quadro em minha parede — é que muitas vezes me sentia exatamente como ele ao tentar explicar o que estava sentindo quando me referia a mudar as coisas e fazê-las diferentes no ministério. Eu me atrapalhava com minhas próprias palavras, tinha dificuldade tentando explicar as razões da minha sensação, mas sabia, sem sombra de dúvidas, que alguma coisa estava acontecendo. Talvez você se sinta como o homem na caverna de Platão. Ou talvez você seja um dos que se recusam a aceitar que a mudança está em movimento.

A origem da pós-modernidade: uma reação à modernidade

Em seu livro *Pós-Modernismo: um guia para entender a filosofia do nosso tempo,** Stanley Grenz nos informa como o termo pós-moderno era usado na década de 1930 por escritores e arquitetos que desejavam romper com os padrões e moldes modernos de pensamento e criatividade. A palavra pós-moderno também foi usada pelo historiador Sir Arnold Toynbee na década de 1940 para descrever sua observação do início de uma nova era na história ocidental. Assim, a palavra pós-moderno representa uma mudança de cosmovisão, partindo dos valores e crenças da era

---

* Publicado no Brasil por Vida Nova. [N. do T.]

moderna para uma nova era pós-moderna, que rejeita muitas crenças e valores modernos.

Nem tudo no modernismo é ruim! Nem tudo no pós-modernismo é ruim!

Algumas vezes, escuto fortes críticas ao modernismo em determinados círculos. Mas o fato é que ele produziu coisas maravilhosas, grandes avanços na ciência, na medicina e na tecnologia. O modernismo realmente se alinhou muito bem com vários aspectos da nossa fé. Entretanto, precisamos compreender como ele também deu forma a alguns de nossos conceitos sobre igreja e fé, conceitos não necessariamente bíblicos. O Iluminismo admitia como verdade que o pensamento humano era capaz de resolver qualquer coisa. Então, quando o modernismo passou a pressupor que podíamos desvendar a Deus e sistematizar a nossa fé, nós nos perdemos. O que precisamos fazer na igreja emergente é repensar quais aspectos ou valores do modernismo se transformaram em padrões mais ou menos aceitáveis, mais do que as Escrituras, para tomarmos as decisões sobre o nosso ministério.

Com o mesmo critério, nem tudo nos pós-modernismo é ruim. Em determinados círculos, ouço pesadas e freqüentes críticas a ele. É claro que precisamos discernir com sabedoria quando pensamos sobre qualquer mudança cultural, seja pequena, seja importante, como no caso do pós-modernismo. Mas, ao mesmo tempo, existem muitos aspectos reanimadores como o retorno a uma visão mais transcendente de Deus, a tolerância ao mistério, a retomada de uma visão sobrenatural da vida. Precisamos mais do que nunca ser pensadores e teólogos, para que possamos discernir entre o bem e o mal e entre o que é proveniente das Escrituras e o que é filosofia ou metodologia humana, quer moderno, quer pós-moderno. O aspecto "pós" do pós-modernismo não significa que rejeitamos tudo que vem do modernismo. Significa apenas "depois". Então estamos adentrando a era que vem "depois do modernismo" e que, é óbvio, carregará consigo muitos aspectos do modernismo.

O modernismo puro defende uma única cosmovisão universal e um único padrão moral, uma crença de que todo o conhecimento é bom e incontestável, que a verdade é absoluta, que a individualidade é valiosa e que o pensamento, o aprendizado e as crenças devem ser determinados de forma sistemática e lógica. O pós-modernismo, por sua vez, defende que não há uma única cosmovisão universal. Nenhuma verdade é absoluta, a comunhão é mais valiosa que a individualidade; e o pensamento, o aprendizado e as crenças podem ser determinados de maneira não-linear. Stanley Grenz explica que o pós-modernismo "é uma disposição intelectual e uma coleção de expressões culturais que questionam os ideais, os princípios e os valores que eram os pilares do pensamento moderno".[1] No *site Emergent* (www.emergentvillage.com), pós-modernismo é definido como "uma cultura emergente caracterizada por sua passagem pela modernidade e que busca alguma coisa além da modernidade. Pós-modernismo deve ser diferenciado do antimoderno, do pré-moderno e do hipermoderno. Acreditamos que o pós-modernismo ainda não existe em sua forma plenamente desenvolvida e está em seus estágios iniciais; por essa razão, não pode ser rigidamente definido, e só podemos afirmar que ele vai além da modernidade".[2]

O pós-modernismo na academia e na arquitetura

À medida que arquitetos, escritores e filósofos foram rejeitando os valores modernos restritivos do pensamento sistemático, eles começaram a formar uma nova filosofia pós-moderna. A arquitetura não precisava mais ser projetada puramente pela função, nem a música ou a arte tinham de ser classificadas em categorias existentes. Os filósofos pós-modernos começaram a ensinar que até mesmo a linguagem não poderia ser rígida e possuir um único sentido, mas deveria ser desconstruída, ou seja, decomposta e reorganizada. Como a linguagem está constantemente em transformação, segundo os preceitos pós-modernos, pode haver diversas interpretações de uma palavra no texto, não apenas um único sentido. Como os artistas, filósofos e arquitetos rejeitaram os valores modernos e abraçaram as idéias pós-modernas, essa mudança refletiu-se nas aulas das universidades, que, por sua vez, influenciaram uma nova literatura, arte e arquitetura, e até mesmo métodos educacionais. Pouco a pouco, à medida que os alunos estudavam essa nova forma de criatividade e filosofia, começamos a perceber mudanças reais surgindo vagarosamente nas formas de música experimental, no cinema e nas artes. Vimos um pouco dessa rejeição dos valores modernos vir à tona nos *campi* das universidades na década de 1960.

Modernismo		Pós-modernismo
Uma cosmovisão e uma cultura com ênfase na ciência e na tecnologia; a fé no conhecimento como bom e incontestável, num único padrão de moral e verdade absolutas, no valor da individualidade e no pensamento, no aprendizado e nas crenças como elementos que devem ser determinados de modo lógico e sistemático.	transforma-se em	Uma cosmovisão e uma cultura emergentes em desenvolvimento, em busca do que vai além da modernidade. Defende que não há uma única cosmovisão universal. Portanto, a verdade não é absoluta, e muitas das qualidades adotadas pelo modernismo não detêm mais o valor nem a influência de antes. Pode ser definido segundo nosso gosto, pois ainda está em formação e desenvolvimento.

Da arquitetura e da academia para a cultura *pop*

Nas décadas de 1980 e 1990, o pós-modernismo não impactava apenas os domínios acadêmicos ou os *campi* das universidades mais politicamente ativas, nem era adotado somente pelos artistas e filósofos mais inovadores. O pós-modernismo estava agora surgindo com força na cultura *pop*, evidenciando-se na moda, na música, na televisão, no cinema, no teatro, nas artes em geral, nas artes gráficas e na literatura. Começamos a perceber sua influência em nossa cultura com regularidade. As categorias modernas que conhecíamos e usávamos começaram a mudar e a desaparecer à medida que se formavam novas categorias pós-modernas.

Vamos verificar alguns exemplos vindos da cultura *pop*. A música *country*, vista pelas lentes modernas, possui determinado som, e seus cantores têm uma aparência "*country*" e falam de um modo *"country"*. Essas canções são tocadas em estações de rádio *country*. As coisas se encaixam numa ordem esperada. É confortável e faz sentido. Podemos compreendê-las.

Mas o pós-modernismo está trazendo mudanças interessantes. Por exemplo, Garth Brooks é um cantor *country-western* contemporâneo. Como era de esperar, ele tem a aparência bem *country*. Ele usa chapéus *country-western* enormes, e suas camisas são bem *country-western.* As extremidades de seu violão possuem detalhes em madrepérola no estilo do oeste. Seu sorriso é *country-western.* Tudo isso é razoável e tem um sentido lógico. Podemos acondicionar todas essas coisas no mesmo pacote e compreendê-las. Sua música combina com a sua imagem sem nenhuma contradição.

Mas então aconteceu alguma coisa estranha alguns anos atrás. Brooks, em uma mudança pós-moderna, escolheu "desconstruir-se", incluindo sua imagem country, e "reconstruir-se" como um *grunge-punk rock star* de nome Chris Gaines. Em vez de um Garth *country-western* feliz e sorridente, temos agora um Garth (Chris Gaines) mórbido e todo vestido de preto. Em sua nova persona, ele lançou um CD contendo um tipo de música meio *grunge-pop* que não se encaixa em nenhuma categoria moderna existente. No fundo, Garth está unindo dois sistemas musicais opostos e duas declarações de moda opostas. Isso é pós-modernismo. Houve o tempo em que cantores *country-western* eram cantores *country-western*, não uma personalidade dúbia *grunge-pop* que foi desconstruída e reconstruída. Na verdade, muitas celebridades *country-western* como Shania Twain e Faith Hill estão apresentando imagens cada vez mais relacionadas com as celebridades do *rock*, até mesmo usando jaquetas de couro *punk-rock* do final da década de 1970. Imagine o que Hank William Sr. iria pensar disso tudo! Essas coisas seriam incompreensíveis para ele.

Outro exemplo: A capa do CD de Madonna cujo título era o seu próprio nome em 1984 representava o visual do cenário dos clubes de dança da cidade de Nova York à época. Seu corte de cabelo, suas jóias e braceletes, e a roupa que estava usando refletiam a música do CD. Sua música combinava com sua imagem. Isso era moderno. Encaixava-se em uma categoria existente.

> De modo geral, não é muito justo rotular uma pessoa como puramente moderna ou pós-moderna. Mas existe um autoteste razoável: o que Dan Kimball acabou de descrever — as contradições, a desconstrução e o paradoxo do pós-modernismo — deixou você aflito e frustrado ou sorridente?
>
> — Mark Oestreicher

Mas então vem a capa do CD *Music* de Madonna, lançado em 2000. Ela apresenta uma imagem de uma mulher texana do tipo que lida com petróleo e *country-western*, cujas roupas eram *country-western*. Ela usa um enorme chapéu *country-western*. A caixa do CD tem uma aparência relacionada com rodeios. O tipo de letra e as ilustrações denotavam *country-western*. Hank William Sr. ficaria bem feliz. Mas que tipo de música ela oferece com essa imagem? É uma música bem distante do *country-western*. É *tecno-pop*. A música é quase o oposto da imagem. Vinte anos atrás, se você olhasse para essa capa de CD em uma loja, não teria dúvidas do tipo de música que encontraria. Mas, hoje, as contradições são aceitas. Não se pode mais classificar esse CD em nenhuma categoria óbvia. Isso é pós-moderno. (Visite www.vintagefaith.com/albums para ver as capas dos CDs de Brooks e Madonna. Os links do *site* indicarão o caminho para as imagens em questão.)

Esses exemplos de contradições entre imagem e música podem ser triviais e fazer com que você imagine: "O que isso tem a ver com a igreja?". Mas continue lendo; há ramificações drásticas para a igreja e para as pessoas que esperamos alcançar.

Da cultura *pop* para a vida do dia-a-dia e para o pensamento comum

Agora estamos experimentando o pós-modernismo na vida cotidiana. Seus valores rapidamente permearam nossas escolas, programas de televisão, filmes, propagandas, revistas e moda. Tudo isso produziu mudanças no modo pelo qual enxergamos o mundo, a sexualidade humana, a religião e a espiritualidade. As comunicações e a explosão midiática trazidas pela tecnologia e pela internet apenas aceleram o processo. A imagem não precisa mais estar alinhada com seu sentido original (ou seja, artistas da música *country* podem se parecer com artistas de *rock*, e artistas de *rock* podem se parecer com artistas da música *country*). Os limites são confusos, se é que eles existem. O artista de *rock* Jon Bon Jovi atualmente usa como marca registrada um chapéu de *cowboy* feito de palha, mesmo que ele seja de New Jersey e toque tudo menos *country*. A contradição se tornou aceitável.

Até mesmo a famosa *smiley face* [carinha sorridente] recebeu uma renovada pós-moderna num desenho de uma camiseta. A imagem conhecida recebeu um sentido contraditório.

A propagação da cultura pós-moderna se acelera, à medida que os pais que abraçaram o pós-modernismo ensinam hoje outras pessoas e educam seus filhos. Cada vez mais isso se torna um modo normal de vida. No entanto, há mais coisas afetadas além dos filmes e da música. Há o impacto nos valores, na ética, na sexualidade e em praticamente tudo, incluindo o impacto sobre nossa visão de religião e de espiritualidade. É nessa hora que nós, no ministério da igreja, ficamos frente a frente com os frutos do pós-modernismo.

Do pensamento do dia-a-dia para a espiritualidade e para nossas igrejas

À medida que as gerações emergentes envelhecem, é claro, passamos a notar o pós-modernismo impactando as crenças espirituais. Uma pessoa pode alegar uma crença espiritual sem vivenciar aquela fé genuinamente. A contradição na espiritualidade é aceitável. É exatamente isso que estamos vendo.

É claro que sempre houve pessoas que não viviam a fé que alegavam ter; em um mundo moderno, isso seria chamado hipocrisia. Mas em um mundo pós-moderno, onde os limites não são claros, simplesmente é um modo de vida. Em um mundo moderno, se um cantor de *country* como Garth Brooks se vestisse no estilo *grunge-punk* e entrasse em um bar *country*, ele provavelmente levaria uma surra. Mas, em um mundo pós-moderno, a dicotomia é celebrada, e os limites da moda estão todos confusos. Os limites espirituais também estão confusos, já que o relativismo espiritual é a norma, e as conseqüências são muito mais sérias.

Está em voga um cristianismo *pop*, sexual e pluralista

Quando músicos famosos recebem prêmios na televisão, nós os ouvimos, repetida e publicamente, agradecendo o sucesso com

---

Eu teria tido um enorme problema com isso há alguns anos! Mas agora... Um amigo meu que tem um importante papel num grande encontro evangélico para a juventude, projetado para ensinar aos adolescentes como compartilhar sua fé, perguntou-me há pouco tempo: "Qual é o mínimo que uma pessoa tem de "fazer" para se tornar cristã?". Eu não sabia muito bem como responder. (Claro, eu conheço a resposta "crer no Senhor Jesus Cristo"). Temos nos concentrado no "fazer" por tanto tempo que na verdade distorcemos o texto bíblico para enquadrá-lo nos moldes equivocados da modernidade. Meu amigo refez a pergunta: "Tá bom, quanto uma pessoa precisa crer para se tornar cristã?". Mais uma vez, hesitei. Sim, ainda creio que a salvação vem somente por Jesus Cristo. Mas será que uma pequena dose de budismo injetada num sistema religioso de algum modo elimina a parte cristã, os fundamentos básicos relacionado com Jesus? Minha prima budista, exceto pela infeliz incapacidade de aceitar Jesus, é mais cristã (baseando-me na descrição de Jesus sobre o que um cristão faz) que quase todos os cristãos que conheço. Se estivéssemos usando Mateus 26 como base, ela seria uma ovelha; e quase todos os cristãos que conheço pessoalmente seriam bodes.

— MARK OESTREICHER

Creio ser um equívoco a equiparação do pós-modernismo com o relativismo de modo geral, embora eu concorde com o uso que Dan Kimball faz do termo relativismo espiritual. Seríamos sábios se realmente entendêssemos o que nós e os outros pretendemos dizer quando empregamos o termo relativismo. Descobri que poucas pessoas realmente crêem que todas as religiões ou perspectivas são igualmente válidas, embora digam isso usando exatamente essas palavras e o façam com veemência. No fundo, o que elas querem dizer é isto: "Tenho muito medo do que acontece quando as pessoas se tornam militantes e arrogantes em torno de suas crenças e valores, pois existe somente uma linha tênue entre militância e arrogância... e violência". Vivendo num mundo de terrorismo, limpeza étnica e ódio racial, étnico e religioso, essas pessoas acham que valores e crenças ardorosas são algo muito perigoso. Em lugar de discutir sobre o absurdo da declaração que essas pessoas fazem (porque afirmar que todas as

muito entusiasmo a Deus ou a Jesus, mesmo que a música deles, a imagem e as letras estejam em contradição com a Bíblia. Não há hipocrisia nisso. É apenas a opinião pessoal que essas pessoas têm de Deus e Jesus. Elas acham que não há nenhum problema nessa contradição, porque, para elas, simplesmente não existe.

Um artigo no jornal *San Jose Mercury News* alcançou as manchetes: *Mixed Messages: Spears' Naughty Image Belies Her Christian Values,* [Mensagens confusas: a imagem indecorosa de Spears desmente seus valores cristãos].[3] O artigo narra a alegação pública de Britney Spears de que era uma "cristã batista nascida de novo". Ela até cantou *Jesus Loves Me* [Jesus me ama] na audição que a levou ao seu primeiro contrato com uma gravadora. Por ora, "ela é uma confusa mistura pós-moderna de espiritualidade com sexualidade provocante de uma estudante". Também podemos ver essa combinação perturbadora em artistas como Destiny's Child ou Jessica Simpson, jovens mulheres que verbalizam suas crenças cristãs, mas enviam sinais de mensagens hipersexuais através da aparência pessoal e das letras das músicas. O que a pessoa crê contradiz ostensivamente o que ela faz; de uma perspectiva pós-moderna, não há nenhum mal nisso.

É natural deduzir que agora existe a possibilidade de eleger nossas crenças religiosas do mesmo modo que escolhemos o que comer num restaurante *self-service*. Uma propaganda bastante popular estampada em uma cadeia de lojas de roupas para jovens proclama: "10% Anjo – 15% Princesa – 25% Diva – 50% Deusa". Tenho certeza de que a maioria das adolescentes, na verdade, não acredita ser essa uma mescla interessante da mística feminina; mesmo assim, essa propaganda oferece um exemplo não muito sutil de espiritualidade pós-moderna.

De acordo com essa linha de pensamento, podemos adotar um misto contraditório das crenças mundiais mais importantes. É comum encontrar alguém que segue parte dos ensinamentos budistas e um pouco do cristianismo, e ainda acrescenta a essa mistura características próprias de adoração à natureza. Para a maioria de nós, a parte mais difícil de entender é perceber que, para as pessoas das culturas emergentes, não há nada de errado nem de contraditório nesse tipo de abordagem da espiritualidade.

Uma matéria de capa de uma edição da revista *Newsweek* apontou que "os jovens estão profundamente receptivos à religião — mas insistem em defini-la cada um a seu modo".[4] Essa é apenas uma reação normal e natural surgida na cultura pós-moderna. Não devemos nos surpreender.

Quer você acredite em pós-modernismo, quer não, alguma coisa está acontecendo

Uma fotografia realista de nosso mundo pós-moderno em desenvolvimento é a que Dave Tomlinson nos apresenta em seu livro *The Post-Evangelical* [O pós-evangélico]. Embora eu não concorde com algumas conclusões teológicas a que Tomlinson chega, realmente acho que ele define o nosso mundo com grande discernimento:

> O mundo pós-moderno é um mundo que se autocompreende por meio de modelos biológicos e não mecânicos; um mundo onde as pessoas se vêem como parte do ambiente e não acima ou separadas dele. Um mundo desconfiado das instituições, das hierarquias, das burocracias centralizadas e das organizações dominadas pelo sexo masculino. É um mundo em que as redes de comunicação e as atividades locais das pessoas comuns têm precedência sobre estruturas de larga escala e sobre grandes projetos; um mundo em que a era do livro está abrindo caminho para a era da tela; um mundo faminto por espiritualidade, mas indiferente à religião sistematizada. É um mundo onde a imagem e a realidade se encontram tão profundamente entrelaçadas que se torna difícil saber onde uma começa e a outra acaba.[5]

Ele continua com uma declaração extremamente desafiadora:

> Os que pensam que pós-modernismo é uma ficção da imaginação acadêmica, uma moda passageira, não poderiam estar mais errados. O pós-modernismo brotou dos corredores bolorentos da academia e alcançou o mundo da cultura popular; está nas páginas

---

religiões são igualmente válidas é, sem dúvida, um absurdo), seríamos mais inteligentes se ratificássemos o desejo que elas têm pela paz e as incentivássemos a defender essa crença ou valor em paz... intensamente! Talvez possamos ser gentilmente capazes de mostrar a elas como Jesus trilhou esse caminho no mundo religioso em que viveu, e como a cruz é uma mensagem ao mundo, que diz: "É melhor sofrer violência por sua fé do que infligir violência. É assim que é o Reino de Deus".

— Brian McLaren

das revistas para jovens e adolescentes, nas capas do CDs e nas páginas de moda da revista *Vogue*.[6]

> **A pós-modernidade e o relativismo espiritual que ela carrega puxam o tapete da maioria das nossas estratégias e metodologias ministeriais de hoje.**

Quando abrirmos os olhos e alertarmos os nossos sentidos, começaremos a reconhecer a influência do pós-modernismo à nossa volta. Veja as capas das revistas e as ilustrações publicitárias; veja como os comerciais de TV estão sendo escritos e visualmente produzidos; ouça os diálogos das novelas e programas de TV e as letras das músicas atuais. Observe a moda; descubra o que os autores populares estão escrevendo. Atente para as transformações que estão ocorrendo em nossos métodos educacionais. À medida que olharmos para todas essas direções, veremos que as implicações para a igreja emergente são de nos deixar de olhos arregalados. E há mais por vir. Quando entrarmos no próximo capítulo, iremos lidar com uma questão que sempre ouço, na maioria das vezes de pastores e líderes mais velhos. Talvez ela também esteja em sua mente.

Pensamentos emergentes

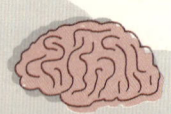

1. Quando foi a primeira vez que você ouviu falar de pós-modernismo e como o definiria?
2. De que maneira você percebe o impacto que o pós-modernismo tem sobre a cultura da vida de todo dia?
3. De que maneira você percebe o impacto do pós-modernismo sobre a espiritualidade das pessoas?

Capítulo 5
Mais que um abismo entre gerações

> **Depois que toda aquela geração foi reunida a seus antepassados, surgiu uma nova geração que não conhecia o Senhor e o que ele havia feito por Israel.**
> — Juízes 2.10

"Um dia todos irão amadurecer e voltar para a igreja."

"Estou dizendo a vocês, essas gerações não são diferentes de quando eu era adolescente ou de quando estava na faculdade." O rosto do pastor estava ruborizado de emoção. "Quando estava nos últimos anos da escola, eu me rebelei e rejeitei a igreja." Ele lançou-me um olhar fixo e exaltado. "Quando estava na faculdade, cheguei até a ter contato com algumas religiões orientais e me aventurei com as drogas. Mas eu amadureci. Então me casei e, quando nasceram nossos filhos, voltei às minhas raízes e à igreja."

Então ele sorriu, como se seu argumento tivesse sido convincente. "O mesmo acontece com os jovens de hoje. Eles são exatamente como eu fui. Um dia todos irão amadurecer e voltar para a igreja. Tudo isso é apenas uma questão de abismo entre gerações."

> **O movimento da igreja pós-moderna, ou movimento da igreja emergente — mesmo que seja quase impossível defini-lo ou quantificá-lo — já tem passado por sua própria evolução. Muitos dos líderes pensantes e de seus adeptos começaram a enfrentar as mudanças culturais com ministérios voltados para a geração emergente. Quanto a mim, passei por quatro fases em meu pensamento:**
>
> 1. **Temos que fazer alguma coisa para combater esse pensamento pós-moderno dos jovens.**
> 2. **Espere um pouco; o pós-modernismo não é tão ruim assim, mas não deixa de ser algo relacionado com a nova geração.**
> 3. **Espere mais um minuto; parece haver pessoas com 60 anos de idade que são mais pós-modernas na forma de pensar do que algumas com 30 anos de idade. Talvez não se trate de algo que tenha a ver apenas com as gerações.**
> 4. **Ei! Toda essa coisa pós-moderna — sou eu!**
>
> — Mark Oestreicher

Ouvi tudo aquilo em silêncio e, quando ele terminou, falei: "Você disse que, quando seus filhos nasceram, você retornou às suas raízes".

"Sim", ele respondeu, "exatamente como esses jovens farão quando ficarem mais velhos e voltarem para a igreja".

"Para início de conversa, e se as raízes deles não incluírem nenhuma igreja nem fé cristã? E se as raízes que eles fincaram enquanto cresciam forem uma combinação de crenças mundiais com maior inclinação para a filosofia budista? Como eles poderão retornar às suas raízes de igreja e cristianismo se essas raízes não existirem?"

Ele sentou-se por um minuto, parecendo confuso, e respondeu: "Então, eu não sei o que eles farão".

Tempos atrás, na história americana, esse pastor estaria com a razão. Mas, nos últimos anos, os adolescentes e jovens adultos foram educados num mundo com valores e perspectivas pós-modernos e pós-cristãos. Eles simplesmente não têm raízes judeu-cristãs às quais possam retornar.

Em Juízes 2.10 lemos sobre um tempo quando "surgiu uma nova geração que não conhecia o Senhor e o que ele havia feito por Israel". Se isso aconteceu no antigo Israel, quando Deus participava de forma ativa e central da cultura, por que não aconteceria aqui e nos dias de hoje?

Vamos pegar o conceito "voltar às raízes" e transformá-lo numa analogia imperfeita, mas que, espero, seja útil. As plantas têm raízes. Vamos então observar os dois fatores ambientais necessários ao desenvolvimento delas:

1. A atmosfera: as condições de luz, a temperatura, a chuva e a umidade que a planta irá receber à medida que se desenvolve.
2. O solo: os nutrientes e a água que alimentam as raízes, à medida que a planta se desenvolve.

Assim como uma planta, uma pessoa também depende do seu ambiente para se desenvolver.

Como era uma pessoa que cresceu num mundo moderno nos Estados Unidos?

Na era moderna (1500 – 2000 d.C.), alguém criado nos Estados Unidos (após o surgimento do país como nação colonizada) recebia fundamentalmente uma educação judeu-cristã. Na maior parte do país, todas as pessoas cresciam numa atmosfera que ensinava os valores da fé judeu-cristã. Mesmo que alguém não fosse cristão, provavelmente concordava com a maioria dos valores da Bíblia e com sua ética, tentava viver pautado pelos Dez Mandamentos, compreendia a maioria das histórias bíblicas mais básicas e entendia o sentido da frase "Jesus morreu por seus pecados". Quando alguém na era moderna pensava sobre "Deus", geralmente o Deus judeu-cristão lhe vinha à mente.

> A análise que Dan Kimball faz da era pós-cristã é excelente.
> — HOWARD HENDRICKS

Era Moderna: "Atmosfera" local judeu-cristã

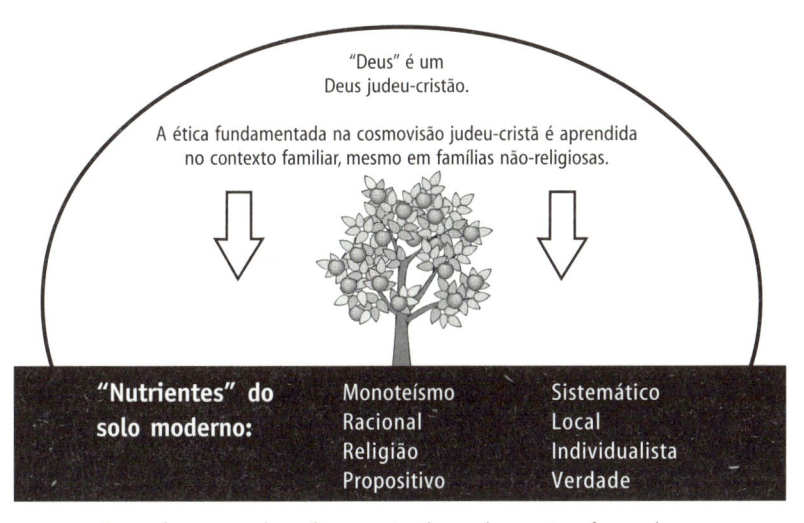

"Deus" é um Deus judeu-cristão.

A ética fundamentada na cosmovisão judeu-cristã é aprendida no contexto familiar, mesmo em famílias não-religiosas.

"Nutrientes" do solo moderno:	Monoteísmo	Sistemático
	Racional	Local
	Religião	Individualista
	Propositivo	Verdade

Crescendo num mundo moderno, respirando o ar de uma atmosfera moderna e recebendo os nutrientes do solo moderno.

Na era moderna, uma pessoa crescia recebendo os nutrientes do solo moderno, incluindo monoteísmo (fé num único Deus) e um sistema de aprendizado racional e lógico. A religião era uma coisa positiva no solo moderno. Uma pessoa moderna aprendia por meio de proposições e era capaz de compreender e dominar os conceitos ao decompô-los em sistemas. Muitas pessoas não viajavam muito e enxergavam a vida através de lentes locais. A verdade era cognoscível e absoluta. A Bíblia, para a maioria das pessoas, representava um ponto de referência para todas as experiências. Ela contava a história da origem da vida, seu propósito e seu sentido.

> O que estamos percebendo em nossa cultura não é apenas um abismo entre gerações, mas uma transformação no modo pelo qual as pessoas enxergam o mundo.

Como é crescer numa era pós-cristã com atmosfera e solo pós-modernos?

Na era pós-cristã (com início em torno do ano 2000), os valores e as crenças de uma pessoa criada nos Estados Unidos são formatados por uma atmosfera global e pluralista. Essa pessoa tem contato direto com as notícias globais, a moda global, a música global e as religiões globais. Há muitos deuses, muitas crenças, muitas formas de expressão espiritual para escolher. Numa atmosfera pós-moderna, uma pessoa se desenvolve aprendendo que todas as crenças são equivalentes, mas que o cristianismo é fundamentalmente uma religião negativa, conhecida por ser "crítica" e por condenar o comportamento dos outros. Nessa atmosfera, os Dez Mandamentos não são ensinados, e a Bíblia não passa de um dos muitos escritos religiosos. A ética e a moral são fundamentadas em escolhas pessoais, à medida que as famílias incentivam os filhos a tomar suas próprias decisões sobre religião e a ser tolerantes com todas as outras crenças. Uma importante influência exercida sobre a ética e a moral de uma pessoa pós-moderna provém do que ela aprende da mídia e do que é aceito pelos grupos sociais de que participa. Embora o relativismo pareça mais uma norma no mundo pós-moderno, a maioria concorda com alguns absolutos, tais como a iniquidade da violência excessiva, de assassinatos ou de acontecimentos como a tragédia de 11 de setembro com as torres gêmeas em Nova York.

Era Pós-Cristã: "Atmosfera" global e pluralista

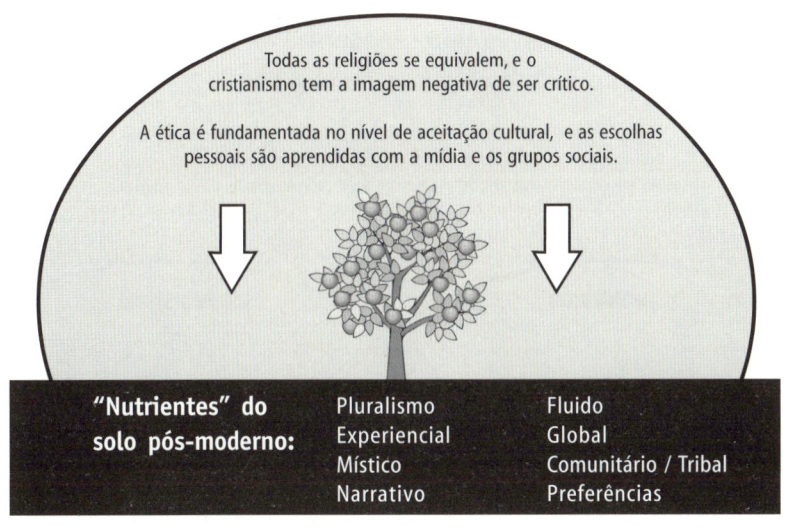

Todas as religiões se equivalem, e o cristianismo tem a imagem negativa de ser crítico.

A ética é fundamentada no nível de aceitação cultural, e as escolhas pessoais são aprendidas com a mídia e os grupos sociais.

"Nutrientes" do solo pós-moderno:	Pluralismo Experiencial Místico Narrativo	Fluido Global Comunitário / Tribal Preferências

Crescendo num mundo pós-moderno, inalando o ar da atmosfera pós-moderna e recebendo os nutrientes do solo pós-moderno.

Num mundo pós-cristão, o pluralismo é a norma. Budismo, crenças wiccanianas, cristianismo, islamismo, hinduísmo, ou qualquer composto eclético são partes do solo. A base da cognição passou do lógico, racional e sistemático para o reino das experiências. As pessoas cada vez mais anseiam pelo místico e pelo espiritual, não mais pelo solo moderno da fé racional que se baseia em fatos e evidências. O modo pelo qual as pessoas reagem e pensam é mais fluido que sistemático, mais global que local, mais comunitário que individualista. E, no solo pós-moderno, valorizam-se muito a preferência e a escolha pessoal, em oposição a uma verdade predeterminada.

> Num mundo pós-cristão, as preferências não são apenas pessoais, mas são preferências em constante mutação.
>
> — HOWARD HENDRICKS

Qual a razão da tensão e da confusão?

Estamos agora numa transição da era moderna para a pós-moderna. Por essa razão, uma mescla de pessoas de todos os tipos vive nos Estados Unidos de hoje. De modo geral, quanto mais idade as pessoas têm, mais modernas são. Quanto mais jovens, maior é a possibilidade de ter conhecido apenas um mundo pós-moderno e pós-cristão e de considerar normais a atmosfera e o solo pós-modernos. Os que nasceram num mundo pós-moderno e pós-cristão não têm uma atmosfera e um solo modernos para lembrar. Não podem voltar às raízes modernas, pois nunca as tiveram.

Mas as coisas não são tão simples assim.

Estamos agora numa transição, à medida que as gerações emergentes estão nascendo numa atmosfera e num solo cada vez mais pós-modernos.

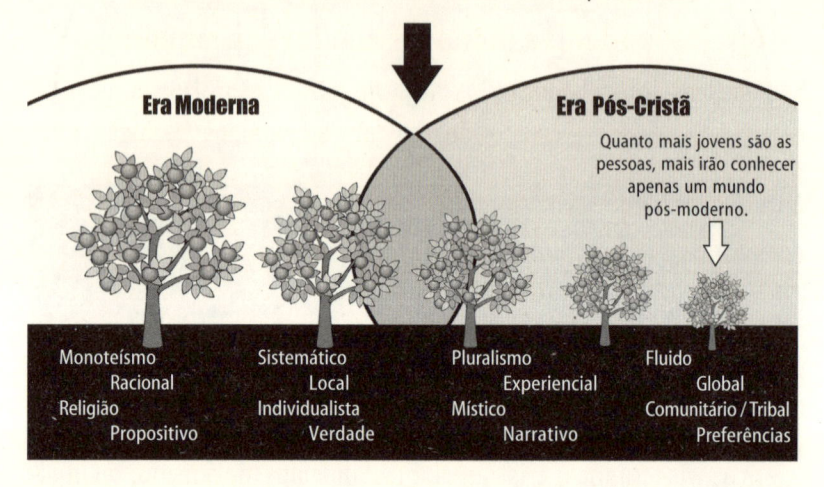

Era Moderna

Monoteísmo
Racional
Religião
Propositivo

Sistemático
Local
Individualista
Verdade

Era Pós-Cristã

Quanto mais jovens são as pessoas, mais irão conhecer apenas um mundo pós-moderno.

Pluralismo
Experiencial
Místico
Narrativo

Fluido
Global
Comunitário / Tribal
Preferências

> Essa é uma ótima ilustração para demonstrar que não podemos dizer se uma pessoa é pós-moderna apenas por sua idade.
>
> — HOWARD HENDRICKS

Algumas pessoas das gerações mais jovens ainda são modernas

Por estarmos numa transição, algumas pessoas nascem numa era pós-moderna e pós-cristã, mas em seus ambientes locais crescem numa atmosfera e num solo modernos. Muitos cristãos mais jovens que hoje crescem em lares cristãos são bem modernos, pois seus pais lhes inculcaram valores modernos. Em algumas regiões dos Estados Unidos, muitas pessoas ainda não sentiram o impacto total do pós-modernismo, e esses jovens podem ser bem modernos. Por estarmos numa transição, não podemos simplesmente afirmar a existência de uma geração pós-moderna nascida entre anos específicos.

Recentemente conversei com um pai em nossa igreja que descreveu seu filho de 21 anos como uma pessoa pós-moderna. Hesitei em contrariá-lo, mas achei que ele estava enganado. Conheço o filho dele muito bem; embora o rapaz seja, até certo ponto, influenciado pela pós-modernidade, ele é moderno. Foi criado num lar cristão onde aprendeu a ética e os princípios cristãos, e é assim que ele enxerga o mundo. Ele pensa e aprende de modo sistemático e lança mão da lógica e da razão para provar e compreender sua fé. O que classifica alguém como pós-moderno não é a faixa etária, mas sua visão de mundo, o que ele valoriza na vida e o que pensa sobre ela.

Igrejas modernas ainda atraem jovens modernos

Algumas igrejas modernas de hoje estão atraindo um grande número de jovens. Isso pode ter relação com os dados demográficos do local em que a igreja se encontra e, é claro, com a personalidade e a filosofia da própria igreja. Algumas populações ainda são bem conservadoras, e essas pessoas se alinhariam mais com os valores judeu-cristãos, mesmo que não freqüentem igreja. Se essa é a sua situação, é maravilhoso o fato de Deus estar usando você para atrair para a igreja algumas pessoas das gerações emergentes. Mas não se deixe enganar, pensando que isso significa que você está criando algum vínculo com os pós-modernos. Se você parar para conversar com esses jovens, será que conseguirá perceber que a maioria deles possui uma mentalidade mais para o moderno? Será que eles tiveram a sorte de receber uma educação judeu-cristã? E o que dizer sobre o número cada vez maior de pessoas em sua cidade que não vêm desse contexto? Como irá alcançar as gerações emergentes que não têm nenhuma afinidade com a igreja? Como irá alcançar aqueles que estão vindo de uma geração "que não conhecia o Senhor e o que ele havia feito"?

É certo que hoje existem jovens de gerações mais recentes que ainda são modernos. Mas estão surgindo outras gerações, e elas estão crescendo apenas com a atmosfera pós-moderna e recebendo nutrientes do solo pós-moderno. Portanto, são verdadeiros pós-cristãos, sem fundamentos judeu-cristãos que sustentem a ética, a moral e a própria vida. Essas gerações irão se tornar cada vez mais o padrão dos Estados Unidos e constituir a maior porcentagem da população. Pelo bem delas *precisamos* repensar a nossa abordagem ministerial.

Em seu excelente livro *A New Kind of Christian* [Um novo tipo de cristão], Brian McLaren propõe uma analogia que achei extremamente útil. Parafraseando: o protagonista pergunta ao interessado: "Se você tivesse que adquirir um meio de transporte confiável em 1910, o que você teria escolhido?". O interessado responde: "Os automóveis já tinham sido inventados havia uns dez anos, então eu acho que essa seria a minha escolha".

"Ah, mas os carros eram ainda muito inseguros. E as carruagens estavam no auge — eram mais fortes, mais bem projetadas, mais baratas e fabricadas com qualidade como nunca antes na história. É claro, elas seriam descartadas nos anos seguintes."

Essa analogia explica a razão de haver várias igrejas modernas enormes fazendo muito sucesso nos dias de hoje; elas descobriram como fazer um ministério moderno como nunca antes na história, e continuarão a ter sucesso por mais algum tempo.

— Mark Oestreicher

Algumas pessoas de gerações mais velhas são pós-modernas

Por outro lado, não podemos nos esquecer de que, embora representem uma pequena parcela, algumas pessoas que nasceram em atmosfera e solo modernos se saem melhor relacionando-se num ambiente pós-moderno. Foi certamente isso que aconteceu com os primeiros arquitetos e escritores pós-modernos nas décadas de 1930 e 1940, que se sentiam pouco à vontade com os valores modernos e começaram a se libertar da modernidade. É óbvio que, para eles, era mais do que uma simples questão de idade, pois hoje estão ou estariam com 80 ou 90 anos. Existem idosos pós-modernos andando por aí! Brian McLaren, em seu livro *A New Kind of Christian* [Um novo tipo de cristão], afirma que, ao menos um terço dos *baby-boomers* é mais pós-moderno que moderno. E esse terço é aquele que não foi atraído pelas igrejas que usam uma abordagem moderna no ministério. Com tudo isso quero mostrar que tamanha transformação de cosmovisão é mais que uma questão ligada a gerações.

Essa é a razão pela qual muitas igrejas que iniciaram os cultos "Gen X" (voltados para os nascidos entre 1964-83) perceberam que muitas pessoas fora dessa faixa identificavam-se com a essência, a metodologia e o estilo desses cultos. Por esse motivo, a maioria dos chamados ministérios Gen X que eu conheço tem se voltado para todas as idades.

O que tudo isso significa para nossas igrejas e ministérios

Depois de tudo o que já consideramos até aqui neste livro, a grande pergunta é: O que tudo isso significa para nossas igrejas e ministérios? Seguem diversas respostas:

1. Não podemos partir do princípio de que todo mundo irá aprender, se relacionar e pensar do mesmo jeito. Os métodos ministeriais que usávamos para os modernos são diferentes dos métodos que empregamos para os pós-modernos. Embora as necessidades humanas fundamentais como amor e aceitação nunca

---

Dan Kimball está correto em enfatizar a importância de fazer uma análise de quem freqüenta seus cultos de adoração se você estiver levando a sério o propósito de alcançar a cultura emergente. O fato de que algumas igrejas representam uma opção para jovens cristãos que permanecem firmes na fé é muito louvável, mas é fácil propagar o mito de que jovens não-cristãos, pós-modernos, também estão sendo alcançados por essas igrejas. Não faz muito tempo, uma igreja grande e sofisticada teve a coragem de fazer uma pesquisa para ver quem eram as pessoas que estavam sendo alcançadas todas as semanas. O resultado? Menos de 3% daquele grupo de jovens adultos era constituído por pessoas sem nenhum vínculo com alguma igreja.

— SALLY MORGENTHALER

venham a mudar, precisamos abordar as gerações emergentes com um novo olhar e com novas maneiras de realizar nosso ministério. Iremos lidar com essas diferenças nos capítulos a seguir.

2. *Não podemos culpar as gerações emergentes por acreditarem no que elas acreditam.* Lembre-se de que este é o único mundo que elas conhecem.

- *É claro* que elas enxergarão a espiritualidade de uma perspectiva pluralista.
- *É claro* que serão mais atraídas pelo místico e experiencial do que pelo racional.
- *É claro* que a visão de sexualidade dessas gerações emergentes será muito mais livre e tolerante.
- *É claro* que elas verão o cristianismo como aquela religião negativa e crítica, pois é só isso que elas viram e conhecem, em especial se não tiverem sido criadas em famílias cristãs. Em vez de culpá-las pelo que acreditam, nosso coração deveria se quebrantar por elas.

3. *Não devemos criar a expectativa de que um dia os pós-modernos irão "amadurecer" e se tornar modernos.* Não é uma questão de idade nem de gosto musical, mas de mentalidade. Isso significa que alguém influenciado pelo pós-modernismo pode ser um cristão, mas levado a adorar a Deus de uma maneira mais pós-moderna. Essa pessoa pode ter um processo cognitivo diferente, gostar de outros estilos de templos, ou preferir outros valores ministeriais.

Se fôssemos freqüentar uma igreja evangélica coreana nos Estados Unidos, certamente teríamos a expectativa de que os cultos de adoração e a metodologia refletiriam a cultura, o estilo de aprendizado e a forma de adoração coreanos. Não esperaríamos que um dia eles iriam "amadurecer" e ficar à vontade num culto de uma igreja moderna e sensível-ao-interessado. Tanta beleza se perderia, e muito provavelmente eles não se desenvolveriam na fé da mesma maneira que aconteceria num ambiente mais adequado à sua cultura.

> **O fato de que não devemos criar a expectativa de que os pós-modernos amadureçam e se tornem modernos é uma afirmação extremamente útil.**
>
> — HOWARD HENDRICKS

Dan Allender, autor de *Lágrimas secretas*,* numa palestra no Leadership Summit da Willow Creek Church em 2002, disse: "Somos lineares e movidos a princípios, pessoas guiadas pelo simplismo que preferem respostas em vez da pessoa de Jesus Cristo. O dilema é que vivemos num mundo pós-moderno que não aceita, e nunca aceitará, alguns dos principais valores do modernismo".

Portanto, não podemos pensar que um dia, quando as gerações pós-modernas chegarem a determinada idade, elas irão se converter ao modernismo e começarão a ser, pensar, se relacionar e adorar de um modo estranho a tudo o que elas são.

4. Os líderes modernos podem ter dificuldades para compreender os ministérios pós-cristãos. Tudo isso pode ser de difícil compreensão para os que entre nós cresceram com uma mentalidade moderna. Podemos enfrentar grandes dificuldades para compreender o modo pelo qual os pós-modernos olham para a vida e o que eles valorizam. Se você for um pastor ou um líder com pensamento moderno, poderá achar que é incrivelmente frustrante pensar em fazer ministério de outro jeito. Isso pode parecer "confuso" e não se encaixar nos sistemas ministeriais aceitáveis para você. Talvez uma adoração diferente da sua não encontre lugar em seu coração, e o mesmo se aplica à necessidade de aprender por processos não-cognitivos ou pregar de um modo diferente daquele que você aprendeu no seminário.

Isso não significa que você seja "quadrado" ou não seja contemporâneo. Significa apenas que você nasceu e cresceu em contato com uma perspectiva moderna. Deus continuará a usá-lo de formas maravilhosas para alcançar os que pensam como você. Mas há outras maneiras de pensar. Contanto que não estejamos nos amoldando ao padrão deste mundo (Romanos 12.1,2), nem deixando de atentar para a sã doutrina (1Timóteo 4.16), nem deixando de fazer discípulos (Mateus 28.19), devemos continuar com energia apesar das dificuldades na busca por alcançar os outros para Cristo. Mas nossas categorias e valores modernos

> **Da mesma forma, não ser "quadrado" ou ser contemporâneo não transforma um pregador numa pessoa pós-moderna.**
>
> — MARK OSTREICHER

---

* Publicado no Brasil pela Mundo Cristão. [N. do T.]

necessitarão de ajustes se desejarmos alcançar as gerações emergentes.

Uma lição de dois séculos de idade do missionário Hudson Taylor

Muitas vezes, criam-se atritos e dissensões entre os líderes da igreja porque aqueles que estão se envolvendo com a cultura pós-moderna e pós-cristã desejam pensar e projetar os ministérios de modos diferentes. Muitas vezes os pastores e líderes mais velhos, sendo modernos em seus pontos de vista, não compreendem a necessidade de uma nova metodologia. Surgem algumas tensões. Lembre-se de que Hudson Taylor, um missionário que trabalhou na China no final do século XIX, teve problemas para explicar à sua liderança na Inglaterra a razão de precisar fazer um ministério diferente do "jeito inglês" de fazer. Ele queria mudar tudo, desde o corte de cabelo e vestuário até o modo que gastava o tempo em seu método de trabalho missionário. Mas sua liderança não compreendeu nem aprovou tais mudanças. No final, ele resolveu iniciar sua própria agência missionária. Hudson Taylor compreendeu que estava se envolvendo num ministério para uma cultura e uma mentalidade diferentes, e Deus o usou de forma incrível. Creio que devemos enxergar as gerações emergentes do mesmo jeito, dando quaisquer passos necessários para edificar uma igreja emergente, por mais que eles nos custem.

O pensamento pós-moderno pode ficar em alguns becos sem saída, à medida que se revela o vazio de suas propostas. Mas não podemos visualizar uma volta para como as coisas eram. Seja lá o que for que venha em seguida ao pós-modernismo, com certeza não será algo como "Modernismo: Parte 2". Não importa o que você pensa sobre a evolução de nossa cultura, é claro que as mudanças que estamos vendo e percebendo não se dissiparão em poucos anos. Peter Drucker, respeitado guru da administração e dos negócios, escreveu em seu livro *Sociedades pós-capitalistas*:*

---

* Publicado no Brasil pela Thomson Learning. [N. do T.]

> A cada cem anos na história ocidental acontece uma grande transformação. Dentro de poucas décadas, a sociedade se reorganiza — sua visão de mundo; seus valores básicos; suas estruturas políticas e sociais; sua arte; suas principais instituições.
>
> Cinqüenta anos depois, há um mundo novo. E as pessoas nascidas nele não são capazes nem de imaginar o mundo em que seus avós viveram e em que seus pais nasceram.
>
> Nos dias de hoje, estamos vivendo uma transição exatamente assim.[1]

Sem mencionar o pós-modernismo, Drucker descreve uma transição igual à que estamos vendo hoje. Estamos testemunhando bem diante de nossos olhos uma transformação cultural de suma importância, como se estivéssemos vivendo durante a Reforma. Não é uma tendência passageira, e não podemos ignorá-la, nem escapar dela, nem encerrá-la. Pelo contrário, devemos nos envolver com a cultura e com entusiasmo usar o tempo agora para fazer discípulos de Jesus, pois as gerações emergentes estão muito abertas para as coisas espirituais.

Não podemos permitir que essa oportunidade seja desperdiçada. Jesus é a verdadeira água viva (João 4.13,14) para toda a humanidade, seja moderna, seja pós-moderna. Que os nossos esforços dirijam as raízes das pessoas para a água que lhes dará vida. Que possamos trazer essa água viva para as gerações que não conhecem o Senhor e as coisas que ele fez.

Nos próximos dois capítulos, iremos dar uma olhada em como outras mudanças estão tomando forma em nosso mundo.

Pensamentos emergentes

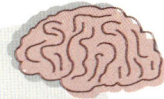

1. Você conhece alguém que não tenha nenhum conhecimento de Deus e das coisas que ele tem feito?
2. Onde você se encontra no diagrama que mostra a transição da era moderna para a era pós-cristã (página 78)? Qual o grau de influência que a modernidade exerceu sobre você? Que tipo de influência você acha que a pós-modernidade tem tido em sua vida? E sobre seus filhos?
3. Em que lugar no gráfico você diria que a maioria das pessoas de sua igreja se posiciona? E as pessoas em sua cidade que não freqüentam igreja?
4. O que você acha dos argumentos que afirmam que as mudanças que estamos enfrentando são apenas uma questão de abismo entre gerações? A leitura deste capítulo modificou alguma de suas idéias preconcebidas?
5. Como a história de Hudson Taylor pode se relacionar com as diferenças de opinião entre os líderes da sua igreja?

Capítulo 6

Nascido (Budista-Cristão-Wiccaniano-Muçulmano-Hétero-Gay) nos Estados Unidos

"**Freqüento a sinagoga e estudo o hinduísmo... todos os caminhos levam a Deus.**

— Madonna

Numa bonita tarde de 4 de julho, estávamos reunidos na casa de parentes da minha esposa para um piquenique. A bandeira americana tremulava orgulhosa sobre as mesas de piquenique cobertas com toalhas xadrez vermelho e branco. Até mesmo os pratos e copos descartáveis e os guardanapos eram estampados com a bandeira americana. Parecíamos um quadro de Norman Rockwell. Com a proximidade da hora do almoço, meu sogro nos dirigiu numa oração de gratidão a Deus por nossa liberdade. Então ele encerrou com uma declaração mais ou menos assim: "E obrigado, Senhor, por fazer de nós uma nação cristã. Amém".

Da perspectiva do meu sogro, aquela declaração era verdadeira. Afinal de contas, durante toda sua vida adulta, os Estados Unidos foram considerados uma nação cristã, e a maioria dos amigos que ele tem é cristã. Mas eu já refleti sobre o encerramento dessa oração muitas vezes e não creio que hoje ela represente a condição do país.

Deus-Deusa-Buda-Alá abençoe os Estados Unidos!

Na Universidade da Califórnia em Santa Cruz, do outro lado da cidade em relação à casa do meu sogro, os grupos de estudantes não-cristãos no *campus* ultrapassam em número os grupos cristãos. A universidade tem um grupo muçulmano, outro budista, um grupo de bahaísta e até mesmo um grupo wiccaniano. A diversidade religiosa que se restringia às áreas metropolitanas agora floresce nos subúrbios e na área rural. Não se pode afirmar com certeza que ainda somos uma nação cristã, em especial quando observamos a diversidade religiosa cada vez maior entre os mais jovens.

Essa mudança está influenciando nosso pensamento sobre como será a igreja emergente e sobre como iremos projetar e pensar o ministério. Se realmente desejamos alcançar a cultura emergente, então precisamos nos transformar em espias de Josué, enviados para olhar a terra até o Jordão. Se nos desvencilharmos de nossos círculos cristãos, dermos uma pausa no ativismo da igreja e olharmos para o que está acontecendo em nossas cidades, iremos nos surpreender.

Então Josué, filho de Num, enviou secretamente de Sitim dois espiões e lhes disse: "Vão espiar a terra, especialmente Jericó". — Josué 2.1

Pensando como um missionário em seu contexto local

Você pode encontrar jovens de 21 anos de idade típicos e não tão típicos tomando café na cafeteria local, mas será que realmente os conhece? Alguma vez você já conversou com eles sobre o que eles acreditam? O que eles pensam sobre a igreja e sobre os cristãos? Talvez você conheça alguns jovens cristãos da sua igreja, mas não é deles que estou falando. Eles já acreditam no que você acredita. Você seria capaz de dizer que está verdadeiramente ouvindo o que acontece no coração e na mente das gerações emergentes? Você está ouvindo o que poetas, músicos e profetas dessas gerações estão dizendo? Se não estiver, pode ser que não compreenda o mundo deles nem como eles o enxergam, e provavelmente não será capaz de alcançá-los. Como não estamos mais vivendo num país cristão, mais uma vez precisamos nos enxergar como missionários.

Os Estados Unidos se tornaram um novo campo missionário

Lesslie Newbigin nasceu e foi criado na Inglaterra quando aquele país ainda era uma "nação cristã". Em 1936, foi para a Índia como missionário e, durante mais de trinta e cinco anos, trabalhou anunciando Jesus num país de maioria hindu. Em 1974, com 75 anos de idade, retornou à Inglaterra e viu-se surpreso ao perceber que a nação cristã de antes havia se transformado num campo missionário. Mas era um campo missionário diferente.

Newbigin descobriu que agora o ministério na Inglaterra era "mais difícil que qualquer coisa que [havia encontrado] na Índia. O completo descaso diante do evangelho é mais difícil de enfrentar que a oposição".[1] A diferença era que o povo na Índia estava ouvindo o evangelho pregado pela primeira vez; mas, durante sua ausência, a Inglaterra havia se tornado uma nação pós-cristã. O país tinha sido inoculado com idéias preconcebidas sobre o cristianismo, e isso havia se transformado em menosprezo pela fé.

Isso é um pensamento assustador! Dizer que é mais fácil pregar o evangelho numa nação pagã do que num país que já o conhece é uma descoberta de grande significado.

Em algumas poucas gerações, a nação cristã da Inglaterra se transformara numa nação pós-cristã. Os Estados Unidos estão seguindo de perto o mesmo modelo, em particular com as gerações emergentes. O que antes era um "país cristão" tem se transformado num novo campo missionário.

Talvez você se recorde de que mencionei na introdução a observação de Tom Clegg e Warren Bird no livro *Lost in America*: "A população dos Estados Unidos sem vínculos com alguma igreja é tão grande que, se fosse um país, seria a quinta nação mais populosa do planeta, ficando atrás apenas da China, da antiga União

> Um pouco de tempo em viagem basta para poder ver essa linha do tempo opressora a olhos nus. O Reino Unido, o oeste europeu, a Austrália e o Canadá já são nações pós-cristãs faz algumas décadas. Os Estados Unidos tornaram-se pós-modernos há pouco tempo. E a América Latina ainda está uma década distante dessa transição.
>
> — MARK OESTREICHER

Soviética, da Índia e do Brasil. Portanto, essa população americana sem igreja é o maior campo missionário no mundo de fala inglesa, e o quinto maior em todo o globo".[2]

Que estatística inacreditável! Qual a implicação disso? Ao pensar em ministérios para a cultura emergente — um campo missionário pós-cristão — temos de empregar a mesma abordagem que empregaríamos numa cultura estrangeira. Não podemos continuar sendo simplesmente pastores e professores; precisamos enxergar a nós mesmos como um novo tipo de missionário. E devemos treinar as pessoas de nossa igreja para fazer o mesmo. Devemos ter sonhos missionários. Devemos ter sangue missionário correndo pelas veias. Devemos proferir orações missionárias.

É triste dizer, mas as gerações que estão nascendo e crescendo hoje nos Estados Unidos não conhecem quem é Deus nem o que ele tem feito, nem o que a Bíblia diz a respeito dele, nem quem é o verdadeiro Jesus. Temos de começar do zero numa nação que já foi conhecida por sua estrutura de fé cristã. Talvez não estejamos tão secularizados como a Inglaterra, mas estamos rapidamente nos aproximando dela.

A colheita é grande, mas os trabalhadores são poucos. Peçam, pois, ao Senhor da colheita que envie trabalhadores para a sua colheita. — MATEUS 9.37,38

O desafio mais complexo que enfrentamos num mundo pós-cristão

Por mais empolgante e emocionante que seja pensar em sermos missionários bem aqui nos Estados Unidos, não se esqueça da observação de Lesslie Newbigin, de que o descaso, o desdém pelo evangelho que ele encontrou na Inglaterra foi mais complicado e mais complexo que a oposição que encontrou na Índia. Ele chegou a declarar: "A Inglaterra é uma sociedade pagã, e o desenvolvimento de um contato verdadeiramente missionário com essa forma intensa de paganismo é a maior tarefa intelectual e prática que a igreja enfrenta hoje".[3] E nos Estados Unidos enfrentamos o mesmo desafio. As pessoas acham que já ouviram o evangelho. E a maioria o rejeitou e está se voltando para outros meios de abordar as coisas espirituais.

Crescendo num país de diversidade religiosa

Não faz muito tempo tive uma experiência esquisita depois que concordei em participar de um painel de discussão na Universidade da Califórnia em Santa Cruz. Quando chegou o dia, dirigi-me à cafeteria onde seria o painel e fui apresentado aos outros líderes religiosos locais que também tinham sido convidados. Eu era o representante da fé cristã. À minha direita estava um jovem que praticava bruxaria e representava a religião Wicca. À minha esquerda estavam um hindu, um muçulmano e um budista. À medida que os estudantes faziam as perguntas e nós as respondíamos de modo informal, ficou evidente para mim a estranheza daquela situação. Vivemos numa cultura com tanta diversidade religiosa que um evangélico pode se sentar ao lado de um bruxo num painel de perguntas e respostas, ambos considerados representantes de alternativas religiosas igualmente viáveis, e isso pode parecer totalmente normal. Na verdade, notei uma identificação surpreendente entre os outros representantes do painel e percebi que eles sabiam mais das outras crenças ali representadas em comparação com o que conheciam do cristianismo.

Não estamos mais em Kansas* mesmo

Uma das maiores livrarias do centro de Santa Cruz oferece apenas material de religiões orientais e da Nova Era. Todos os dias é possível ver pais e mães e jovens passeando por entre as prateleiras à procura de conselhos espirituais. A uma pequena distância a pé, existe uma loja onde podemos comprar todos os livros e suprimentos da religião Wicca. Se você parar para observar quem

> Se não percebermos que somos missionários em terra estranha, numa cultura estrangeira (na verdade, toda cultura é uma cultura estrangeira), vamos ter de repetir nosso discurso mais vezes e cada vez mais alto. Creio que essa tem sido a nossa estratégia nos Estados Unidos durante a minha vida. Estampar "Jesus" na maior quantidade possível de *outdoors* e adesivos de carros, programas de TV e transmissões esportivas, para que Deus faça o resto. Se eles não estão escutando, grite mais alto, esforce-se mais e mostre mais a sua ira. Infelizmente, o resultado é que conseguimos transformar "Jesus" num *slogan* barato. Poderíamos estar gritando do mesmo modo "Enron! Enron!" ou "Plásticos! Plásticos!". E nos fazemos feito malucos que não conhecem a diferença entre falar e comunicar. Alguém deveria nos perguntar: "Por que Jesus falava por parábolas?".
>
> — Brian McLaren

---

* Kansas faz parte de um território conhecido como Bible Belt [cinturão da Bíblia], juntamente com vários outros estados americanos. Nesse cinturão, a presença evangélica tradicional é muito forte, principalmente de batistas. [N. do T.]

são as pessoas que entram e saem desses estabelecimentos, você se surpreenderá ao descobrir que não são apenas aquelas pessoas estranhas ou lúgubres, vestidas com veludo preto e com chapéus góticos, mas a maioria é composta de jovens normais, como seu vizinho ou um aluno típico de universidade. Os tempos estão certamente mudando, pois hoje podemos ver todos os tipos de crenças religiosas em voga nos Estados Unidos.

Há pouco tempo eu estava do lado de fora de uma loja num centro de compras, esperando minha esposa, Becky, que ainda se encontrava lá dentro. Havia uma garota de uns 20 anos que parecia ser de Kansas; estava sentada na calçada, lendo um livro. Era loira, olhos azuis, e estava usando um vestido com estampa de flores bem conservador. Uma amiga sentou-se perto dela, e observei que, da leitura do livro, iniciaram uma oração. Deram-se as mãos. Até pareciam duas moças cristãs orando. Mas como eu estava perto e conseguia ouvir a oração, percebi que elas estavam invocando espíritos para que as possuíssem e as dirigissem na leitura do Tarô. Ali estava uma moça que parecia ser de Kansas, sem nenhum constrangimento, na rua, num lugar público, fazendo orações que as Escrituras interpretam como malignas. Inacreditável! Eu gostaria que os crentes fossem tão fervorosos que também orassem assim em lugares públicos.

Então Paulo levantou-se na reunião do Areópago e disse: "Atenienses! Vejo que em todos os aspectos vocês são muitos religiosos". — Atos 17.22

Montando o prato num restaurante espiritual *self-service*

Diana Eck, professora de religião comparada da Universidade de Harvard, escreveu um livro chamado *A New Religious America: How a "Christian Country" Has Become the World's Most Religiously Diverse Nation* [Uma nova América religiosa: como um "país cristão" se tornou a nação com a maior diversidade religiosa do mundo]. Se esse título não faz com que você se ajeite na cadeira e queira prestar atenção a tudo o que está escrito nele, é bem possível que você precise de uma chacoalhada para acordar. Por favor, leia atentamente as palavras a seguir, extraídas da capa do livro de Diana Eck:

> "Os Estados Unidos são a nação com a maior diversidade religiosa do mundo", escreve a eminente professora de religião Diana Eck neste guia esclarecedor sobre a atual realidade religiosa dos Estados Unidos. O Ato de Imigração de 1965 eliminou as cotas que relacionavam a imigração com as origens nacionais. Desde então, muçulmanos, budistas, hindus, siques, jainistas, zoroastristas e novas variedades de judeus e católicos têm chegado de todas as partes do mundo, alterando de forma radical o perfil religioso dos Estados Unidos. Os membros das religiões mundiais não moram mais apenas no outro lado do mundo, mas são nossos vizinhos; crianças hindus vão para a escola com crianças judias; muçulmanos, budistas e siques trabalham lado a lado com protestantes e católicos.[4]

Agora, budistas são nossos vizinhos, e muçulmanas são professoras de nossos filhos

O texto da capa do livro de Diana Eck continua e comenta que, embora essa alteração do cenário religioso esteja acontecendo muito rapidamente, a maioria dos líderes cristãos não tem consciência dela.

> Essa nova diversidade religiosa é agora um fenômeno evidente em todo lugar. Mesmo assim muitos americanos e muitos *líderes cristãos* [grifo do autor] permanecem ignorando as profundas transformações que estão ocorrendo em todos os níveis de nossa sociedade, desde as diretorias das escolas locais até o Congresso americano, tanto nas pequenas cidades do Nebraska como na cidade de Nova York. Centros islâmicos e mesquitas, templos budistas e hinduístas, e centros de meditação podem ser encontrados em quase todas as regiões metropolitanas mais importantes dos Estados Unidos. Há muçulmanos, hindus e budistas na cidade de Salt Lake em Utah; em Toledo, Ohio; e em Jackson, Mississippi.

> Prefiro que meus filhos cresçam num clima de diversidade religiosa a crescer numa bolha de cultura cristã. Esse movimento reativo de intensificação das culturas cristãs separatistas parece muito estranho e está em descompasso tanto com Jesus quanto com o início da história da igreja na cultura. "No mundo, mas não do mundo" ainda exige que estejamos no mundo!
>
> — MARK OESTREICHER

O budismo se tornou uma religião americana, à medida que as comunidades que ficavam tão distantes na Ásia foram se tornando vizinhas dos americanos em Los Angeles, Seattle e Chicago. Há muçulmanos prestando culto numa concessionária da U-Haul em Pawtucket, Rhode Island, num ginásio de esportes na cidade do Oklahoma e numa ex-loja de colchões em Northridge, Califórnia. Os templos hinduístas estão alojados em armazéns no Queens, numa antiga sede da Associação Cristã de Moços em New Jersey e num templo que era de uma igreja metodista em Minneapolis.[5]

Por que não me disseram que eu podia escolher entre várias religiões?

Para os que trabalham com a igreja emergente, essa diversidade não apenas influencia o modo pelo qual evangelizamos, mas também como ensinamos as pessoas a pensar sobre outras crenças e religiões. Mesmo que as pessoas das gerações emergentes não estejam se convertendo a essas crenças, elas têm consciência de cada uma delas. Gary Lederman, professor de religião da Universidade de Emory em Atlanta, declara: "[...] nunca se ouviu falar do tipo de pluralismo que estamos observando hoje".[6] O budista ou o hindu não vivem mais do outro lado do mundo ou apenas em cidades cosmopolitas. Isso significa que nossos filhos chegarão em casa com perguntas sobre Buda ou questionando seus pais cristãos: "Por que achamos que a nossa religião é a única correta e verdadeira?".

Eu acredito em Deus. Só não sei se Deus é Jeová, Buda ou Alá. — HALLE BERRY, ATRIZ

Meu gosto pessoal é pela diversidade cultural. Gostaria que meus filhos aprendessem a apreciar a cultura indígena americana e que ouvissem todos os gêneros de música do mundo. Em nossa diversidade cultural, gostaria que meus filhos aprendessem sobre as origens e práticas mais comuns do budismo, do hinduísmo, do islamismo e assim por diante. Mas sei que também tenho de ensinar a origem e as diferenças do cristianismo. Devo dizer a eles por que resolvi depositar minha fé em Jesus e por que confio na Bíblia como livro inspirado. Preciso ensinar-lhes por que acredito em Deus e em Jesus como o caminho, a verdade e a vida (João 14.6). Se ignorarmos o que está acontecendo à nossa volta, aumentaremos a confusão para nossos filhos.

Escolhendo a minha religião

Para podermos pensar como missionários, precisamos reconhecer que os Estados Unidos são um país que oferece um número incrível de alternativas espirituais acessíveis, todas consideradas equivalentes. Então não devíamos nos surpreender quando ouvimos declarações como a que Madonna fez em 1990, numa entrevista no programa de TV *60 Minutes*: "Freqüento uma sinagoga e estudo o hinduísmo... todos os caminhos levam a Deus".

Esse é o refrão religioso dos que estão crescendo num mundo pós-cristão: "Todos os caminhos levam a Deus". Perdemos a história da reconciliação entre Deus e o homem. Então elaboramos os pedaços de nossa própria história. O que é interessante é que a maioria das pessoas das culturas emergentes não tem nenhum problema em acreditar num "Deus". Mas esse "Deus" é construído com pedaços de uma mistura de religiões mundiais e diversas crenças pessoais. Já que abraçar uma fé contraditória não se configura um problema na cultura pós-moderna, isso é aceitável. Embora Madonna adote aspectos do hinduísmo e pratique o misticismo judaico da cabala, ela não tem nenhum problema em batizar seu filho numa igreja anglicana.

> *Pensamento oriental, misticismo ocidental. Estudo pra valer todo o panteão hindu. E bebo das mais variadas fontes.* — MEG RYAN, ATRIZ

Na capa de uma das edições da revista *Newsweek* sobre espiritualidade adolescente, via-se estampada a chamada: *Searching for a Holy Spirit: Young people are openly passionate about religion — but insist on having it their own ways* ["Em busca de um Espírito Santo: jovens estão receptivos à religião — mas insistem em

---

> **Que pergunta maravilhosa para ser feita por nossos filhos! Que todos os pais cristãos possam considerá-la uma conversa permanente com seus filhos.**
>
> — MARK OESTREICHER

> Esse é um grande exemplo de como um ministério para jovens e adolescentes (e muitos ministérios em outras áreas) reflete uma visão moderna. Focamos as coisas exteriores — comportamento — como meio de nos tornar semelhantes a Cristo. Eu não estou deduzindo que não devemos dar atenção a estilos de vida e comportamentos. Apenas precisamos colocar os bois à frente da carroça: falar sobre o coração e sobre relacionamentos antes de falar de comportamento. Reconhecidamente, isso se torna um desafio quando lidamos com um grupo heterogêneo com estudantes pós-cristãos e cristãos ao mesmo tempo, como no exemplo do acampamento que Dan Kimball descreve aqui.
>
> — Mark Oestreicher

tê-la do seu próprio jeito"].[7] A religião pode ser montada como um prato num restaurante *self-service*. Pedaços e partes de várias crenças podem ser colocadas no mesmo prato, mesmo que elas se contradigam. A *Newsweek* declarou que "os adolescentes podem fazer uma colcha de retalhos com diversas crenças: um pouco de meditação budista com ritual católico romano, qualquer mistura que seja interessante na hora".[8]

Escolhendo minha preferência sexual

Como as gerações emergentes têm um conhecimento muito limitado de Deus e da Bíblia, é muito natural que as pessoas estejam inclinadas e abertas para uma moralidade definida por elas mesmas e para idéias diversas sobre sexualidade. Morar junto é quase a norma nos dias de hoje. Hétero, *gay*, bi — as pessoas consideram a sexualidade simplesmente uma questão de preferência. E, porque não existe nenhum ponto de referência universal na postura pós-cristã, que ninguém ouse afirmar o contrário!

Uma adolescente não-cristã e heterossexual foi a um acampamento cristão com nosso grupo de adolescentes. Num dos últimos dias da semana, ela se aproximou de mim com lágrimas de raiva e me entregou um bilhete escrito à mão. Nesse bilhete ela dizia que tinha ouvido comentários sobre homossexualidade, feitos por um dos palestrantes, com os quais ela se sentiu terrivelmente ofendida. Como eles se atrevem a dizer às pessoas que ser *gay* é errado? Ela não era *gay*, mas tinha sido educada com amigas *gay* e sentia que uma declaração como aquela era uma coisa muito estranha e distorcida, que não podia ser dita a todos aqueles "adolescentes sugestionáveis". Ela quis ir embora para casa na mesma hora e ficar o mais distante possível dos cristãos. De certo modo, eu não podia culpá-la.

Devemos perceber que nem todo mundo pensa como a gente

Na realidade, entendi os sentimentos dela, porque eu também tinha ouvido o palestrante. Em primeiro lugar, ele não tinha levado em conta que nem todos os adolescentes naquele acampamento (que curiosamente era para ser evangelístico) haviam crescido com o mesmo padrão de verdade. Suas premissas sobre os adolescentes eram inválidas, assim como sua abordagem, e, no caso daquela adolescente, não apenas ineficiente, mas também ofensiva. Ele também não demonstrou nenhuma compaixão em sua mensagem — nenhuma compreensão. E, infelizmente, a abordagem moderna e linear de sua pregação, em que se valeu exclusivamente de evidências que comprovavam a homossexualidade como uma coisa errada, conseguiu apenas que os cristãos e a igreja se tornassem ainda mais repulsivos para aquela moça. Sua abordagem foi um tiro que saiu pela culatra e serviu só para reforçar os questionamentos que a moça tinha sobre a imparcialidade dos cristãos. Encontrei-a não faz muito tempo. Ela se formou na universidade e não tem o menor interesse na igreja ou na fé cristã. Ela já havia sentido o gosto do cristianismo e não queria provar mais nada.

Bem, não estou afirmando que não devemos pregar sobre homossexualidade ou sobre padrões morais. É óbvio que precisamos. Precisamos falar sobre essas coisas mais do que nunca. Precisamos abrir a Bíblia e examinar o que as Escrituras dizem sobre todos os tipos de padrões éticos e morais. Precisamos saber o que significa ser santo. Mas precisamos repensar como iremos pregar sobre isso. Estou convencido de que podemos pregar e ensinar sobre esses assuntos de uma maneira eficiente e chegar às mesmas conclusões se alterarmos nossa abordagem. (Falarei mais sobre esse assunto no capítulo sobre pregação e comunicação.)

Precisamos educar as gerações emergentes porque a maioria dos pais não as está educando.

Um número cada vez maior de pais está reforçando a mudança da nossa cultura em direção a um pluralismo religioso e a uma rejeição da exclusividade da fé cristã. Um artigo no jornal *San Jose Mercury News* trazia o título "Teaching Values without Religion: Parents Develop Methods to Raise Spiritual Kids Outside Organized Faiths" ["Ensinando valores sem religião: Pais desenvolvem métodos para educação espiritual dos filhos fora das religiões organizadas"][9] e apresentava pais que incentivavam os filhos a escolher a própria fé fora da igreja estabelecida. Muitos pais que abandonaram o cristianismo nas duas décadas passadas ensinam seus filhos a escolher sua sexualidade, sua moral e sua ética por conta própria. Bem, sou completamente a favor de ensinar as crianças a "pensar" por conta própria. Na verdade, acredito mais do que nunca que devemos nos concentrar em estimular nossas crianças e adolescentes a discernir entre o bem e o mal (Hebreus 5.14). Esse artigo ilustra, de forma simples, como as crianças que se desenvolvem fora dos lares cristãos recebem naturalmente ensinamentos religiosos pluralistas pessoais, e essa tendência só tende a aumentar nos próximos anos.

O impacto da mídia e da internet

Uma coisa que não podemos subestimar é a maneira pela qual os meios de comunicação afetam nossa cosmovisão. Assim como a imprensa transformou a Europa nos séculos passados, estamos vivenciando outra revolução nas comunicações pela internet, que está presente em quase todos os lares. Diferente de outros períodos na história, as gerações emergentes têm acesso instantâneo às notícias mundiais. O que acontece na China vira notícia poucos minutos depois, notícias completas com imagens ao vivo em nosso computador a na tela da nossa televisão. Temos acesso global a um volume infinito de informações, incluindo dados sobre religião e crenças mundiais de todos os tipos. Essas informações alteram nosso modo de enxergar o mundo.

O programa *Arquivo-X* em El Salvador, e Marilyn Manson em Jerusalém

Como estamos numa comunidade global, as tendências da moda, do entretenimento e da música não são mais meramente regionais. Na área rural de Nebraska, crianças brancas da fazenda vão para a escola vestidas como os *rappers* de Nova York e falam usando a gíria *hip-hop*. Minha esposa e eu estivemos de férias na cidade antiga de Jerusalém e de repente nos encontrávamos no quarteirão árabe, uma experiência quase real de voltar 2 mil anos na história. Adivinha o que encontramos nas minúsculas e enfileiradas lojas incrustadas nos muros antigos da cidade? Camisetas de Marilyn Manson em liquidação! Quando estávamos numa viagem missionária nas florestas de El Salvador, as crianças nos perguntavam coisas sobre o seriado de TV *Arquivo-X*.

Não estamos falando a pessoas genéricas, suburbanas, culturalmente ingênuas e protegidas do mundo exterior. As gerações emergentes são culturalmente sensíveis e têm consciência global. Elas não percebem mais as coisas de acordo com seu contexto local, ou até mesmo segundo o contexto americano. Precisamos nos comunicar com elas com consciência e conhecimento globais.

> Como missionários que, com respeito, entram numa cultura estrangeira, precisamos nos aproximar de nossa cultura pós-cristã com consciência e tato diante da cosmovisão predominante, mas com uma expressão firme das boas-novas de Jesus e da verdade divina.

Apesar dos desafios da pluralidade e da diversidade de visão das pessoas sobre espiritualidade, sexualidade, moral e ética, estou bastante otimista. Tenho descoberto que as gerações emergentes não estão realmente se opondo à verdade e à moral bíblicas. Quando as pessoas sentem que você não está apenas sendo dogmático sobre suas opiniões nem está apenas atacando as crenças dos outros por medo, elas se mostram incrivelmente dispostas a ter conversas inteligentes e amorosas sobre escolhas e sobre a verdade.

Uma abertura para ouvir que Jesus é a verdade

Na verdade, quando Jesus e seus ensinamentos são oferecidos como verdade sólida a um mundo confuso e em transformação, as pessoas reagem de forma positiva e com grande alívio. Elas fazem oposição só às atitudes farisaicas dos que argumentam, desprovidos de amor, os donos da verdade exclusiva.

Mas transmitir com eficiência os ensinamentos de Jesus para um mundo pós-cristão não é tarefa fácil.

Pensamentos emergentes

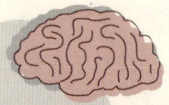

1. Como você descreveria as crenças religiosas dos moradores de sua cidade? Quantas sinagogas, mesquitas e templos budistas existem ali? Qual o percentual de pessoas que freqüentam uma igreja local? Se você telefonar para cada organização religiosa na sua cidade, cada igreja, sinagoga e instituições semelhantes, descobrirá dados reveladores sobre a freqüência em cada uma delas e poderá fazer correlações com a sua população.
2. Você consegue visualizar você e sua igreja como missionários? O membro típico de sua igreja defende essa visão?
3. Você é capaz de ter uma conversa inteligente sobre crenças mundiais com qualquer pessoa nesse momento? Você está ensinando às crianças e aos adultos de sua igreja as razões da sua opção por Jesus em meio a tantas outras crenças?

Capítulo 7

Gosto de Jesus, mas não dos cristãos

> **Gosto do seu Cristo, mas não gosto dos seus cristãos. Eles são bem diferentes do seu Cristo.**
> — Mahatma Gandhi

Gravamos entrevistas em vídeo no *campus* da Universidade da Califórnia em Santa Cruz para ser apresentadas em nosso encontro de adoração. Perguntamos a cada pessoa entrevistada:

1. O que vem à sua mente quando você ouve o nome Jesus?
2. O que vem à sua mente quando você ouve a palavra "cristão"?

As respostas a essas perguntas me trouxeram tanto alegria quanto tristeza extrema. Por quê? Porque a reação à primeira pergunta era um sorriso iluminado dos estudantes, que diziam: "Jesus era lindo". "Eu quero ser como Jesus." "Jesus era um libertador das mulheres." "Eu sou a favor de Jesus." "Eu quero ser um seguidor de Jesus." "Jesus era iluminado e possuía uma verdade superior." Que respostas animadoras! Lá estávamos nós num *campus* de uma universidade, um ambiente pós-cristão, encontrando jovens dispostos a falar sobre Jesus. Percebi, de modo geral, que eles não conheciam todos os ensinos de Jesus, mas

> Os resultados da entrevista no *campus* descritos aqui por Dan Kimball são deprimentes, mas profundos.
> — HOWARD HENDRICKS

tinham opinião firme sobre Jesus como personagem extremamente positiva da história.

Mas em reação à segunda pergunta, a expressão dos jovens mudava de forma dramática. Eles olhavam para baixo, sorrisos se transformavam em carrancas e até em expressões de dor. "Os cristãos pegaram os ensinos de Jesus e fizeram uma bagunça com eles." "Eu gostaria de ser cristão, mas nunca encontrei nenhum." "Os cristãos são dogmáticos e retrógrados." "Os cristãos devem ser amorosos, mas nunca encontrei nenhum assim." "Os cristãos deveriam ser levados para fora e fuzilados."

O fato mais desanimador de todos foi que apenas uma pessoa, num total de dezesseis, disse que conhecia pessoalmente um cristão. As conclusões desses jovens eram fundamentadas em observações gerais e de ouvir dizer. Eles gostavam do que sabiam sobre Jesus, mas não do que sabiam sobre os cristãos.

> *Quando Pammy e eu voltamos para a escola no outono do meu segundo ano, chegaram notícias terríveis: o nosso professor de inglês tinha se convertido ao cristianismo.* — ANNE LAMOTT, TRAVELING MERCIES

Provavelmente não seríamos atraídos pelo cristianismo se não fôssemos cristãos

Não posso culpar aqueles jovens por falarem o que pensavam sobre os cristãos, mesmo que apenas um em dezesseis conhecesse pessoalmente um cristão. Se ninguém lhes está dando testemunho da fé, como saberão alguma coisa diferente sobre os cristãos ou sobre quem Jesus realmente é?

> *Como, pois, invocarão aquele em quem não creram? E como crerão naquele de quem não ouviram falar?*
> — ROMANOS 10.14

Estamos vivendo numa época maravilhosa em que vemos os jovens receptivos a Jesus, mas os cristãos são muitas vezes uma pedra de tropeço. Vamos ver alguns dos fatores que influenciam as pessoas a pensar de modo tão negativo sobre os cristãos e sobre o cristianismo.

Um sentimento de desconfiança e de cautela em relação aos cristãos

Uma estudante universitária me disse que estava sentada num ponto de ônibus no *campus* quando outra jovem perguntou o que ela estava lendo. Quando ela respondeu que era um livro sobre cristianismo, a outra mulher se retraiu e disse enquanto franzia a testa: "Ah, cristãos! Essa gente é terrível!".

De uma perspectiva não-cristã em tempos pós-cristãos, os crentes muitas vezes não são vistos como gente boa, e talvez com razão. Qual a imagem que os cristãos têm na mídia? Você se recorda dos escândalos dos televangelistas da década de 1980? Mesmo os mais jovens que não vivenciaram esses escândalos conhecem essa parte da história cristã. As notícias dos jornais mostram extremistas protestando por um amplo espectro de questões éticas e sociais, carregando cartazes em que se lêem coisas como "God hates fags" ["Deus odeia bichas"]. O horário nobre da TV apresenta personagens cristãos como Ned Flanders e sua família no desenho animado *Os Simpsons*. Quase todas as vezes que um cristão é representado na televisão ou no cinema, ele é de algum modo ignorante, negligente, tem aparência de fanático, geralmente envolvido em alguma cruzada para varrer os males da sociedade e converter as pessoas a seu modo de pensar. Acrescente-se a isso as prisões públicas de pastores ou sacerdotes acusados de crimes sexuais.

Eu me desiludi com diversas coisas que cristãos fizeram contra mim. — SCOTT STAPP, VOCALISTA E LÍDER DA BANDA CREED

Os cristãos não são as únicas pessoas em quem as gerações emergentes têm dificuldade em confiar. Imagine crescer na cultura atual, em que muitos vêm de famílias destruídas pelo divórcio. Assista a qualquer novela, ou programa de humor, e você se surpreenderá com o tanto de humor que se baseia em mentiras entre amigos e familiares. E, é claro, muitos crêem que os políticos não são confiáveis. Devemos nos maravilhar com a sensação de desconfiança que vemos naqueles que estamos tentando alcançar?

Como as gerações emergentes vivem nesse mundo confuso e muitas vezes decepcionante, precisamos muito mais de uma abordagem relacional de ministério e evangelismo. Precisamos restabelecer a confiança e apontar para Jesus como aquele em quem sempre podemos confiar.

> *Não se perturbe o coração de vocês. Creiam em Deus; creiam também em mim.* — João 14.1

> Essa é uma história de condenação!
> — Howard Hendricks

O estranho mundo da subcultura cristã

Tive uma experiência surpreendente, há alguns anos, numa livraria evangélica. Adoro livrarias evangélicas e sou um freqüentador assíduo delas. Mas dessa vez estava comprando um livro para um amigo não-cristão para ajudá-lo a aprender sobre o cristianismo de um jeito que ele entendesse. Entrei na loja e de imediato notei uma grande fileira de camisetas cristãs, muitas com *slogans* bonitos e inteligentes. Mas, à medida que comecei a pensar nesse meu amigo, tentei imaginar o que ele acharia daquilo e fiquei apreensivo. As palavras nas camisetas tinham a intenção de ser evangelísticas, mas senti que a maioria delas, na verdade, poderia ser ofensiva ou parecer tola para ele.

Fui até o departamento de música, onde estavam CD's com um grande número de celebridades evangélicas, todas desconhecidas para o meu amigo. Os estilos musicais e a aparência dos músicos pareciam imitar determinadas bandas seculares, desde o cabelo, passando pelas roupas, até as expressões faciais. Música evangélica *punk, heavy metal* evangélico, *country* evangélico — havia de tudo. Vi diversos outros produtos em liquidação — testeiras evangélicas com palavras bíblicas, saquinhos de chá evangélicos com versículos, balas evangélicas e até (não estou exagerando) bolas de golfe evangélicas. Encontrei bonecas e bonés evangélicos, jóias evangélicas e objetos de arte evangélicos muito feios (em minha opinião).

Então olhei para a seção de Bíblias e de novo imaginei a confusão de meu amigo. Encontrei Bíblias para líderes, Bíblias para mulheres, a "Bíblia de Jesus", a Bíblia dos Finais dos Tempos, a Bíblia do atleta, a Bíblia para afro-americanos, Bíblias recomendadas por diversos pregadores famosos, e dezenas de Bíblias classificadas por segmentos de mercado. Até me surpreendi por não encontrar uma Bíblia para canhotos ou uma Bíblia para ruivos. Sei que essas Bíblias são publicadas para ajudar as pessoas, mas alguma coisa nesse tipo de *marketing* de nicho me deixou incomodado, principalmente quando tentei me imaginar explicando ao meu amigo que, mesmo com todas essas Bíblias, a maioria dos cristãos é biblicamente analfabeta.

Sentindo-me incomodado, esbarrei num *display* promocional de tamanho natural de um famoso pregador de rádio que anunciava seu novo livro. A essa altura eu estava tão confuso com toda aquela experiência que saí da loja sem comprar nada. Sentei no meu carro em silêncio por uns vinte minutos tentando compreender o que eu havia acabado de vivenciar.

> Aqueles entre nós com um histórico protestante podem acrescentar sentido ao que Dan Kimball descreveu sobre a livraria evangélica, se fizerem uma visita a uma livraria católica. Tudo parece ligeiramente familiar, embora distinto de uma perspectiva cultural. As normas e valores "pregados" numa livraria católica são indiscutivelmente distintos dos "pregados" numa livraria protestante.
>
> — MARK OESTREICHER

> Jesus e seus ensinos não parecerão tão estranhos ou repulsivos aos não-cristãos como, por certo, parecerá a subcultura cristã que criamos. As gerações emergentes estão, na verdade, bastante interessadas em Jesus, mas muitas vezes os cristãos atrapalham.

Você está entorpecido com a subcultura que criamos?

O que aconteceu por aqui? Já tinha estado naquela loja dezenas de vezes e nunca tinha notado sua estranha atmosfera de subcultura. Sabia que o próprio cristianismo requeria alguma explicação, mas o que me aturdia no que eu tinha visto na loja era que, se meu amigo estivesse comigo, eu teria que explicar bem mais coisas que apenas as espirituais. De fato, a loja não me parecia nada espiritual. Esse era o problema. Sei que, no fundo, em muitos casos, encontramos um ótimo conteúdo (normalmente), ou ao menos uma intenção positiva. Mas imagine essa cena da perspectiva de alguém criado num mundo pós-cristão.

Christapalooza*: 20 mil cristãos se reúnem ... Deus não aparece

Se você discorda que muitas vezes a subcultura representa um obstáculo, olhe esta citação de um artigo de um jovem repórter não-cristão escrito para um jornal de entretenimento e música. Ele chamou o artigo de "Christapalooza: 20,000 Christians Convene at the Gorge: God Doesn't Show" ["Christapalooza: 20 mil cristãos se reúnem-se no Gorge:** Deus não aparece". Ele foi a um grande festival de música cristã, do tipo que reúne mais de 20 mil pessoas. Eu já estive nesse tipo de evento e até fui preletor num deles. Esses eventos sempre me pareceram bem divertidos. Pelo que sei, a maioria dos cristãos os freqüenta para ouvir suas bandas cristãs prediletas. Mas leia a perspectiva pós-cristã desse repórter não-cristão:

> Foi difícil para mim ver alguma afinidade entre o que Jesus diz e faz, e o que as pessoas — em especial os organizadores — fazem e dizem [nesse festival]... Jesus é um símbolo de retidão que, num mundo de trevas, aponta o caminho em direção à paz, ao amor e à salvação eternais; o Jesus [do festival] é uma luz de emergência que conduz à rápida solução da justa pechincha no *shopping* do consumo sem fim.
>
> Essas duas versões de Cristo e as premissas que as acompanham são antiéticas. Negam uma à outra, levando-me a uma conclusão desagradável e inquietante [sobre o festival]: No final, foi um acontecimento que não tinha nada de evangélico.[1]

* Referência a um festival de vanguarda itinerante de *rock* alternativo chamado Lollapalooza, que acontece todos os anos nos Estados Unidos. O autor do artigo mencionado por Dan Kimball refere-se ao festival fazendo a junção do nome do festival com o nome de Cristo. [N. do T.]

** Um dos maiores anfiteatros dos Estados Unidos, situado na cidade de George no estado de Washington. [N. do T.]

Observe que ele pensava que o festival cristão iria mostrar o Jesus de quem ele tinha ouvido falar. O Jesus que é um ser espiritual. O Jesus da Bíblia, que, sem teto, vagou pela Terra e viveu entre os pobres. O Jesus que era conhecido por passar tempo em solitude e silêncio, como um modo normal de vida. O Jesus que virava as mesas dos cambistas do templo.

Mas o que esse jovem repórter viu foi diversão — adolescentes aos gritos curtindo suas bandas favoritas, música alta e rios de dinheiro sendo desperdiçados por consumidores ansiosos por adquirir produtos evangélicos e outros itens de uma parafernália cristã. Tudo bem, eu e você sabemos que esse é um jeito divertido de passar um ou dois dias. Temos certeza de que pelo menos a maioria das bandas e dos promotores de eventos ama a Jesus. Mas, para alguém cuja expectativa era um evento espiritual, tudo aquilo pareceu estranho. Onde estava o Jesus que ele esperava? Onde estava o Jesus que era contra o lucro em nome de Deus e que investia tempo com o pobre e o necessitado? Onde estava o Jesus que dedicava tempo em oração silenciosa no jardim ou na montanha? Aquele repórter concluiu que Jesus não estava no evento. Então colocou como subtítulo do artigo: "Deus não aparece".

A Bíblia nos ensina: "Contudo, tenham cuidado para que o exercício da liberdade de vocês não se torne uma pedra de tropeço para os fracos" (1Coríntios 8.9). Talvez tenhamos que aplicar esse princípio das Escrituras à subcultura que criamos. De diversas maneiras, a nossa subcultura pode fazer com que os não-cristãos tropecem. Na verdade, o efeito pode ser mais de repulsa. Quando projetarmos os ministérios para a igreja emergente, precisamos apresentar as pessoas a Jesus, não à subcultura cristã de consumo que sutilmente inventamos. Precisamos nos certificar de que não estamos tentando vê-las "nascidas de novo" para a nossa subcultura cristã e transformadas em alguém como nós, em vez de transformadas pelo Espírito em discípulos de Jesus.

Um olhar mais pessoal

Vamos levar esse assunto para um nível mais pessoal. O que uma pessoa nascida num mundo pós-cristão iria ver quando entrasse em sua igreja? O que a decoração e a pintura ou os quadros na parede comunicam? O que você vende na sua livraria? Que palavras você vê na sua declaração ou descrição de ministério que podem parecer bonitas para você, mas horrivelmente cafonas para uma pessoa que vive fora da subcultura cristã? Você talvez precise reavaliar as mensagens que está enviando olhando-as pelas lentes daqueles que você está desejando alcançar.

Recentemente vi o logotipo e a declaração de missão de uma igreja com ministério para adolescentes e jovens. Era um grande escudo e uma espada afiada com palavras embaixo que diziam algo sobre apresentar Cristo aos perdidos. Tudo bem, eu entendo a metáfora bíblica do escudo e da espada, estou certo de que a igreja tinha ótimas intenções. Mas que mensagem esse logotipo passa para o estudante pós-cristão em idade universitária, objetivo do ministério? Qual jovem adulto e estudante inteligente não associaria de imediato esses símbolos com as horrendas cruzadas da Idade Média e com todo o sangue islâmico derramado em nome de Jesus? Se estivermos falando sério sobre nossa intenção de ser missionários, precisamos ser cautelosos na maneira de interagirmos com os que estão vivendo num mundo pós-cristão.

Os novos profetas e professores de teologia

No passado dos Estados Unidos, geralmente pastores e líderes religiosos eram a definição de vida espiritual para o povo. Mas isso mudou. Novos profetas, filósofos e teólogos estão ensinando espiritualidade e até teologia à cultura emergente. Disseram-me que as gerações pós-cristãs não têm interesse em teologia, mas, pelo contrário, elas estão aprendendo teologia o tempo todo. Estão até dispostas a pagar por esse aprendizado.

As salas de cinema por todo o país (e em todo o mundo) apresentam uma grande variedade de filmes que lidam com temas espirituais, algumas vezes brincando, outras vezes com seriedade e às vezes de maneira sutil. Por meio dos filmes, as gerações emergentes estão aprendendo teologia. A angelologia é ensinada em

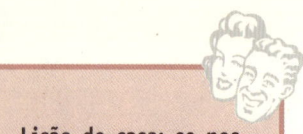

Lição de casa: se nos últimos tempos você não parou na seção de "religião" de uma livraria, é essencial que faça isso. O fato é que muitas dessas lojas nos Estados Unidos mudaram a seção "cristianismo" para um departamento separado, próximo à seção de "religião", como se para não contaminar as outras coisas destinadas às mentes mais abertas. Observe as pessoas à procura de algum livro. Note as subcategorias dos livros. Note quais obras têm vários exemplares na estante, o que geralmente significa que vendem mais.

— MARK OESTREICHER

filmes como a *Cidade dos anjos*, no qual um anjo pode se apaixonar e virar gente. Satanás é definido como um advogado (no filme *O advogado do Diabo*) ou como uma mulher bonita (interpretada por Elizabeth Hurley em *Endiabrado*). As pessoas aprendem que um anjo no céu pode ter uma relação sexual com Satanás e gerar um filho chamado Pequeno Nicky (interpretado por Adam Sandler).

A doutrina da vida após a morte é ensinada em *Sexto sentido*, no qual pessoas que já morreram ainda vagam pelo mundo moderno, e em *Amor além da vida*, no qual aprendemos que podemos abrir um caminho que nos tire do inferno e nos leve em direção a um tipo de céu pluralístico. A escatologia (o estudo dos finais dos tempos) é ensinada em filmes como *Fim dos dias* (com Arnold Schwarzenegger) e *Dominação*, em que as pessoas aprendem o significado do número 666 e sobre o Anticristo.

Cristologia é ensinada em programas especiais da televisão como o *The Search for Jesus* [A busca por Jesus] de Peter Jennings. Por meio desse programa específico, mais de 16 milhões de telespectadores aprenderam que a maioria das coisas que a Bíblia diz sobre Jesus foi inventada pela igreja primitiva e que a ressurreição e outros milagres não aconteceram na realidade.

> Devemos entender que os termos espirituais e teológicos estão recebendo novas definições da boca dos novos profetas e filósofos culturais da música, do cinema e da mídia. Isso afeta o que ensinamos e como ensinamos.

A espiritualidade é muitas vezes ensinada pela música popular. As fortes letras de Marilyn Manson têm origem em temas cristãos com sentidos distorcidos. A banda Godsmack já afirmou em público crer na religião Wicca. As bandas hoje usam símbolos e imagens religiosos com bastante freqüência. Há alguns temas cristãos sutis e verdadeiros na música de bandas como Creed e P.O.D., mas as pessoas estão bem mais imersas em letras que enviam mensagens contraditórias.

> *Estamos sob o cerco dos zelotes da religião e de malucos [...] a maioria cristã, ou chamada cristã. Estou falando desses fanáticos, santos fervorosos que estão à volta tentando controlar o país, os que são contra o aborto [...] esses malucos. Esses excêntricos.* — HOWARD STERN, APRESENTADOR DE RÁDIO E TV DE ALCANCE NACIONAL[2]

Podemos achar que não existe nenhum mal nisso. Afinal, no passado assistimos a muitos filmes como *A felicidade não se compra,* que trazia um anjo que não era muito bíblico. Mas, diferente das gerações passadas, que se baseavam numa cosmovisão judeu-cristã, as gerações emergentes não possuem fundamentos bíblicos. Precisamos redefinir para os nossos ouvintes e espectadores muitos termos teológicos e premissas que estão sendo ensinadas de forma incorreta pela cultura popular.

Hoje as celebridades fazem o papel de profetas da nossa cultura e de filósofos religiosos. O que um ator famoso faz e pensa tem muito peso para aqueles que o enxergam como modelo, seja de tendências da moda, seja de estilo de corte de cabelo, seja de influência religiosa. A vida e as atividades das celebridades são esquadrinhadas; os filmes são vistos e revistos; as letras das músicas são ouvidas inúmeras vezes.

> *Nunca diremos* [aos nossos fãs] *que usem drogas, incendeiem a casa das pessoas, matem alguém, ou adorem Satanás. Sou completamente a favor de Jesus Cristo, Deus e tudo o mais. Na realidade, sou alguém que tem muita fé. Sou cristão. Acontece que tenho uma boca suja e tento fazer a garotada rir. Mas é assim que eu sou. Sou como Deus me fez.* —TOM DELONGE, GUITARRISTA E CANTOR DA BANDA BLINK-182[3]

Para piorar as coisas, as grandes celebridades alegam ser cristãs e falam sobre Deus ou Jesus, mas manifestam um estilo de vida contrário às Escrituras. Esse exemplo "cristão", para muitos jovens, é o único que eles conhecem.

Uma incrível abertura para as coisas espirituais

"Em primeiro lugar, quero agradecer a Deus!"
"Sem Jesus, nada disso teria sido possível!"

Deus tem recebido tantos agradecimentos em linhas de chegada e pódios de premiação que seu nome quase se tornou um lugar-comum. Enquanto os créditos subiam numa transmissão recente do MTV Music Awards, um esquete era realizado ao fundo mostrando uma divindade de cabelos brancos dirigindo uma sessão de gravação num estúdio. Os produtores imaginaram de maneira jocosa que Deus deve estar lá com os músicos quando eles gravam, pois com muita freqüência eles se sentem compelidos a manifestar-lhe gratidão. Fome espiritual e consciência estão na moda, e o desejo de expressar espiritualidade está se tornando comum demais entre as pessoas das gerações emergentes. É realmente emocionante ver tanto interesse superficial vindo à tona. Já estamos longe dos mantras tipo "Deus está morto" e estamos vivendo numa cultura na qual Deus está presente no pensamento das gerações atuais.

> *Fale-me o que você pensa sobre Deus, porque eu quero mesmo encontrá-la [...] Então me diga se estou muito longe — estou ainda muito longe?*
> — Dishwalla, Counting Blue Cars

Há boas e más notícias. A boa notícia é que hoje em dia está na moda falar em Deus. Orar também está na moda. Toda orgulhosa, Britney Spears declarou à imprensa que seu namorado da época, o cantor Justin Timberlake do 'N Sync, tinha lhe dado uma edição do livro *Conversas com Deus*. Deepak Chopra apareceu na revista *Rolling Stones* promovendo seu mais recente livro *Como conhecer a Deus.** Visite qualquer livraria secular e você irá descobrir muitos livros que falam sobre Deus, sobre Jesus e sobre vida espiritual. Fizemos uma pesquisa com 400 estudantes num *campus*

> Precisamos ser coerentes e verdadeiros com quem Deus é e com o que ele tem feito, conforme as Escrituras nos revelam. Só doutrina não é suficiente; doutrina colocada em prática na vida irá fazer a diferença entre eficiência e ineficiência no panorama espiritual, se quisermos alcançar adultos ou adolescentes. O mundo pós-moderno e pós-cristão é relacional em sua essência. Está muito mais interessado no "ser" que no "conhecer". Como cristãos, o mais difícil nesse novo mundo é que não mais seremos capazes de impactar o mundo simplesmente declamando nossa teologia. Teremos de viver essa teologia "em voz alta" — radicalmente.
>
> — Sally Morgenthaler

---

* Publicado no Brasil pela Rocco. [N. do T.]

de uma faculdade local com pouca presença cristã, e mais de 75% afirmaram acreditar em "Deus". Até a *Newsweek* fez uma matéria de capa mostrando que nosso cérebro está "Conectado com Deus". Deus está na moda; espiritualidade é a onda. Um número imenso de *sites* é dedicado a informações e discussões sobre vida espiritual. Vivemos dias empolgantes!

Agora as más notícias. Com a mesma freqüência que Deus e Jesus recebem agradecimentos na ribalta, a mensagem que está sendo ensinada pelos profetas dos nossos dias não é bíblica. Muitas vezes, momentos antes de agradecer a Deus, esses mesmos artistas apresentaram uma canção que menospreza a mulher ou promove a violência ou glorifica a promiscuidade sexual. É comum ouvir a terminologia cristã empregada por celebridades sem nenhum fundamento com as Escrituras ou com a pessoa de Cristo. Mensagens confusas estão sendo enviadas às gerações emergentes que estão aprendendo esses termos teológicos e obtendo uma definição e uma descrição de Deus e de Jesus diferente do que a Bíblia ensina.

Espiritual, mas não religioso

Também percebemos que, embora haja abertura para a espiritualidade, as pessoas geralmente se sentem atraídas por uma mistura de crenças religiosas, um aglomerado de pedaços e partes de diversas crenças espirituais. Quando o tibetano Dalai Lama, líder budista exilado, foi para a Califórnia, ele atraiu uma platéia de dezenas de milhares de pessoas, incluindo um número muito expressivo de jovens.

Uma tarde eu estava visitando a Universidade da Califórnia no *campus* de Santa Cruz quando ouvi o som de tambores que vinha de uma floresta vizinha. Caminhei por uma trilha até encontrar um círculo com seis ou sete pessoas tocando tambores conga e outros instrumentos de percussão — todas absolutamente nuas! Os percussionistas me cumprimentaram com grande amabilidade e me convidaram para sentar-me com eles. Eu já tinha sido baterista numa banda por muitos anos; então consegui apreciar a

> É importante entender a diferença entre ser religioso e ser espiritual.
> — HOWARD HENDRICKS

variedade de ritmos que eles produziam. Sentei-me com eles (de roupa!), e assim conversamos. Aprendi que eles consideravam o círculo de tambores um evento muito espiritual. Pareciam dispostos a discutir o assunto e tinham conhecimento dos tipos de batidas e suas origens na batucada tribal africana. Suas crenças estavam bem distantes das doutrinas do cristianismo, mas o fato é que eles procuravam uma experiência espiritual.

> *Há um vazio com a forma de Deus no coração de todo homem, e só Deus pode preenchê-lo.*
> — BLAISE PASCAL, MATEMÁTICO FRANCÊS (1623-62)

O vazio que apenas Deus pode preencher: um lembrete final de esperança

Antigo, medieval, moderno ou pós-moderno — emergido ou emergente — ainda temos as mesmas necessidades humanas básicas. Todos queremos ser aceitos. Todos queremos saber que somos amados. Todos desejamos um propósito. Também ansiamos por plenitude e significado espirituais. Desejamos conhecer o nosso Criador e nascemos com um vazio no coração que somente ele pode preencher. Essas coisas são imutáveis do lado de cá do céu. Isso significa que Jesus é a única resposta para preencher esse anseio eterno criado em nós, sejamos nós *ravers*, góticos ou wiccanianos, com 20 anos ou com 90, Madonna ou Marilyn Manson, Elton John ou Eminem. A igreja primitiva nasceu em meio a um ambiente de magos, deuses, deusas e muitas seitas espirituais e religiões. Não estamos enfrentando nada novo. Não estamos enfrentando nada que o Espírito Santo de Deus, ao mover-se na igreja emergente, não seja capaz de superar.

> *Também pôs no coração do homem o anseio pela eternidade.* — ECLESIASTES 3.11

Acredito que estamos vivendo em tempos de incríveis promessas e esperança. Que privilégio maravilhoso e emocionante viver neste momento da história quando as gerações emergentes se encontram tão abertas para a espiritualidade. Minha oração é para que tenhamos a coragem de permanecer verdadeiros com as Escrituras enquanto repensamos radicalmente o modo de realizar nosso ministério. Que possamos desfrutar desse momento na história e nos tornar missionários de novo, sensíveis à cultura pós-cristã, vivendo vida de intensa dependência do Espírito, e repensando como será a igreja emergente para as novas gerações.

Pensamentos emergentes

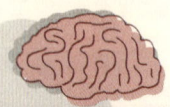

1. Suponha que você tenha ido para uma universidade local próxima e tenha perguntado aos alunos: "O que vem à sua mente quando ouve o nome Jesus?" e "O que vem à sua mente quando ouve a palavra 'cristão'?". O que você acha que iria ouvir como resposta? Por quê? (Você poderá conduzir essas entrevistas na realidade e depois mostrar o vídeo à sua igreja por causa do impacto que isso tem sobre o aprendizado.)
2. Quais são as maneiras pelas quais a cultura popular está ensinando teologia ou quem é Deus para as pessoas de sua igreja e cidade?
3. Você consegue se identificar com as observações do repórter que foi ao evento "Christapalooza"? Já tentou enxergar um evento desse tipo pelas lentes de uma pessoa como ele? Explique sua resposta.
4. Como você acha que uma pessoa pós-cristã iria ver sua igreja, seu logotipo, sua declaração de missão, as palavras em seu boletim? Existem coisas que a sua igreja deveria pensar em mudar para comunicar-se com a cultura sem alterar a essência da mensagem?

Capítulo 8

O que é "igreja"?
O segundo capítulo mais importante deste livro

> **Cuidem de vocês mesmos e de todo o rebanho sobre o qual o Espírito Santo os colocou como bispos, para pastorearem a igreja de Deus, que ele comprou com seu próprio sangue.**
>
> — Atos 20.28

Enquanto eu lecionava sobre o livro de Atos, fiz uma declaração que deixou muita gente confusa: "Não há um único versículo no Novo Testamento que diga 'eles foram para a igreja' ". Dava quase para adivinhar o que aquelas pessoas estavam pensando. "Como assim, eles não foram para a igreja? É claro que eles foram para a igreja."

Então continuei: "De acordo com a Bíblia, é realmente impossível 'ir para a igreja' ". De novo era possível dizer o que se passava pela cabeça daquelas pessoas: "O que você quer dizer com isso? Eu estou na igreja neste momento! Como você pode me dizer que é impossível fazer o que estou fazendo?". Então revelei o mistério, dizendo: "Se você acordou hoje e disse: 'Vou à igreja', você, na verdade, fez uma declaração teológica equivocada".

> Se não podemos viver a jornada sagrada com Cristo todos os dias e não estamos ativamente atraindo outras pessoas para essa jornada — fora das paredes do centro de adoração ou do santuário ou fora dos nossos guetos com vitrais e plantas artificiais —, não podemos esperar que faremos isso em uma hora na manhã de domingo ou na quarta-feira à noite.
>
> — SALLY MORGENTHALER

Em nenhum lugar o Novo Testamento diz que eles "foram para a igreja"

Eu estava tentando deixar claro que a igreja não é o prédio, nem a reunião. A igreja é o povo de Deus que se reúne com um sentido de missão (Atos 14.27). Não podemos *ir* para a igreja porque nós *somos* a igreja.

Se você é pastor ou líder, provavelmente compreende essa verdade teológica básica. Ou, se for um freqüentador bem informado, também irá compreender. Mas eu arriscaria dizer que, para muitos que freqüentam nossos cultos de adoração, a palavra igreja se refere à reunião do domingo, durante a qual o pastor fala, o líder de louvor dirige algumas músicas, o coral canta e a oferta é recolhida. Então a "igreja" termina, e eles vão para casa.

Pode ser que eu esteja dando muita importância a uma questão apenas semântica, mas cheguei à conclusão de que, talvez, o uso que se faz da palavra "igreja" responda em parte pelo consumismo cada vez maior de nossas igrejas e pelo impacto cada vez menor por elas gerado. O modo pelo qual usamos essa palavra pode ser um dos mais importantes fatores na formatação da cultura e da personalidade da igreja emergente.

O que aconteceu com a palavra igreja?

As palavras têm poder. A. W. Tozer faz essa declaração instigante no começo de seu clássico *Mais perto de Deus*:* "O que vem à nossa mente quando pensamos sobre Deus é a coisa mais importante a nosso respeito". Gostaria de fazer essa declaração de modo semelhante: o que vem à nossa mente quando pensamos sobre a palavra igreja é a coisa mais importante que molda o nosso funcionamento como igreja. O modo pelo qual os líderes definem igreja irá determinar como eles medem o sucesso, onde está o foco do nosso tempo e energia, como elaboram as estratégias e constituem a filosofia do ministério. Como definimos igreja irá determinar até o foco de nossa oração. Tudo isso é transmitido à mente e ao coração das pessoas da congregação, formando o que elas pensam da igreja.

---

* Publicado no Brasil pela Mundo Cristão. [N. do T.]

No Novo Testamento, a palavra igreja é o grego *ekklesia*, que significa "assembléia", e foi utilizada em um sentido mais ou menos político em referência às primeiras reuniões entre os crentes que tinham um propósito e uma missão. Encontramos o uso dessa palavra para descrever também uma reunião não-religiosa (Atos 19.32,41).

Contudo, a palavra igreja foi primeiramente usada para descrever os seguidores de Jesus. No aspecto reuniões, ela é mais usada para descrever os grupos de pessoas que se reuniam em lares (Romanos 16.5; 1Coríntios 16.19). A igreja era "reunida" (Atos 14.27), mas nunca encontramos referências a pessoas que se reuniam *na* igreja.

O termo é usado no singular para descrever muitas igrejas na mesma região (Atos 9.31), mas também uma igreja que abrange os crentes em todos os lugares da Terra. Somos parte de uma igreja local e de uma igreja universal. A igreja emergente irá se reunir de várias formas, mas uma coisa que todas precisam ter em comum é a ênfase missional.

A igreja missional: tristemente esquecida no meio da programação, da pregação e da necessidade de agradar as pessoas

O teólogo Millard Erickson defende que a função primária da igreja (das pessoas) é a sua missão evangelística. Ele diz: "O principal tema nas últimas duas conversas de Jesus com seus discípulos foi evangelismo. Em Mateus 28.19, ele os instrui: 'Portanto, vão e façam discípulos de todas as nações'. Em Atos 1.8, ele diz: 'Mas receberão poder quando o Espírito Santo descer sobre vocês, e serão minhas testemunhas em Jerusalém, em toda a Judéia e Samaria, e até os confins da terra'. Essa foi a última ordem de Jesus a seus discípulos. Parece que ele considerava o evangelismo como a própria razão de os discípulos existirem".[1]

Se isso for verdade, então como estamos nos saindo? As pessoas de sua igreja consideram o evangelismo a razão essencial de serem o povo de Deus? Se dermos uma olhada mais cuidadosa em como gastamos nosso tempo, energia e recursos, eu diria que a maioria das igrejas concentra esforços não na missão bíblica, mas na qualidade da programação e nos ministérios para manter contentes aqueles que já freqüentam a igreja. Onde foi que nos desviamos?

O excelente livro *The Missional Church* [A igreja missional], editado por Darrel Guder, defende que, desde o tempo da Reforma, a igreja se redefiniu, mesmo que de forma não intencional. Os reformadores, no intuito de exaltar a autoridade da Bíblia e reforçar a sã doutrina, definiram os marcos de uma igreja verdadeira: um lugar onde o evangelho é pregado corretamente, onde os sacramentos são corretamente administrados e onde a disciplina da igreja é exercida. Entretanto, com o passar dos tempos, esses marcos estreitaram a definição da própria igreja com uma idéia de "lugar onde", em vez da realidade de "pessoas que são".

A palavra igreja acabou sendo definida como "um lugar onde certas coisas acontecem", tais como pregação e comunhão. Guder escreve: "A gramática popular capta bem a idéia: você 'vai à igreja' do mesmo modo que vai a uma loja. Você 'freqüenta' uma igreja, do mesmo modo que freqüenta uma escola ou teatro. Você "pertence a uma igreja" do mesmo modo que pertenceria a um clube com seus programas e atividades".[2]

As palavras que usamos são críticas na formação das expectativas das pessoas. Nunca subestime o efeito que elas têm. Como Guder escreve: "Na América do Norte, essa tendência de 'lugar onde' manifesta-se de uma forma particular. Tanto os membros da igreja quanto os que estão fora esperam que a igreja seja uma fornecedora de produtos e serviços religiosos".[3]

Fornecedora de produtos e serviços religiosos?

Que palavras fortes! Mas vamos pensar um pouco nelas. Será que nós, com o passar do tempo, com boas intenções e motivações, transformamos as nossas igrejas em fornecedoras de serviços e produtos religiosos? No afã de atrair as pessoas, será que ensinamos com sutileza que a igreja é um lugar aonde as pessoas *vão* para aprender como Deus pode ajudá-las a solucionar seus problemas? É o lugar aonde você vai para que outras pessoas ensinem aos seus filhos sobre Deus? É o lugar onde você recebe o alimento semanal da Palavra de Deus? O lugar aonde você vai para assistir a cultos de qualidade que o ajudam a viver melhor e a desenvolver uma rede social? Aonde você vai para ter uma experiência de louvor com música de alta qualidade?

> A igreja emergente deve enfrentar um desafio crítico e fundamental, a saber, ensinar às pessoas que *elas são* a igreja e que elas não freqüentam ou simplesmente vão a uma igreja.

Se a igreja se transformou num lugar, em vez de pessoas se transformarem numa missão, os líderes começam naturalmente a concentrar esforços no que as pessoas vivenciam quando vão a esse lugar aos domingos. Nos últimos anos, chegamos a incluir palavras como excelência e relevância às declarações de valores de nossas igrejas. Ao fazer isso, começamos automaticamente a gastar mais tempo com a qualidade da música, com o sistema de som e com boletins. Com o crescimento da igreja, a pressão para manter isso em foco aumenta, e o problema atinge níveis jamais imaginados.

Quanto maior o crescimento da igreja, mais as pregações necessitam de apresentações mais dinâmicas e *slides* de *PowerPoint* mais sofisticados. A música precisa parecer mais profissional com sistemas de som e iluminação superiores. A programação infantil e os ministérios para jovens e adolescentes precisam ser melhores para manter satisfeitas e atentas as pessoas que deles participam, de modo que os pais possam assistir ao culto principal, em que os serviços e produtos religiosos são colocados à disposição. Grandes intenções, mas a conseqüência disso é que a igreja pode aos poucos perder a visão de sua identidade e de sua função missional, e as pessoas passarão a ir à igreja para que suas necessidades sejam supridas por outros, oferecendo-se para ajudar somente se dispuserem de algum tempo livre. Quando criamos essa cultura de pessoas *indo* à igreja, elas geralmente se contentam em permanecer na condição de espectadoras.

Devemos nos sentir culpados por gerar consumidores cristãos?

Será que nossa liderança é a causa disso tudo? Será que, ao oferecer programas e ministérios melhores e maiores, estamos dando um tiro no próprio pé? Erwin McManus, pastor da igreja Mosaic em Los Angeles, escreve: "Estamos procurando uma igreja que atenda às nossas necessidades". Acho que já ouvi essa frase mais de mil vezes. O fenômeno da igreja de consumidores é o que tem moldado a igreja contemporânea. Não se fala de relevância, mas, sim, de conveniência. O foco não está em servir o mundo; a própria igreja transformou-se no ponto central. Nosso lema degenerou-se de "Nós somos a igreja e estamos aqui para servir ao perdido e ao mundo falido", passando para "O que essa igreja tem para me oferecer?".[4]

Creio ser essa a raiz do problema que a igreja moderna criou. Como a liderança se concentra sutilmente nos programas e não na missão, acabamos nos tornando conhecidos na comunidade por esses programas, por nossa pregação, ou por nossa música, não por aquelas qualidades que recomendavam a igreja de Tessalônica.

A igreja emergente deve levar isso em conta e deixar de focar o consumo para focar a missão. Se as pessoas realmente enxergarem a si mesmas como a igreja em missão, tudo se transformará. Tudo!

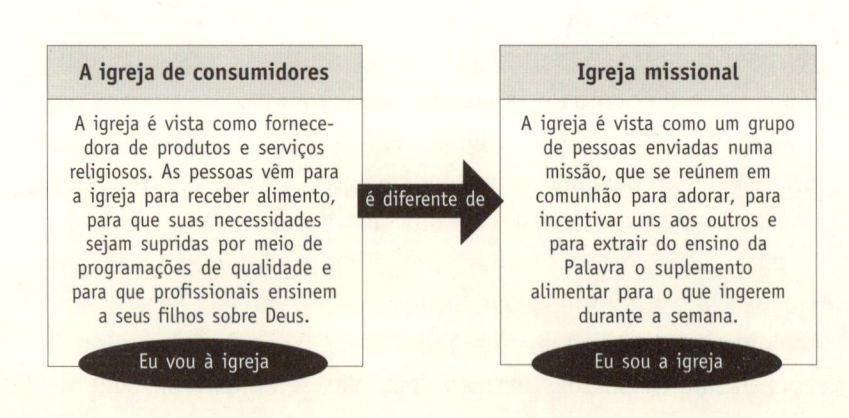

A igreja de consumidores		Igreja missional
A igreja é vista como fornecedora de produtos e serviços religiosos. As pessoas vêm para a igreja para receber alimento, para que suas necessidades sejam supridas por meio de programações de qualidade e para que profissionais ensinem a seus filhos sobre Deus.	é diferente de	A igreja é vista como um grupo de pessoas enviadas numa missão, que se reúnem em comunhão para adorar, para incentivar uns aos outros e para extrair do ensino da Palavra o suplemento alimentar para o que ingerem durante a semana.
Eu vou à igreja		Eu sou a igreja

Por que este é o segundo capítulo mais importante deste livro?

A igreja emergente deve redefinir o que é uma igreja bíblica, ensinando às pessoas como a igreja se encaixa na história geral da Bíblia. As pessoas precisam entender que, como indivíduos e membros da igreja, elas fazem parte da história de Deus. A igreja é o instrumento de Deus através do qual o Espírito Santo se move e expressa seu amor, enquanto Jesus redime o mundo para submetê-lo ao Reino de Deus. Então o foco retira-se de nós mesmos. De modo natural, desaparelhamos aquela atitude consumista, transformando tudo ao redor.

- As pessoas não "irão à igreja", mas serão a igreja em missão conjunta.
- As pessoas não conseguirão ficar sem se alimentar profundamente das Escrituras por conta própria, para manter o coração tranqüilo e a mente afiada, prontas para responder sobre a esperança que elas têm a todos que interagirem com elas (1Pedro 3.15,16).
- As pessoas se portarão como embaixadoras de Jesus (2Coríntios 5.20) e terão motivação para viver em santidade, concentradas no Reino, para que não desonrem o nome do Rei que elas representam.
- Os pais que se vêem como igreja irão conduzir a família segundo Deuteronômio 6.4-9, em vez de deixar essa tarefa apenas para a igreja.
- As pessoas passarão a depender muito mais da oração para que a missão da igreja continue (João 15.5).
- As pessoas verão a igreja como uma família e como uma comunidade em missão conjunta, e isso acontecerá de forma natural (Atos 2.42-46).
- As nossas estratégias e projetos ministeriais passarão das grandes produções e programações para o treinamento das pessoas, para que sirvam na missão (Efésios 4.11,12), e para colocar novamente em evidência o sacerdócio dos crentes (1Pedro 2.5-9).

→ O evangelismo irá crescer de maneira drástica, já que a igreja inteira estará *sempre* em missão (em nível local ou global).
→ Por causa da missão, nossas igrejas irão se preocupar, com naturalidade e afinco, com a justiça social, com os pobres e com os necessitados deste mundo.

A grande oportunidade de redefinir a igreja para as novas gerações

Não há como uma igreja missional gerar cristãos consumistas, pois ela compreende seu papel na história de Deus. Isso iria contra sua própria natureza. Mas tornar-se uma igreja missional significa mais do que simplesmente ter uma declaração de missão ou oferecer aulas esporádicas sobre o tema. Significa "renascer" a igreja de dentro para fora e manter sua nova mentalidade. Significa sempre resistir à tendência de se tornar uma igreja voltada para o consumo, mantendo a missão à frente de tudo que ela fizer. É emocionante ter essa oportunidade de redefinir a igreja para as gerações emergentes. Como elas estão experimentando a igreja pela primeira vez, não pensam em igreja como lugar onde podem ter suas necessidades supridas e consumir serviços e produtos religiosos. Temos a empolgante oportunidade de contar de novo a história da igreja e lhes falar de como elas participam dessa história hoje!

Por favor, lembre-se...

Precisamos nos lembrar dessa definição da palavra igreja nos próximos capítulos, à medida que entrarmos no assunto de planejamento dos cultos de adoração, liderança, pregação e discipulado. Se não edificarmos todas as coisas em cima da definição bíblica de igreja, estaremos colocando combustível na atitude consumista. Andar sobre essa linha tênue é provavelmente um dos maiores desafios que a igreja emergente irá enfrentar.

Que o Espírito de Deus nos guie, à medida que nos aventuramos e repensamos como a igreja emergente deve ser. Que possamos abordar nosso papel como pastores de ovelhas dessa igreja emergente com grande honra e alegria, mas também com temor e tremor.

Pensamentos emergentes

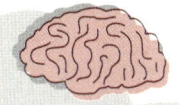

1. Como o membro típico de sua igreja definiria a palavra igreja? Como a liderança da igreja a definiria?
2. Você vê sua igreja como consumista? Justifique sua resposta.
3. Quanto da sua energia de líder se concentra na organização das atividades de final de semana em comparação com a energia despendida no treinamento e no ensino das pessoas, para que venham a compreender sua verdadeira identidade como igreja missional?
4. Você concorda ou discorda que a definição que o pastor atribui à palavra igreja é a coisa mais importante sobre a função, a estratégia e a metodologia de uma igreja? Por quê?

Parte 2

RECONSTRUINDO
o cristianismo clássico na igreja emergente

Capítulo 9
O dilema do culto sensível-ao-interessado

> "Qualquer que seja o perfil das pessoas que você já tem em sua congregação, é esse mesmo perfil que provavelmente você continuará a atrair. É muito improvável que sua igreja possa atrair e manter pessoas muito diferentes das que já a freqüentam.
> — Rick Warren, *Uma igreja com propósitos*

Que experiência estimulante vivenciei há pouco tempo, quando fui a um culto de adoração de uma igreja bem grande! Ao olhar à minha volta havia milhares de pessoas louvando a Deus ao ritmo moderno de uma banda com ênfase em teclados e com uma fileira de cantores bem vestidos e muito profissionais. O ambiente era bem iluminado e jovial; a atmosfera, festiva e de celebração. Dava para sentir a emoção no ar. Não havia nenhum símbolo religioso — nenhuma cruz — e o palco era decorado com objetos sofisticados. A pregação foi excelente — por exatos trinta minutos, o comunicador, com convicção e emoção, pregou um sermão de quatro pontos bem planejado.

Com zelo e entusiasmo, as pessoas faziam anotações nas folhas previamente distribuídas.

Mas saí daquele lugar com uma profunda preocupação. Entre aqueles milhares de adoradores, foi difícil encontrar muita gente com menos de 30 anos de idade. E procurei bastante. Poderia dizer, com poucas exceções, que todos ali pareciam estar na faixa entre 35 e 45 anos de idade — principalmente pessoas na meia idade e muito bem vestidas, embora de modo casual. Eu sabia que havia muitos jovens naquela comunidade, mas eles não estavam naquele culto de adoração.

Na verdade, isso não me surpreendeu, pois a abordagem, os valores e a metodologia eram quase o oposto do que, creio, as gerações emergentes estão buscando. Por favor, compreenda, Deus estava fazendo grandes coisas naquele culto! E agradeço a ele. Aquela igreja está crescendo, mas atraindo mais pessoas do mesmo tipo. Vários grupos da população local, em termos de faixa etária e mentalidade, não estavam representados. A única coisa que me ocorreu é que aquilo acontecia porque o estilo daquele culto de adoração fazia com que muita gente sem vínculo com a igreja, integrantes das gerações emergentes, corressem e se escondessem. Por quê?

Os valores na igreja emergente estão mudando

As diferenças nos valores são moldadas pelas diferenças na cosmovisão. Você vai me ouvir dizer isso muitas vezes, mas, desde que sejamos fiéis à Bíblia, não há modo certo ou errado de elaborar um ministério ou planejar um culto de adoração. Entretanto, a nossa audiência faz uma diferença importante. Acredito que a igreja emergente será bem diferente da maioria das igrejas contemporâneas. Acho que não haverá apenas uma abordagem de igreja emergente, mas dezenas, talvez centenas, de lindas variedades de comunidades de fé, cada uma singular e adequada ao seu contexto.

Nos próximos capítulos, irei abordar a questão da elaboração do culto de adoração voltado para as gerações emergentes. Contudo, permita-me primeiro estabelecer duas premissas.

1. A igreja deve continuar a se reunir

Hebreus 10.25 nos diz: "Não deixemos de reunir-nos como igreja". Os crentes reuniam-se como igreja em grupos menores nos lares (1Coríntios 16.19; Colossenses 4.15; Filemon 2). A comunidade é essencial para a nossa vida como discípulos de Jesus. E deve haver lugar para o ensino (2Timóteo 4.2). Contudo, hoje nos reunimos de um modo bem diferente das reuniões da igreja primitiva. Liderar uma igreja hoje é algo muito mais complexo e, à medida que os números em sua igreja aumentam, a complexidade aumenta junto.

Nem todas as igrejas emergentes terão reuniões como as descritas nos capítulos seguintes. Algumas igrejas emergentes podem preferir se concentrar nas reuniões nos lares, mantendo-se intencionalmente pequenas. Entretanto, se o seu encontro de adoração começar a crescer muito, com mais de 30 ou 40 pessoas, a discussão a seguir será muito relevante.

2. Você deve ter lido a primeira parte deste livro

Tudo o que eu disser daqui para a frente deve ser lido à luz do que discutimos na primeira parte deste livro, evitando assim o equívoco de tentar fazer apenas mudanças cosméticas na sua igreja. À medida que você continua a ler este livro, lembre-se da nossa definição da palavra igreja, assim como da utilização que faço do termo sensível-ao-interessado, que é fundamental.

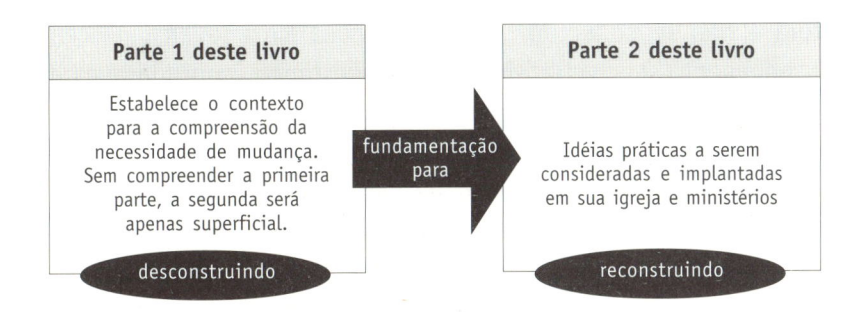

Parte 1 deste livro		Parte 2 deste livro
Estabelece o contexto para a compreensão da necessidade de mudança. Sem compreender a primeira parte, a segunda será apenas superficial.	fundamentação para →	Idéias práticas a serem consideradas e implantadas em sua igreja e ministérios
desconstruindo		reconstruindo

A igreja sensível-ao-interessado enfrenta uma crise de identidade na cultura emergente

Nas décadas de 1970 e 1980, Deus levantou líderes para darem nova vida e visão às igrejas que estavam morrendo. Deus usou e ainda usa igrejas que empregam metodologias no estilo sensível-ao-interessado para atrair milhares de pessoas por todos os Estados Unidos de volta para Jesus e para a igreja. Os valores dessas igrejas nasceram especificamente do desejo que seus líderes tinham de se identificar com as pessoas que eles esperavam alcançar. Mesmo que uma igreja não adote plenamente uma estratégia sensível-ao-interessado, muitas adotaram pelo menos boa parte da abordagem contemporânea no ministério. A ênfase em criar um lugar que os interessados freqüentassem significava projetar um culto de final de semana como porta de entrada para a igreja. Uma arquitetura contemporânea foi desenvolvida para os templos de adoração em conjunto com novas abordagens para a pregação e a comunicação. Peças teatrais, vídeos e equipes de produção foram acrescentados à estrutura das grandes igrejas para produzir um culto de final de semana mais profissional. Até microfones de última geração eram usados para mostrar que realmente estávamos acompanhando os novos tempos, alinhados com a cultura da época.

Entretanto, com base em minhas observações e conversas, creio que muitas dessas coisas são contrárias ao que as gerações emergentes valorizam e buscam numa experiência espiritual.

Veremos muito provavelmente o padrão das gerações passadas se repetir. À medida que a igreja perdeu contato com a cultura e não se conectou com as gerações mais jovens, nasceu o movimento sensível-ao-interessado. Desta vez, contudo, é esse movimento sensível-ao-interessado que está perdendo contato com a cultura, à medida que seu crescimento contínuo se desconecta do coração das gerações emergentes.

O restante deste livro irá examinar não apenas o culto de adoração, mas também liderança, pregação, comunicação, formação espiritual e evangelismo. Está havendo uma mudança cultural e ela causa impacto sobre tudo o que fazemos. Vamos dar uma olhada em algumas dessas diferenças de valores e como elas se relacionam com o planejamento de um culto de adoração.

> As igrejas de estilo sensível-ao-interessado de hoje enfrentam um dilema à medida que surgem gerações emergentes sem nenhuma afinidade com seus métodos. Iremos logo perder a força de nosso impacto e influência na cultura emergente, a menos que planejemos nos reinventar para o futuro.

Exemplos de diferenças de valores entre cultos no estilo sensível-ao-interessado e pós-sensível-ao-interessado

Os exemplos do quadro que vem a seguir apontam algumas diferenças de valores entre o culto moderno sensível-ao-interessado e um culto projetado para as gerações pós-cristãs. Nenhum dos dois tipos está certo ou errado. Eles simplesmente representam valores diferentes para mentalidades distintas. Muitas igrejas emergentes não terão cultos de adoração como os que irei descrever nos últimos capítulos. É provável que vejamos surgirem mais reuniões pequenas como igrejas nos lares. Acredito também que veremos igrejas emergentes formando comunidades nos locais de trabalho e em condomínios. Entretanto, reconheço que a maioria das igrejas terá uma grande reunião uma vez por semana.

Enquanto a nossa cultura se transforma, as igrejas precisam adaptar o seu modo de funcionamento. Quase toda semana recebo *e-mails* de líderes de todas as partes dos Estados Unidos que estão preocupados com a falta de jovens nos cultos de suas igrejas. "O que devemos fazer para ver os jovens fazendo parte de nossa igreja?" "Temos que mudar os nossos cultos e fazer uma combinação de metodologias?" "Começamos um novo culto?" "Será que devemos implantar uma nova igreja?" As pessoas estão procurando opções, pois percebem que a maioria dos cultos no estilo sensível-ao-interessado não está mais se conectando com as gerações emergentes.

Valores em transformação na abordagem dos cultos de adoração

IGREJA MODERNA (Sensível-ao-Interessado)	IGREJA EMERGENTE (Pós-Sensível-ao-Interessado)
"Cultos" de adoração nos quais a pregação, a música, a programação etc. são *servidas* ao freqüentador.	"Reuniões" de adoração que incluem pregação, música etc.
Cultos projetados para alcançar aqueles que tiveram uma experiência ruim ou enfadonha com a igreja.	Reuniões projetadas para aqueles que nunca tiveram experiência com igreja.
Cultos projetados para serem contemporâneos e acessíveis.	Reuniões projetadas para serem experienciais e místico-espirituais.
Necessidade de romper com o estereótipo do que a igreja é.	Necessidade de romper com o estereótipo de quem o cristão é.
Vitrais são retirados e substituídos por telas de vídeo.	Vitrais levados de volta nas telas de vídeo.
Cruzes e outros símbolos removidos do lugar da reunião para evitar uma aparência muito "religiosa".	Cruzes e outros símbolos levados de volta para o lugar da reunião para promover uma sensação de reverência espiritual.
Local montado para que as pessoas sejam capazes de ver o palco de um assento confortável enquanto adoram.	Local montado com foco na comunhão, para ser mais como uma sala de estar ou uma cafeteria enquanto as pessoas adoram.
Santuário bem iluminado e jovial é valorizado.	A escuridão é valorizada, pois proporciona uma sensação de espiritualidade
O ponto central do culto é o sermão.	O ponto central da reunião é a experiência holística.
O pregador e o líder do louvor dirigem o culto.	O pregador e o líder do louvor dirigem por meio da participação na reunião.
Utiliza tecnologia moderna para comunicar com aparência contemporânea.	A reunião é vista como oportunidade para vivenciar o antigo, até místico (e utiliza a tecnologia para obter isso).
Cultos projetados para crescer e acomodar muitas pessoas da igreja	Reuniões projetadas para crescer e acomodar muitas pessoas, mas vista como um momento de encontro de uma igreja que se reúne em grupos menores.

Algumas alternativas que as igrejas estão adotando para impactar a cultura emergente

Em relação aos cultos de adoração, algumas igrejas tentam continuar com sua experiência de adoração atual e acrescentam novos elementos para criar um culto "misto". A minha opinião é que tentar introduzir novos estilos num culto que já existe acabará por desagradar a todos, criando um problema maior do que seria permanecer com a estratégia anterior. Além disso, fazer alguns ajustes superficiais no estilo não irá tratar com as diferenças fundamentais de valores no que tange à liderança, à formação espiritual, ao evangelismo e assim por diante. As igrejas precisam promover mudanças e decisões fundamentais e *holísticas* para que possam verdadeiramente conquistar a cultura emergente.

Algumas igrejas começaram a usar a transmissão em vídeo dos cultos regulares, mas modificaram a música para atrair um público mais jovem. Em minha opinião, essa abordagem não trata com as questões fundamentais que estamos enfrentando. O que está acontecendo em nossa cultura requer mais do que apenas ajustes no estilo musical. Quando falo com líderes dessas igrejas que estão usando essa abordagem, ouço que os cultos transmitidos estão atraindo fundamentalmente os *baby-boomers* que já freqüentavam alguma igreja ou tinham alguma relação com a igreja. Os relatórios iniciais dizem que eles não estão conseguindo atrair os mais jovens que não cresceram na igreja ou que ainda não eram cristãos.

Aqui seguem algumas alternativas que creio serem válidas pelo menos como experiências para as igrejas existentes.

Abordagem 1: Inicie um culto evangelístico focado numa faixa etária em sua igreja

Sua igreja pode iniciar um culto focado em determinada faixa etária que incorpore valores pós-sensível-ao-interessado para atrair as gerações emergentes. Algumas igrejas direcionam esses cultos "jovens" para as pessoas entre 18 e 30 anos de idade com a esperança de que esses freqüentadores amadureçam ou atinjam certa idade e comecem a freqüentar os "cultos principais" da igreja.

Não conheço nenhuma igreja onde essa abordagem tenha funcionado bem. Na verdade, na maioria dos casos que observei, a igreja ampliou a abordagem para todas as idades e não permaneceu com um culto específico por faixa etária. Por quê? Porque reforçar as restrições etárias cria problemas. Afinal, se as pessoas em uma faixa etária não foram atraídas para o "culto principal de adoração" antes, por que elas de repente desenvolveriam uma necessidade urgente de freqüentá-lo ao atingir certa idade?

Por muitos anos, uma igreja muito grande da costa leste americana tem sido a principal igreja que carrega a bandeira da abordagem por faixa etária. O objetivo era estabelecer um processo de transição do culto jovem para o culto principal quando o jovem atingisse 30 anos de idade. Mas a liderança dessa igreja finalmente percebeu que, quando as pessoas chegavam aos 30 anos, elas ainda não queriam freqüentar os outros cultos. Quem eram essas pessoas e como aprenderam a adorar eram coisas muito diferentes. A igreja decidiu simplesmente permitir que as pessoas crescessem juntas nessas reuniões, sem forçá-las a uma "promoção" para um culto diferente apenas porque atingiram uma idade determinada. Ela agora se concentra no desenvolvimento de formas de reunir fora das paredes do templo os freqüentadores de cultos diferentes para integrá-los na vida da igreja.

Abordagem 2: Inicie uma reunião de adoração em sua igreja com novos valores e com uma abordagem diferente, mas não deixe de ser uma só igreja

Você pode iniciar uma reunião de adoração e um departamento em sua igreja para alcançar um grupo de pessoas com mentalidade diferente dos grupos que a sua igreja atualmente alcança. Quando iniciar esse trabalho, lembre-se de que as mudanças devem ser mais profundas do que apenas as da reunião de adoração. Abordagens fundamentais na liderança, na formação espiritual e em outros valores também deverão ser levadas em conta.

Mesmo que essas reuniões sejam freqüentadas, em sua maioria, pelas pessoas mais jovens, um número notável de adoradores mais velhos irá se identificar com essa nova abordagem. Como o pastor e autor Brian McLaren estima, um terço dos *baby-boomers* é mais pós-moderno na sua abordagem de Deus. Então não se surpreenda se você encontrar muitas pessoas de todas as idades que se identificam com esse novo culto.

Alguns reclamam de que iniciar um novo culto irá dividir a igreja, e isso realmente pode acontecer se você não for cauteloso. É essencial planejar a integração de todos os membros fora dos limites dos cultos de adoração. Isso pode acontecer por meio de programas de mentoria e de viagens missionárias ao exterior, em retiros para os homens e em reuniões de oração e servindo juntos. As possibilidades são infinitas, contanto que as pessoas que vão a diversos cultos de adoração se enxerguem e atuem como igreja durante a semana.

Essa abordagem requer que os líderes da igreja não se sintam ameaçados pela nova maneira de pensar e renunciem à necessidade de entender e controlar cada aspecto dos novos métodos ministeriais e de culto. Essas novas abordagens serão desordenadas! Mas assim também se deu com a igreja primitiva e com cada trabalho missionário desde então, em que os crentes eram sempre pioneiros na forma de apresentar o evangelho de Jesus a uma nova cultura. Não se pode ter um culto chinês como se fosse um culto moderno e sensível-ao-interessado. O mesmo acontece com um culto voltado para aqueles com mentalidade pós-cristã. Você nem precisaria criar um novo culto se os valores fossem os mesmos.

Abordagem 3: Planeje novamente seu ministério para jovens e adolescentes

Embora as mudanças culturais estejam afetando não apenas os ministérios para adolescentes e jovens adultos, estes são os mais afetados. Em vez de iniciar um novo culto, algumas igrejas podem preferir reformatar o ministério que já existe para jovens e adolescentes. Esse pode ser um bom começo na busca de participação da cultura emergente. Entretanto, você precisa gastar mais tempo refletindo sobre os impactos de longo prazo. Como a nossa cultura não pára de mudar, você precisará fazer outras mudanças além das que se fazem nos ministérios mencionados.

Acredito que principalmente os ministérios para jovens em idade escolar devem começar a passar por modificações importantes nos métodos. É claro que os adolescentes ainda precisam se divertir e fazer todas as coisas que adolescentes gostam de fazer. Mesmo assim, em nosso cenário local, vemos os adolescentes cada vez mais atraídos pela forma "clássica" de ministério. Há pouco tempo, visitei um ministério para adolescentes que incluía velas em um ambiente escuro, enquanto eles aprendiam a orar em silêncio e a permanecer assim para ouvir a voz de Deus. A reunião havia começado com alguns jogos malucos típicos de adolescentes, mas depois foi ficando realmente séria.

Abordagem 4: Implante uma nova igreja para alcançar a cultura emergente

Algumas igrejas decidiram que não queriam as dificuldades associadas à criação de um novo estilo de culto, nem gostariam de alterar seus valores. Mas, como havia interesse em alcançar a cultura emergente, resolveram iniciar uma igreja-irmã com uma nova cultura e uma nova filosofia. Para a igreja local, essa é uma ótima forma de estender sua missão à cultura emergente. E, como essas igrejas novas têm desde o início raízes na filosofia e nos valores dos líderes emergentes, a estratégia de implantação de novas igrejas é uma ótima opção para que as mudanças se dêem mais rapidamente.

Seja como for, o objetivo é alcançar a cultura emergente

Qualquer que seja o plano ou estratégia que se adote para lidar com o dilema enfrentado pelos cultos no estilo sensível-ao-interessado, o objetivo é criar uma cultura e uma comunidade eclesiástica que possa falar às pessoas de uma cultura emergente. O futuro está batendo em nossa porta, e a igreja de estilo sensível-ao-interessado e outras igrejas modernas de hoje não podem deixar de abrir suas portas. Nos capítulos seguintes, iremos refletir sobre como deve ser um culto de adoração projetado para as gerações emergentes.

Pensamentos emergentes

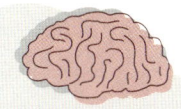

1. Quais as maiores diferenças entre os valores do culto de adoração de sua igreja e os valores característicos das gerações emergentes?
2. Há algum ponto no quadro de valores deste capítulo que você endosse ou de que discorde?
3. Das alternativas de abordagens apresentadas neste capítulo, qual funcionaria melhor na sua igreja? Por quê?

Capítulo 10
O que é essa coisa que chamamos "culto de adoração"?

> "Chamar de 'momento de adoração' o culto de uma igreja nem sempre faz com que ele seja isso.
> — George Barna

Participei de um painel de uma conferência nacional em que estávamos debatendo o modelo dos cultos de adoração experienciais para as pessoas de cultura emergente. Cheguei a essa conferência com a expectativa de aprender com os outros e de que algumas coisas que estávamos fazendo em nossa igreja pudessem ser úteis para as pessoas. Começamos nos apresentando, e em seguida veio a hora das perguntas. A platéia começou a perguntar sobre como utilizar os vídeos, como criar experiências interativas, como incluir arte nos cultos e outras questões relacionadas com o assunto. Podíamos perceber pela energia e entusiasmo dos participantes que aquilo era exatamente o que eles queriam ouvir.

Cultos de adoração experienciais: a próxima geração de cristãos consumidores?

O pastor à minha esquerda relatou como havia criado um deserto real na igreja, levando para lá algumas toneladas de areia.

A idéia era permitir que as pessoas pudessem andar descalças, orar e vivenciar o deserto como Jesus fez. Eles até complementaram o cenário com algumas rochas. Fiquei muito impressionado. Eu não podia parar de imaginar como seria legal se pudéssemos fazer a mesma coisa em nossa igreja. Então o pastor à minha direita falou sobre as apresentações de dança e produção artística enquanto a mensagem é pregada. Fiquei de novo impressionado! Minha mente estava a mil, pensando em como poderíamos usar a mesma idéia. Tive a chance de explicar alguns dos elementos experienciais que compartilho agora com vocês. Mas então, ao observar que os pastores e líderes anotavam em seus *notebooks* tudo que ouviam, eu me senti pouco à vontade, até meio atemorizado. De repente percebi que, se não fôssemos cautelosos, com facilidade poderíamos criar exatamente aquilo que estávamos tentando evitar.

A nossa esperança é que a igreja emergente rompa com a mentalidade cristã consumista. O nosso objetivo ao fazer uma reunião de adoração mais experiencial é que as pessoas possam participar do culto e não permanecer como meros espectadores. A adoração experiencial e interativa, em conjunto com o ensino ministrado, é uma prática renovadora que fala de perto aos nascidos e criados nessa cultura e facilita uma volta a algo mais parecido com as reuniões da igreja primitiva. Mas, se nos concentrarmos demais em proporcionar experiências criativas e bacanas às nossas reuniões de adoração — se a maior parte do nosso tempo for gasta descobrindo como incorporar a arte interativa ao culto, ou que tipo de dança usar, ou que imagens para meditação projetar na tela, ou como organizar salas de oração iluminadas com velas —, poderemos ser pegos na mesma armadilha cristã consumista. Se não formos cuidadosos, logo iremos ouvir as pessoas dizendo: "Bom, acho que hoje vou para a Comunidade Batista. Fiquei sabendo que eles colocaram areia no chão!". Ou "Vou para a Comunidade da Bíblia nesse final de semana porque lá posso ver os artistas que ficam pintando durante a mensagem". Ou "Gosto daquelas velas perfumadas que eles usam naquele outro lugar".

> O consumismo é apenas uma das armadilhas neste ponto. Olhe para o frenesi dos líderes de igreja que Dan Kimball descreve em seu exemplo. Quase dá para vê-los espumando pela boca. O que se vê é consumismo, e as idéias que estão na moda são banalizadas e transformadas em mercadoria. Creio firmemente que ser criativo não significa inventar as coisas do nada; modificar e emprestar são ações importantes no exercício da criatividade. Mas, se nosso frenesi por mudanças nos levar apenas a ficar escavando até encontrar o próximo artifício de adoração, estaremos realmente perdidos.
>
> — Mark Oestreicher

Ai de nós na igreja emergente se não mantivermos o equilíbrio e a perspectiva. Por favor, quando você continuar sua leitura pelos capítulos seguintes, mantenha essa advertência em mente, para não vir a ensinar as pessoas a se tornar consumidoras de produtos e serviços religiosos.

Definindo o culto ou reunião de adoração

Antes de olhar para o planejamento de um culto ou reunião de adoração para as gerações emergentes, vejamos antes a definição de culto de adoração. Muitos de nós simplesmente adotamos o que nos foi ensinado no seminário ou padronizamos o nosso ministério de acordo com as igrejas que freqüentamos. Mas de onde vem tudo isso? Por que fazemos o que fazemos nessas reuniões de adoração? Eu quero sempre questionar nossos pressupostos, porque, como Albert Einstein disse certa vez, "um problema não pode ser resolvido pelo mesmo tipo de raciocínio que o criou".

As reuniões de adoração na igreja primitiva

Mesmo que poucos documentos descrevam as primeiras reuniões de adoração da igreja primitiva, podemos afirmar com segurança que elas não eram nada parecidas com o que normalmente vivenciamos hoje. Além do fato de que aqueles crentes estavam bem no início de um movimento inédito, eles atuavam numa cultura diferente com pessoas de mentalidade distinta. Entretanto, é bom reconhecer que determinados conceitos transcendem tanto o tempo quanto a cultura. Lemos nas Escrituras e nos textos da igreja primitiva que havia ordem naquilo que faziam e que em suas reuniões havia instruções baseadas na Palavra, música, oração, celebração da ceia do Senhor e participações individuais (1Coríntios 11.17-26; 14.26). Eles se reuniam basicamente em lares, de modo geral em grupos com menos de 50 pessoas (1Coríntios 16.19; Romanos 16.5; Colossenses 4.15). Vemos números maiores no livro de Atos, como em 2.41, em que havia 3 mil pessoas na igreja em Jerusalém. Mas lembre-se de que isso foi durante o Pentecostes, época de festa em que Jerusalém ficava

> O que a igreja neotestamentária não tinha eram prédios — e não os teve durante uns trezentos anos! Por isso, na igreja de Saddleback esperamos até que chegássemos a mais de 10 mil freqüentadores para fazer a nossa primeira construção. Queríamos provar que a igreja são as pessoas, não os prédios. Se você quiser mesmo ser uma verdadeira igreja clássica, não construa prédios!
>
> — Rick Warren

lotada de visitantes. Não há nenhuma indicação de que eles se reuniam regularmente para um "culto de adoração" como fazemos hoje. Os judeus religiosos jamais teriam permitido que se reunissem com regularidade no templo para realizarem um culto que adorava um falso messias que eles haviam crucificado. Vemos também casos em que houve pregação no templo durante a época que a mensagem era divulgada (Lucas 19.47,48), mas não era nesse lugar que a igreja se reunia com regularidade. O templo foi destruído no ano 70 d.C.; portanto, está fora de cogitação a possibilidade de terem se reunido ali por muito tempo. As grandes reuniões como as de hoje ocorreram somente depois de séculos.

Bem cristocêntrico, bem dirigido para a comunhão, bem clássico

Podemos determinar que muito do que a igreja primitiva fazia quando se reunia para adorar era fortemente influenciado pelos costumes da sinagoga judaica. Sabemos que a igreja primitiva reunia-se aos domingos, mesmo que naquela cultura esse dia fosse um dia de trabalho como outro qualquer. Eles devem ter se reunido outras vezes quando tomavam refeições juntos (1Coríntios 11.17-22). Justino Mártir, em sua *Primeira apologia*, escrita por volta de 150 d.C. em Roma, apresenta-nos um quadro daquelas reuniões nos lares. Ele nos informa que eles oravam, liam algum trecho das Escrituras "durante todo o tempo que fosse possível", e depois passavam para um discurso feito por alguém da igreja que os incentivava a imitar o que sabiam das Escrituras. Então eles se levantavam, oravam e tomavam a ceia. E saíam para o dia de trabalho. Alguma coisa dessa ordem de culto era provavelmente baseada na liturgia das sinagogas, conhecida por muitos dos primeiros cristãos. Tudo muito simples, nada sofisticado. Tudo bem cristocêntrico e bem participativo, dirigido para a comunhão. Bem clássico. Assim era o culto de adoração da igreja primitiva.

O que é adoração?

Podemos dizer uma coisa com certeza a respeito da adoração na igreja primitiva: eles se reuniam para adorar o Jesus ressurreto com música, oração, a ceia do Senhor e ensino. Creio que manter esse retrato em mente nos ajuda a lembrar o porquê de nos reunirmos. Até mesmo a palavra adoração deve permear nosso pensamento cada vez que planejamos um culto.

Biblicamente, *adoração* é uma palavra usada de duas formas principais. *Proskuneo*, que literalmente significa "beijar na direção de", é a primeira palavra traduzida por adoração. O teólogo Charles Ryrie declara que beijar a terra era um ato para honrar as divindades da terra, assim como prostrar-se em reverência.[1] A palavra adoração em inglês, *worship*, deriva de *worthship*, que significa "atribuir valor". Na Bíblia hebraica, a palavra *hishahawah* significa literalmente "curvar-se", transmitindo a idéia de curvar-se em reverência perante a presença sagrada de Deus. A palavra grega *proskunein* é utilizada na Septuaginta para traduzir *shahah*, também com a conotação de humildade submissa e profundo respeito.[2]

A outra palavra básica traduzida por adoração na Bíblia é *latreuo*, que significa "servir ou ministrar" e transmite a idéia de que adoração também é um serviço sacerdotal e uma atividade participativa de serviço e envolvimento.

A adoração clássica é voltar à adoração original e mantê-la em mente

Fico imaginando se, no afã do planejamento criativo e do desejo de ver as pessoas desfrutando das nossas reuniões de adoração na igreja moderna, ultrapassamos os limites. Precisamos manter em mente essas definições de adoração quando formos planejar os cultos, pedindo que o Espírito nos oriente.

> Devemos desaprender nosso paradigma de avaliação programática de nossas reuniões de adoração. Devemos em primeiro lugar perguntar se Deus é verdadeiramente encontrado e adorado e se as pessoas são incentivadas a se tornar discípulas de Jesus.

Na igreja emergente, precisamos ter certeza de que olhamos para nossos cultos de adoração como reuniões aonde as pessoas

> Vivemos num mundo que está em busca de alguma coisa ou pessoa digna de ser reverenciada. A adoração — se for uma adoração verdadeira — presta reverência. Não se trata de quem somos, nem do que precisamos, mas daquele que está sendo reverenciado. E, se for uma adoração verdadeiramente cristã, ela presta reverência com especificidade não-apologética: o ser trino que criou todo o cosmos. Entrou na nossa história, tornou-se um de nós em Jesus Cristo e fluiu generosamente em amor por nós. As gerações emergentes estão mais do que nunca abertas à reverência. Como Paulo em Atos 17, a nossa tarefa na igreja emergente não é proteger as gerações pós-cristãs da necessidade de prestar reverência, que, como criaturas, elas têm (veja Romanos 1), nem protegê-las dos atos de reverência (veja 1Coríntios 14), mas redirecioná-las para o único Deus que merece a reverência dessas gerações.
>
> — SALLY MORGENTHALER

vão "atribuir valor a Deus", "beijá-lo em reverência e prostrar-se diante dele" ou "curvar-se" diante dele tanto fisicamente quanto no coração. Isso pode ser feito quando cantamos louvores a Deus (Efésios 5.19) em comunidade, quando a Palavra é ensinada, lida e usada para focar com nossa mente e coração quem Deus é, e ao honrar e relembrar Jesus, o nosso pastor (Colossenses 3.16,17). As reuniões de adoração podem também incluir a nossa participação no serviço e na ministração ao outro como ato de adoração (Marcos 10.43-45; Tiago 5.16).

Em nossas discussões sobre igreja emergente, é um equívoco nos concentrarmos mais nas artes, na criação de fluxo orgânico e na inclusão de elementos experienciais, quando deveríamos estar perguntando se a reunião está criando um ambiente onde as pessoas adoram a Deus. Devemos sempre nos perguntar como qualquer elemento interativo leva as pessoas a adorar mais a Deus. Esse ambiente e o que estamos fazendo permitem que nossa adoração seja mais intensa?

Se você é parte de uma equipe que avalia os cultos de adoração, como fundamenta as suas avaliações? Você de imediato discute a música, o vídeo ou a duração da mensagem? Ou pergunta: "As pessoas encontraram Deus aqui neste lugar? Jesus foi honrado e exaltado? O que ensinamos as pessoas a pensar ao saírem? Elas dizem 'Gostei disso e daquilo' e 'A mensagem foi boa', ou estão pensando: 'Hoje tive um encontro com Deus' e 'Hoje me tornei um pouco mais discípulo de Jesus'?". A igreja emergente deve valorizar muito mais a adoração que a qualidade da programação ou dos "produtos e serviços" que oferece.

Para quem é o culto de adoração? Para crentes ou não-crentes?

Uma questão que já foi muito debatida com o surgimento da igreja de estilo sensível-ao-interessado é se o culto é para crentes ou para não-crentes. Mas essa não é uma questão relevante para a igreja emergente, considerando que, dentro dessa cultura, as coisas que as igrejas de estilo sensível-ao-interessado eliminaram são exatamente as coisas que os não-crentes desejam experimentar quando vão a um culto de adoração. Assim, não creio que haverá muita polêmica sobre a volta de todos os elementos espirituais e sobre o aprofundamento do ensino! As reuniões de adoração clássicas são para crentes que adoram o nosso Deus em plenitude e são instruídos, preparados e encorajados até mesmo com mais profundidade que antes. Essa mesma reunião de adoração espiritual e experiencial pode ser um lugar aonde os não-crentes podem ir, ter uma experiência com Deus e aprender em primeira mão sobre crenças e costumes dos cristãos.

Já ouvi alguém dizer que uma reunião de adoração não é lugar para quem não é crente, pois não se pode adorar um Deus que não se conhece. Eu discordo desse pensamento. Por quê? Por uma única razão: vemos não-crentes comparecendo às reuniões de adoração da igreja primitiva. Sally Morgenthaler, em seu livro *Worship Evangelism* [Evangelismo pela adoração], escreve: "Em nenhum lugar as Escrituras dizem que as pessoas interessadas não podem participar do momento de adoração. Em nenhum lugar elas dizem que essas pessoas não podem ser tocadas ao observar a interação de Deus com os crentes. Pelo contrário, adoração e evangelismo estão visivelmente ligados em todo o Antigo Testamento e também no Novo".[3] Por todo o Antigo Testamento, o povo de Deus era encorajado a declarar publicamente a glória de Deus entre as nações pagãs (Isaías 66.19). Moisés deu instruções no tabernáculo sobre como lidar com os não-israelitas que estavam presentes durante a adoração (Números 15.14). No Novo Testamento, incrédulos estavam geralmente presentes nas reuniões da igreja, tanto que Paulo teve de ensinar os crentes a explicar sua teologia e seus costumes aos incrédulos entre eles. Na verdade, o objetivo é que o incrédulo seja "... convencido de que é pecador e por todos será julgado, e os segredos do seu coração serão expostos. Assim, ele se prostrará, rosto em terra, e adorará a Deus, exclamando: 'Deus realmente está entre vocês!' " (1Coríntios 14.24,25).

> Corretíssimo! Adoração é um testemunho! Incrédulos podem observar a alegria que sentimos. Eles podem ver como valorizamos a Palavra de Deus e como reagimos a ela. Podem ouvir como a Bíblia responde aos problemas e às questões da vida. Podem observar como a adoração dá ânimo, fortalece e nos transforma. Podem sentir quando Deus está se movendo de forma sobrenatural num culto, embora não consigam explicar essas coisas.
>
> — RICK WARREN

> Amém, Dan! Quanto menos vergonha você tiver do evangelho, mais Deus abençoará o que você ensina sobre esse evangelho.
> — RICK WARREN

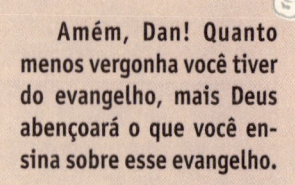

Adorando de verdade numa reunião de adoração

À medida que digito essas palavras das Escrituras, o meu coração realmente começa a bater mais acelerado, porque é assim que realmente penso que a igreja emergente deve ser. Devemos voltar para uma forma de adoração sem limites e ensinar isso para que, quando nos reunirmos, não exista dúvida de que estamos na presença de um Deus santo. Creio que tanto crentes quanto não-crentes nessa cultura emergente estão faminitos por isso. Não se trata de apologética inteligente, pregação expositiva e exegética cautelosa nem de ótimas bandas de louvor. Trata-se de crentes em Jesus dobrando seus joelhos em adoração, realmente levando a fé a sério, até mesmo em arrependimento público por meio da oração. Trata-se do Espírito de Deus como claro participante em nosso meio quando as Sagradas Escrituras são lidas. Isso é o que atrai as pessoas da cultura emergente. Não precisamos mais nos desculpar por aquilo que fazemos. Sim, devemos explicar o que fazemos e ensinar com clareza. Mas desculpar-nos? Não. As gerações emergentes estão com sede de experimentar a Deus por meio da adoração.

Pensamentos emergentes

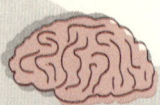

1. Você já refletiu sobre como a igreja primitiva se reunia e se era diferente ou não do que fazemos hoje? Considerando a breve descrição das reuniões da igreja primitiva apresentada neste capítulo, existem elementos ausentes na sua igreja?
2. Como a liderança avalia os cultos ou reuniões de adoração? Pela qualidade da programação, ou pelo grau em que acontece a verdadeira adoração e pelo nível de maturidade que as pessoas alcançam como discípulas de Jesus?

Capítulo 11

O culto sensível-ao-interessado e a reunião de adoração pós-sensível-ao-interessado

> **Nenhuma igreja é capaz de alcançar a todos. Precisamos de todos os tipos de igreja para alcançar todos os tipos de pessoas.**
>
> — Rick Warren, *Uma igreja com propósitos*

Durante uma viagem missionária que fiz ao México, fui a uma reunião de adoração. Mais de 200 pessoas abarrotavam um local construído para comportar metade daquele número. Fazia mais de 30 graus lá fora e uns 40 dentro daquele santuário lotado. Era a minha primeira reunião mexicana de adoração e eu não conseguia parar de pensar nas diferenças importantes entre os valores e a metodologia daquela congregação e os de uma típica igreja americana de bairro.

Para início de conversa, o ritmo da música de adoração ia contra o meu ritmo natural. Na verdade eu estava muito irritado com aquilo. E as canções eram longas demais, o que também me irritou. Eles tinham trombetas na banda de louvor, e o som daquilo era lancinante e, na minha opinião, desafinado. Notei que as pessoas, na verdade, não cantavam em sincronia com o líder do louvor, o que me causava muita frustração. E, a certa altura, tivemos de manter uma das mãos para cima, num exercício de oração. Pessoalmente eu não tinha nenhuma intenção de fazer aquilo, mas, para todos ao meu redor, orar em adoração daquela maneira parecia algo plenamente normal.

Ficamos ali de pé durante um tempo que me pareceu uma eternidade; o calor intenso parecia prolongar mais ainda tudo aquilo. A primeira pessoa a pregar foi uma mulher; ela chegou e começou a falar. Depois de uma mensagem de quarenta minutos, cantamos de novo. Pensei que a reunião tinha acabado, mas eu estava enganado. A segunda pessoa chegou para pregar (dessa vez um homem), saindo de uma sala qualquer, e apresentou outra mensagem, quase tão longa quanto a primeira. O culto teve quase três horas de duração! Enquanto eu estava ali, incapaz de compreender o idioma e incrivelmente entediado, comecei a fazer muitas críticas (caso você ainda não tenha percebido). Notei que o planejamento do culto havia sido muito pobre e pensei sobre as coisas que eles poderiam fazer de outro modo. Se eu fosse o pastor daquela igreja, pensei, as coisas seriam bem diferentes.

Mas de repente uma forte convicção me sobreveio. Comecei a notar que não tinha visto uma pessoa sequer (exceto alguns jovens do meu grupo) sair durante o culto. Apesar do lugar apertado e do calor, não vi ninguém matando o tempo, ninguém com aparência de tédio nem olhando para o relógio. As pessoas estavam louvando a Deus e aprendendo pela Bíblia; o culto era feito sob medida para aquelas pessoas. Na verdade, a cidade não era muito grande; por isso, conseguir levar 200 pessoas para lá significava que Deus estava agindo mesmo. É claro que aquela forma de adoração era drasticamente diferente da minha; eu não moro com aquele povo e não penso como ele. Mas seu pastor e os líderes vivem ali e pensam como eles; então, criaram uma reunião que se encaixava perfeitamente com aquela congregação.

Não há só um formato de adoração

Essa experiência fornece um ótimo exemplo sobre como devemos pensar quando preparamos as reuniões de adoração para a cultura emergente. Rick Warren declara que "conhecer os dados demográficos de sua cidade é importante, mas muito mais importante é entender a cultura dessa cidade... eu uso a palavra cultura para me referir ao estilo de vida e à mentalidade dos que moram onde a igreja se acha estabelecida".[1]

É exatamente isso. Infelizmente, é sempre um desafio ajudar os outros a compreender essa idéia. Basta falar em mudar o jeito que as coisas são feitas nos Estados Unidos, e logo surge resistência, em especial de pastores ou líderes mais velhos que cresceram apegados a determinada forma de fazer as coisas. Se o assunto for a necessidade de formas específicas de adoração no contexto de missões transculturais, não haverá nenhuma discussão. Você se recorda de que os métodos e abordagens ministeriais de Hudson Taylor na China não foram compreendidos por seus superiores britânicos? Na verdade, eles ficaram muito contrariados, porque ele queria mudar o modo de fazer as coisas com o qual estavam acostumados. Mas, como havia entendido a nova cultura e a nova visão de mundo, ele fez as mudanças adequadas àquelas pessoas. Eu o desafio a observar sua igreja no próximo domingo. Se não vir fileira após fileira de rostos de jovens que não cresceram na igreja, você provavelmente precisará reconsiderar sua abordagem e fazer algumas mudanças.

Na igreja emergente, podemos não cantar com o mesmo ritmo que as gerações passadas cantavam. Talvez nossas pregações sejam diferentes. Nossas reuniões de adoração podem ter um estilo próprio, assim como o ritmo e os horários. Podemos fazer coisas que não pareçam naturais e ordeiras. Podemos preferir a escuridão à luz. Podemos desejar tempos de silêncio e reflexão, talvez um pouco mais de expressões artísticas e imagens. Poderemos contar com isso somente se nossa abordagem ministerial for uma reação verdadeira a uma nova mentalidade.

> Quando preparamos as reuniões de adoração para a igreja emergente, tudo o que fazemos deve ter Jesus como o centro para exaltarmos seu nome. Nunca venhamos a permitir que o estilo de um culto criativo acabe sutilmente colocando Jesus de lado.

Reunião de adoração orgânica ou linear?

Pensadores modernos preferem as coisas ordenadas e sistemáticas porque eles aprendem de um modo lógico e progressivo. Eles preferem, em geral, sentar e escutar. As gerações emergentes pós-cristãs, por outro lado, desejam *experimentar* um Deus transcendente durante a reunião de adoração e não simplesmente aprender sobre ele. Elas querem fluidez e liberdade em lugar de uma programação rígida. Querem ver expressões artísticas e um quê de mistério nas reuniões de adoração, não ênfase em profissionalismo e excelência. Isso irá configurar como se deve planejar uma reunião de adoração.

Essa abordagem orgânica poderia ser chamada reunião de adoração de "fé clássica". Ela repercute mais numa cultura pós-sensível-ao-interessado e realmente volta a um modo de expressão mais *clássico* da *fé* durante a adoração, como os crentes têm feito em toda a história da igreja. A partir de agora usarei a expressão fé clássica para me referir a essa abordagem.

Vamos comparar esses dois tipos de reunião: uma reunião de adoração moderna e sensível-ao-interessado e uma reunião de adoração mais orgânica voltada para uma cultura emergente pós-interessado.

Abordagem moderna linear

Tudo gira em torno da mensagem e conduz a ela, pois é o foco e o elemento central do culto.

- Momento de adoração
- Anúncios
- Peça teatral ou vídeo
- Mensagem
- Música de encerramento

Planejamento de um culto mais no estilo moderno e linear

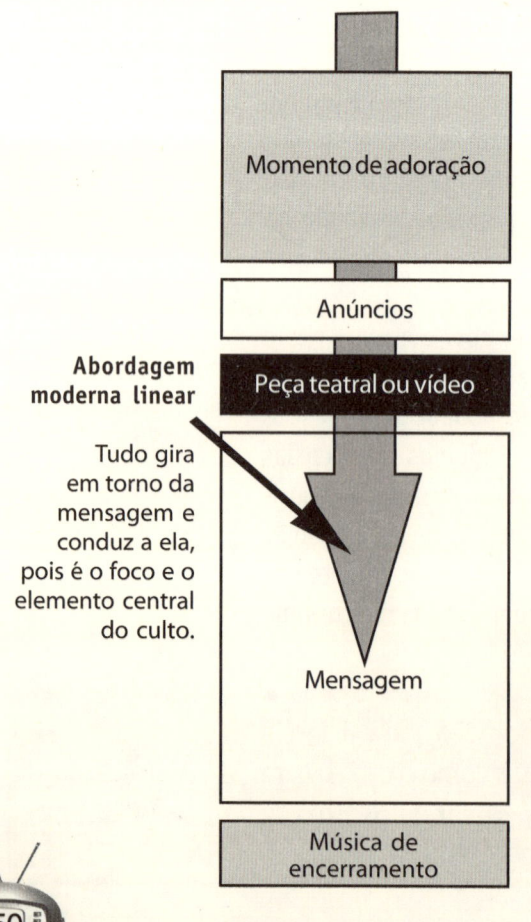

Os cultos modernos e de estilo sensível-ao-interessado são tipicamente voltados para os valores de excelência, profissionalismo e relevância, em reação a uma igreja amadora, descuidada, insensível e irrelevante encontrada em tantos lugares. É claro que a intenção é honrar a Deus e criar uma experiência de adoração na igreja que não esteja desconectada da cultura e da tecnologia, para não pôr um obstáculo a um ministério eficiente.

Para as pessoas com mentalidade moderna, é exatamente isso que é necessário e tem valor; é claro, grandes coisas ocorreram como resultado dessa ênfase. Entre outras coisas, isso implicava uma forma mais linear de comunicação. Um culto de adoração típico consistia em algumas músicas de louvor como abertura, alguns anúncios relacionados com as atividades da igreja, depois uma peça teatral, um videoclipe ou uma música especial, e tudo isso servia de preparação para o ponto central do culto de adoração — a mensagem pregada. A pregação no culto de adoração moderno é claramente a peça central. Experimentar a Deus, quer proclamemos isso, quer não, acontece basicamente pela pregação. Em muitos cultos de estilo sensível-ao-interessado, a adoração comunitária através da música foi eliminada por completo, aumentando mais ainda o tempo de ensino.

Mas as pessoas com uma mentalidade pós-cristã não compartilham desses valores modernos. Elas não estão interessadas numa reunião de adoração programada e que transcorra em tranqüilidade, mas, sim, numa reunião que clame por uma ligação espiritual mais pura e mais clássica.

> Não devemos ter receio de admitir que a forma atual dos cultos de adoração modernos não cria um ponto de contato com as gerações emergentes. Não devemos ter receio, nem ser muito orgulhosos, de permitir que essas gerações criem novas formas de adoração.

Planejando uma reunião de adoração mais orgânica

Numa abordagem de reunião de adoração mais orgânica, mais primitiva, o tema bíblico está presente em toda a reunião. Esse tema, que nos insere na história de Deus, de que ele está se movendo no decorrer da história e em nossa vida hoje, é o ponto central da reunião, em lugar de uma centralização na mensagem pregada. Na elaboração da maioria dos cultos de adoração

Abordagem orgânica de fé clássica

O tema experiencial percorre toda a reunião como foco e elemento central.

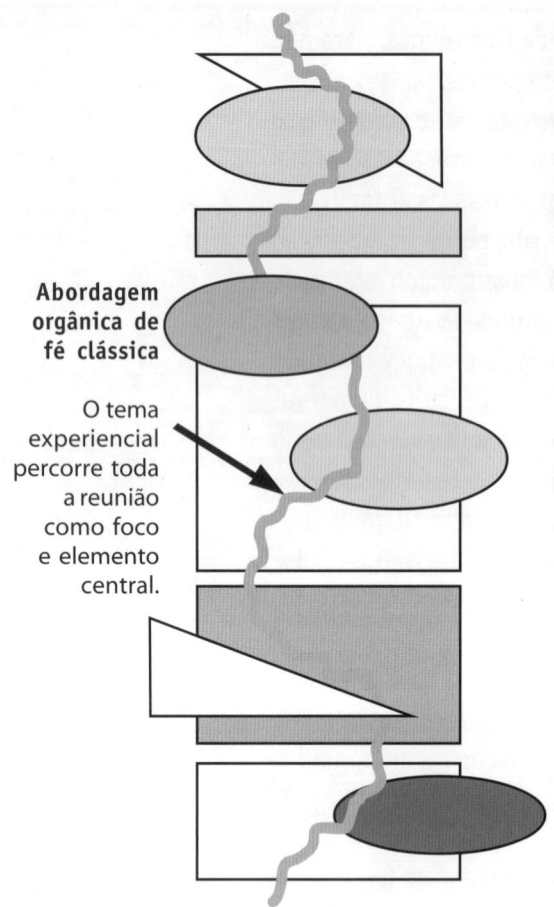

modernos, a parte destinada ao ensino (pregação) geralmente é a parte em que esperamos que Deus atue. Numa reunião de adoração orgânica, porém, o ensino começa pela entrada das pessoas e continua por todos os elementos no decorrer de toda a reunião.

A reunião funciona em grande parte com fluxo e refluxo e, de modo geral, é mais interativa e participativa do que um evento simplesmente freqüentado e consumido. É caracterizado pela fluidez e não pelos passos e estágios progressivos; é mais artístico que delineado. O formato visual do ensino bíblico é tão importante quanto a palavra falada. É claro que ainda assim existe a necessidade de preparação e planejamento; as transições devem ser pensadas e analisadas, as músicas de adoração devem ser previamente selecionadas. Na verdade, a necessidade de tal organização é ainda maior devido à complexidade desse tipo de reunião. A diferença está nos valores e na estrutura. Numa reunião de adoração projetada para ser orgânica e de fé clássica, a intenção é que o tema flua pelo evento através de múltiplas experiências, muitas maneiras de participar da mensagem como comunidade e múltiplas oportunidades para o Espírito ministrar aos que estão oprimidos e convencer os que estão em pecado. Nos próximos dois capítulos, daremos diversos exemplos de várias experiências de adoração e de elementos de adoração. Para ver um *layout* de uma reunião de adoração de fé clássica que acontece em nosso contexto local, consulte o Apêndice A. Isso dará a você uma idéia de como projetamos uma reunião de adoração para algumas centenas de pessoas.

O objetivo é sair de um modelo voltado para o consumo e do tipo "sente-se e observe" para uma reunião mais clássica, participativa e orientada para a comunidade, que nos conduz a experimentar a Deus de um modo transcendente. Não apenas *ter dados* sobre ele (o que, na verdade, é muito importante), mas *experienciá-lo* também.

Reconheço que há igrejas emergentes que não põem muita ênfase nas reuniões de adoração. Reuniões menores provavelmente não exigem um planejamento tão detalhado. Contudo, à medida que a reunião cresce, acaba atingindo um ponto em que será necessária uma atenção maior ao *layout* e ao planejamento.

Esquecer-se do Espírito: um perigo para ambos os modelos

Qualquer que seja a abordagem do planejamento, uma reunião de adoração pode perder sua eficácia se depender demais da programação e da técnica. Apesar das boas intenções, uma produção de qualidade e elementos experienciais multissensoriais podem, sorrateiramente, se transformar nos valores principais, e podemos perder a visão daquilo que é mais importante. Jim Cymbala, em seu livro *Fé renovada*,* faz um importante lembrete, independentemente de estarmos planejando uma reunião de adoração orgânica ou linear: "Os pastores hoje dirigem cultos tão controlados que não há lugar para a atuação espontânea do Espírito Santo. As reuniões são programadas em detalhes minuto a minuto. As músicas selecionadas são sacramentadas dias antes. Não há como Deus guiar alguém para outra direção — muito menos durante o culto. O que importa é que sejamos "suaves" e "agradáveis". O que mais valorizamos é a grande organização e o desempenho de todo o conjunto de ações".²

Quem realmente planeja nossa reunião de adoração

Estou partindo da premissa de que todos nós, ao planejarmos nossas reuniões de adoração, gastamos tempo de joelhos, pedindo a Deus que nos mostre o que fazer. Pedindo que o seu Espírito se

> Quer nossa abordagem de fluxo do culto seja orgânica, quer seja linear, precisaremos olhar para a natureza histórica e reveladora da arte: imagética, poética, narrativa, musical, corporal, com as devidas combinações. Antes da imprensa, as pessoas "liam" as histórias das Escrituras nas paredes das catacumbas, nos vitrais, nas esculturas, nas atuações teatrais, nos cânticos, nos motetos, nas cantatas. Do século nono em diante, compositores populares envolveram a grande massa com a música. Não podemos nos esquecer disso em nosso planejamento de um culto de adoração.
>
> — SALLY MORGENTHALER

---

* Publicado no Brasil pela Editora Vida. [N. do T.]

mova em nós para podermos criar uma reunião que o honre e cumpra os seus propósitos. Este livro não é um estudo sobre o papel do Espírito na adoração, mas eu não posso encerrar este capítulo sem o lembrete de que não estamos apenas montando uma programação. A reunião de adoração que você planeja toda semana é um evento santo. Nunca podemos nos esquecer do papel do Espírito como quem realmente o planeja, aquele que convence e muda. Seria ótimo se déssemos atenção ao alerta de Cymbala.

Senhor, seja qual for a abordagem que usarmos em nossos cultos de adoração, que jamais encaremos essa tarefa como um simples planejamento. Senhor, que nunca depositemos nossa confiança na capacidade humana ou na criatividade artística como substitutos daquilo que apenas o Espírito pode realizar. Jesus, por favor, ajude-nos a descobrir como pensar e criar reuniões para as pessoas que foram compradas com seu sangue e cujo cuidado nos foi confiado. Que sempre possamos honrá-lo e tê-lo no centro de nosso culto de adoração, seja ele moderno, contemporâneo, sensível-ao-interessado ou pós-sensível-ao-interessado.

Pensamentos emergentes

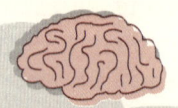

1. Tendo em mente a analogia do culto de adoração no México, por que algumas pessoas com mentalidade moderna não se sentem à vontade com os métodos do ministério da igreja emergente?
2. A sua reunião de adoração tem uma inclinação maior para uma abordagem moderna linear ou para uma abordagem orgânica e de fé clássica? Explique.
3. O que mais o preocupa numa eventual mudança para uma abordagem mais orgânica? Com o que você se empolga?
4. Como você pode ter certeza de que no planejamento de uma reunião de adoração você está depositando sua confiança no Espírito e não apenas na metodologia humana?

Capítulo 12

Vencendo o temor do ensino e da adoração multissensoriais

> "O que era desde o princípio, o que ouvimos, o que vimos com os nossos olhos, o que contemplamos e as nossas mãos apalparam — isto proclamamos a respeito da Palavra da vida.
>
> — 1João 1.1

"Dan, porque você usa incenso? Não estou bem certo se gosto de caminhar pelos cantos de oração com todos aqueles objetos decorativos; por que não podemos orar do nosso assento? Por que você não prega somente sobre a Bíblia? Não me senti muito à vontade naqueles momentos de silêncio e acho que o ambiente está um pouco escuro para mim". Esses são os comentários gentis e preocupados de um homem muito querido com cerca de 70 anos de idade que veio a um de nossos encontros de adoração de fé clássica. Ele passou a maior parte da vida em uma cultura de igreja batista. Para ele, um culto de adoração se resume a quatro cânticos seguidos por uma pregação da Bíblia. Ele nunca teve muita experiência com elementos multissensoriais em um culto. Compreendo completamente as suas preocupações. A sua experiência foi moldada e formada pela modernidade e pela Reforma. Mas precisamos repensar a legitimidade da utilização dos sentidos na adoração, não somente porque as Escrituras são muito claras em afirmar que adoração envolve mais do que apenas a audição, mas também porque as gerações emergentes desejam uma experiência de adoração multissensorial.

João 1.1 nos diz que no princípio era aquele que é a Palavra. Ele estava com Deus, e era Deus. Jesus era a Palavra, não a Palavra que se transformou em fatos ou em conhecimento, mas a Palavra que se tornou carne (João 1.14). A Palavra tornou-se tridimensional, é viva, respira, é capaz de ouvir, ver e tocar. A própria Palavra comeu, bebeu, sentiu o gosto, sentiu cheiros e emoções. As Escrituras apresentam uma Palavra multissensorial, multidimensional, mas alguns evangélicos na igreja moderna reduziram Jesus a meras palavras e fatos que devem ser aprendidos.

A igreja moderna (em particular a igreja teologicamente conservadora e sensível-ao-interessado) tem se esquecido dos aspectos multissensoriais de quem é Deus e das dimensões multissensoriais da adoração.

Deus nos criou como seres multissensoriais

Deus nos fez criaturas multissensoriais e escolheu revelar-se a nós através de nossos sentidos. Portanto, é natural que o adoremos usando todos os nossos sentidos. A adoração no templo em Jerusalém era muito mais do que apenas ouvir as palavras de um sermão. Todos os sentidos eram envolvidos. Os aromas do incenso e dos sacrifícios podiam ser sentidos, os cânticos e as trombetas do templo podiam ser ouvidos, a arquitetura transcendente de pilastras imponentes e grandes jardins podiam ser vistos. Até mesmo a textura e as cores do vestuário sacerdotal comunicavam aspectos específicos sobre Deus e sobre sua aliança com Israel.

Por que a nossa adoração não pode envolver mais dos nossos sentidos do que o permitido pelo culto de adoração moderno e contemporâneo? O que as Escrituras dizem sobre a adoração multissensorial?

Olfato. Por todo o Antigo Testamento, o uso do incenso era comum na adoração (Êxodo 25.6; Malaquias 1.11). No Novo Testamento, vemos os reis magos presenteando Jesus com elementos multissensoriais (Mateus 2.11). Filipenses 4.18 se refere a ofertas que eram "de aroma suave [...] agradável a Deus". Até mesmo a própria igreja deve ser, de forma metafórica, a "fragrância do seu conhecimento [...] o aroma de Cristo" (2Coríntios 2.14,15). O incenso é usado na adoração descrita em Apocalipse 8.4.

Periodicamente a oferta é recebida em estações onde o incenso é aceso para, de forma simbólica, demonstrar que a oferta de dinheiro é uma maneira direta de apresentar um sacrifício de adoração perante o trono de Deus (Apocalipse 5.8).

Tato. Também sabemos que na adoração o sentido do tato estava presente em todas as formas e práticas de louvor. Eles impunham as mãos sobre os outros quando oravam (Atos 6.6), batiam palmas (Salmos 47.1), sentiam a água quando eram batizados (Atos 8.38) e tocavam o pão na comunhão da ceia (1Coríntios 11.23,24).

Paladar. O sentido do paladar é mencionado com freqüência nas Escrituras. Salmos 34.8 diz: "Provem, e vejam como o S%%NHOR é bom". Salmos 119.103 diz: "Como são doces para o meu paladar as suas palavras! Mais que o mel para a minha boca!". O comer do pão e o beber do vinho ocorrem na comunhão da ceia (1Coríntios 11.23-26). Em Apocalipse 10.10, João escreve: "Peguei o livrinho da mão do anjo e o comi. Ele me pareceu doce como mel em minha boca; mas, ao comê-lo, senti que o meu estômago ficou amargo".

Audição. A música estava presente na adoração, e todos os tipos de louvor e de instrumentos musicais eram empregados (Salmos 150). Jesus cantou com seus discípulos (Mateus 26.30). As Escrituras eram pregadas às multidões (Atos 2.14).

Deus criou os sentidos; então por que não podemos usá-los?

— H%%OWARD H%%ENDRICKS

Visão. Por toda a Bíblia vemos uma grande ênfase no aspecto visual na adoração. Deus valorizava o belo visual da adoração no tabernáculo (Êxodo 25.3-7; 26.1,2) e no templo (1Reis 6.29,30) onde vemos descrições detalhadas de cores, texturas e *design*.

Veja o envolvimento dos sentidos na adoração no quadro abaixo.[1]

Envolvimento dos Sentidos	Monte Sinai (Êxodo 19)	A Visão de Isaías no Templo (Isaías 6)	A Última Ceia (Mateus 26)	Adoração Celestial (Apocalipse 4;5;19)
Audição	Trovão Toque da trombeta Voz de Deus	Voz de Deus Querubins cantando	Voz de Jesus Cantando junto	Anjos e hostes celestiais cantando Relâmpagos
Visão	Relâmpagos Nuvem de Glória	Senhor assentado no trono Querubins de seis asas Templo cheio de fumaça	Pão, taça Presença encarnada de Cristo	Jesus em um Trono Arco-Íris Quatro criaturas viventes Seres angelicais Descrição de imagens poderosas
Tato	Terremoto	Lábios tocados com brasa viva	Discípulos aprendendo uns com os outros Pão e Vinho na boca	Coroas lançadas Prostrados ao chão
Olfato	Fumaça e fogo no ar	Cheiro de fumaça	Aroma do vinho, do pão e da refeição	Taças de ouro com incenso
Paladar		Brasa na boca	O comer do pão e o beber do vinho	Banquete de casamento do Cordeiro

> Deus se comunicava de um modo multissensorial e recebia adoração multissensorial. Na igreja emergente, devemos reproduzir essa abordagem holística multissensorial da adoração, uma abordagem bíblica.

Deus usa o ensino multissensorial

Nas Escrituras, de Gênesis até Apocalipse, vemos a presença não apenas da adoração multissensorial, mas também do ensino multissensorial. Deus usa lições objetivas, eventos miraculosos e demonstrações sobrenaturais de seu poder para ajudar as pessoas a aprender sobre ele e a reagir em adoração. Ele não falou apenas; manifestou-se em uma sarça ardente. Ele não apenas ditou a lei; escreveu-a com os próprios dedos. Ele não apenas guiou Israel pelo deserto; guiou o povo com uma coluna de fogo e uma coluna de fumaça. Jesus não apenas curou o cego; fez lama com a saliva e a aplicou sobre as pálpebras dele.

Os profetas de Deus faziam coisas incomuns para comunicar a verdade com algo mais do que apenas palavras. Isaías andou nu ao redor da cidade por três anos; Ezequiel, no final da vida, permaneceu deitado de lado por semanas, construindo cidades de argila em miniatura. Jeremias carregava consigo frutas podres. Mesmo que as pessoas se recusassem a obedecer às instruções dos profetas, elas certamente jamais se esqueciam do que tinham ouvido, visto e cheirado. Tanto o ensino quanto a adoração podem ser multissensoriais, como Deus demonstra com clareza.

Agora podemos seguir em frente...

Precisei tratar dessa questão da adoração multissensorial porque os próximos capítulos farão muitas menções do ensino e da adoração multissensoriais e experienciais. Iremos discutir os diversos modos para incorporar a audição, a visão, o olfato e o tato às reuniões de adoração com o objetivo de ampliar a forma que adoramos a Deus. Não se trata de apenas truques inteligentes ou novas idéias da moda. São formas antigas de adoração demonstradas por toda a Bíblia.

O perigo, claro, é focar em demasia a experiência e ensinar as pessoas a reagir apenas com os sentimentos e pelas emoções. O objetivo não é manipular as emoções das pessoas através das experiências ou da pregação ou do uso de elementos multissensoriais. Precisamos de discernimento. Creio que quanto mais a igreja emergente empregar ensino e adoração multissensoriais, mais forte e mais profundo será o uso das Escrituras. Nós, líderes, precisamos nos certificar de que estamos usando as Escrituras para orientar e ensinar enquanto adoramos. Isso irá colocar Jesus cada vez mais no centro de nossa reunião de adoração, em vez de afastá-lo! Veremos mais sobre esse assunto nos próximos capítulos. Mas agora vamos dar uma olhada, de forma criativa, para as reuniões de adoração.

Pensamentos emergentes

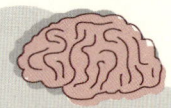

1. Você já pensou no fato de que adoração e comunicação multissensoriais são realmente bíblicas? Por que não ouvimos falar muito sobre esse assunto? Existem outros exemplos bíblicos que você conhece?
2. Enumere alguns benefícios da utilização da adoração multissensorial. Quais são os perigos e as precauções que devemos levar em conta?
3. Será que os que se encontram em cargos de liderança precisam avaliar como definem adoração e talvez redefini-la?

Capítulo 13
Criando um espaço sagrado para a adoração clássica

> "Uma condição essencial de qualquer culto religioso tradicional é que o espaço onde ele é conduzido contenha alguma medida do sagrado... Se as pessoas presentes não estiverem imersas numa aura de mistério e simbolismo do outro mundo, então dificilmente poderão chegar a um estado emocional necessário a uma experiência religiosa incomum.
> — Neil Postman, *Amusing Ourselves to Death* [Divertindo-nos até a morte]

Neil Postman, em seu interessante livro *Amusing Ourselves to Death* [Divertindo-nos até a morte], alerta-nos sobre o fato de que a televisão e a mídia estão imbecilizando nossa capacidade de pensar e processar a verdade. Postman nos avisa que a própria religião está perdendo a sua transcendência e sua reverência à medida que adentramos uma era de comunicação da fé via mídia. Ele alega que esquecemos a importância da criação de um espaço sagrado de adoração. Sei que podemos adorar a qualquer momento e não precisamos de nenhum ambiente

---

sagrado

adj. associado com ou dedicado a Deus ou a um deus, ou considerado com reverência em razão disso.[1]

> Eu não seria tão duro com as igrejas grandes e planas que se parecem com um Wal-Mart. Geralmente é uma questão da economia atual, e não um desdém pela beleza. Hoje, ninguém consegue financiar a construção de uma catedral gótica. Muitas congregações pós-modernas jovens que estão se instalando em antigas catedrais jamais conseguiriam bancar a construção de uma!
>
> Pergunta: Gastar milhões de dólares a mais por uma catedral de pedras é o melhor uso do dinheiro de Deus quando existem milhões de pessoas que ainda não ouviram o evangelho? Lembre-se, o templo foi idéia do homem, não de Deus. Deus estava satisfeito com o tabernáculo portátil.
>
> Infelizmente, muitos que desejam retornar para a "fé antiga" não querem retornar tanto assim. Eles apenas desejam voltar à arquitetura e aos rituais da era das trevas, quando a igreja passou por seu período de menor crescimento e de menos missões. A minha oração é que possamos ir de volta ao Novo Testamento, ao tempo em que eles usavam os lares, nem Wal-Marts nem catedrais. *Isso é fé clássica!*
>
> — RICK WARREN

especial. Mas quando se trata do nosso local de adoração, a questão levantada por Postman é válida.

Nos capítulos a seguir, iremos falar sobre diversos aspectos da elaboração e do planejamento de uma reunião de adoração. Como uma das primeiras coisas que as pessoas experimentam quando vão a uma reunião de adoração é o espaço físico, vamos começar por ele.

Espaço sagrado: a importância da estética e do ambiente

Quando pela primeira vez pensamos numa reunião de adoração para as gerações emergentes na Santa Cruz Bible Church, peguei um grupo heterogêneo de crentes e não-crentes na faixa dos 20 anos e levei a um culto de adoração contemporâneo e sensível-ao-interessado. Escolhemos ir a um culto direcionado para um público mais jovem. Depois, nos reunimos, como se fôssemos um *focus group*, e os ouvi falar sobre a experiência. Foi um momento memorável de descobertas. O interessante é que a maioria dos primeiros comentários foi sobre as experiências *visuais*. Vamos analisar esses comentários juntos e você poderá refletir como eles se relacionam com seu contexto. Lembre-se, os comentários foram gerados com base em um culto de adoração contemporâneo e sensível-ao-interessado que estava tendo bons resultados no contato com pessoas que considero ter uma mentalidade moderna.

"Aquilo não parecia uma igreja; parecia um Wal-Mart".

Esse comentário me pegou despreparado. Um Wal-Mart? Era um prédio novo com equipamento de última geração, ótima iluminação, lindas telas de projeção e com uma arquitetura contemporânea. Muitos pastores adorariam ter um centro de adoração como aquele. Mas os meus amigos do "*focus group*" disseram que as instalações tinham um ar de igreja que pertencia a uma rede, algo meio corporativo e sem espiritualidade.

Então perguntei o que eles gostariam de ver em um prédio de igreja. "Uma arquitetura que demonstre respeito por Deus" foi uma das respostas. "Eu gosto de igrejas como as que vi quando estive na Europa". "As catedrais góticas são bem legais", disse uma pessoa. As gerações emergentes são, sem dúvida, atraídas para a arquitetura e para uma atmosfera que demonstrem que algo realmente espiritual está acontecendo. Surpreendi-me pela importância que elas dão a isso. O que você acha que eles diriam do espaço de adoração de sua igreja?

Examine a sua igreja através dos olhos de alguém que pertença à cultura emergente e redecore-a. Forme uma equipe de adolescentes, jovens e pessoas que você ache que tenham uma mentalidade pós-moderna. Peça opiniões dos não-crentes sobre como decorar um espaço sagrado que se relacione com eles e com seus pares.

Embora as reuniões de adoração que dirijo atualmente aconteçam em um prédio moderno e contemporâneo, queremos que ele tenha um clima de fé clássica. Sabemos que não é possível nos reunir numa catedral gótica, mas podemos, com criatividade e custo baixo, produzir uma sensação do antigo em um local contemporâneo. Começamos comprando cortinas pretas de três metros de altura como as que se vêem nas feiras de negócios. Toda semana nós as colocamos em forma de arco em volta das bordas das cadeiras. Nas cortinas colocamos os trabalhos artísticos das pessoas da comunidade. Vi igrejas que penduram lençóis como divisores para criar um espaço mais íntimo. Não precisa ser nada caro. Quando criar um espaço sagrado é o que valorizamos, o custo não precisa ser um obstáculo, e a criatividade pode solucionar muitos problemas.

Como nós queríamos que as pessoas tivessem uma experiência visual no momento que entrassem no salão, a primeira coisa que elas vêem é uma mesa, atrás da qual fica alguém que as recebe e responde a eventuais perguntas. A mesa é decorada com veludo e tapeçarias e ao fundo ficam algumas peças de arte. Espalhadas pela mesa há algumas cruzes celtas e algumas velas. A equipe voluntária responsável por nossa decoração é liderada por uma

> Chega a ser uma ironia e também importante que, à medida que gastamos cada vez mais tempo com realidade virtual, levemos a "realidade verdadeira" mais a sério (não menos). Damos mais importância a estética, ambiência, qualidade, história, cores, sensações, e singularidades em nossos arredores físicos. Creio que quanto mais tempo gastamos com realidade virtual — on-line, em cinemas, olhando para telas de todos os tipos, até mesmo mantendo a mente nos livros (que são apenas uma forma menos tecnológica de realidade virtual, não acha?) — mais tempo precisamos para descompressão, desfragmentação e depuração como seres humanos com corpo e sentidos, no tempo e no espaço — em lugares reais, lugares com um toque, com gravidade, com atmosfera real. É claro, a criação de Deus é a esfera suprema de "realidade real", mas as nossas igrejas deveriam ser santuários maravilhosos e em harmonia com a criação divina.
>
> — Brian McLaren

artista que descobriu maneiras de incorporar textura, luz, tecido e diversos materiais incomuns em todo o salão a um custo baixo. Eles têm orgulho do que fazem e vêem esse trabalho como ministério ao projetar e decorar o espaço sagrado.

Já usamos até objetos de antigas peças teatrais de Páscoa. Colunas romanas dão a sensação de que algo antigo está sendo discutido naquele lugar. Lembre-se, a questão não é simplesmente dar essa aparência, mas fazer algo que ajude a transmitir a verdade de que o cristianismo não é uma religião moderna. Pessoalmente, adoraria ter essas reuniões numa catedral medieval com bancos — mas com bancos estofados e aquecimento central no santuário!

Queremos que a estética proclame quem somos e por que estamos ali no momento em que a pessoa entrar. Se você subir as escadas que levam para o local de reunião na Solomon's Porch [Pórtico de Salomão], uma igreja emergente em Minneapolis, ficará instantaneamente enlevado com o desenho artístico das paredes e do teto. É uma pintura linda com as palavras: *shalom, paz, justiça* e *amor* sobre um mural da vista da cidade, índios americanos e grupos de pessoas representando outras culturas do mundo. Colocar uma obra de arte na entrada principal da igreja é uma declaração poderosa.

> Não subestime os diferentes valores estéticos dos diferentes grupos de pessoas. O que pode parecer sagrado para alguém com determinada mentalidade pode ser feio ou repulsivo para outros.

É verdade, podemos adorar em qualquer lugar, a qualquer tempo — em um iglu, em um palácio ou em uma choupana de papelão. Vivenciei experiências de adoração poderosas em um porão frio e surrado com paredes feias de bloco. Então a estética não é um fim em si mesmo. Mas na nossa cultura, que está se tornando mais multissensorial e menos respeitosa para com Deus, temos a responsabilidade de prestar atenção à aparência do espaço onde nos reunimos com regularidade.

"O ambiente estava muito claro; pensei que uma igreja fosse mais escura."

Na cultura emergente, a penumbra representa espiritualidade. Podemos ver isso nos templos budistas, e também nas igrejas católicas e ortodoxas. A penumbra comunica que algo sério está acontecendo. Rick Warren, no livro *Uma igreja com propósitos*, defende a importância da iluminação de uma perspectiva oposta. "A iluminação produz em efeito profundo sobre o humor das pessoas. A maioria das igrejas é muito escura. Talvez seja uma espécie de condicionamento resultante de todos os anos que os cristãos passaram adorando em catacumbas... De algum modo as igrejas passam a idéia de que a diminuição das luzes cria um ambiente mais espiritual. Discordo completamente. Creio que o prédio da igreja deve ser bem iluminado." [2]

Entretanto, Rick aconselha no início daquele capítulo: "Planeje o culto com o seu público-alvo em mente". À sua platéia de *baby-boomers*, que vive em Orange County, na Califórnia, o que ele afirma sobre luz e escuridão está absolutamente correto! Mas para as gerações emergentes que buscam uma experiência espiritual na igreja e um tipo diferente de reverência na adoração, a penumbra é mais recomendável. Platéias diferentes têm valores diferentes.

A iluminação deve refletir quem você é e quem freqüenta a sua igreja. Repetidas vezes eu ouço falar sobre a importância que o ambiente escuro tem para aqueles que vêm aos encontros de adoração de fé clássica. Os membros sentem que podem orar livremente em um canto sozinhos, sem se preocupar se alguém está olhando para eles. Não que o ambiente seja completamente escuro! Aumentamos a luz durante a mensagem para as pessoas poderem ler a Bíblia e ler as anotações que lhes entregamos à porta. Certificamo-nos de que existe luz suficiente para a pessoa que está falando. Talvez, de algum modo, todo aquele jogo de cena dos *shows*, em que as luzes se acendem quando uma banda está tocando, tenha exercido algum tipo de influência sobre o desejo das gerações emergentes em relação a ambientes escuros para

---

Conheço uma igreja urbana, voltada para jovens na faixa dos 20 anos, que descobriu como seu espaço de adoração e sua estética impactavam os membros. Essa igreja começou como um grupo para jovens adultos interessados em Deus e atraía entre cem e cento e cinqüenta pessoas nas manhãs de domingo. Estavam usando um auditório alugado em um *campus* universitário: assentos estofados e iluminação de teatro, palco e assim por diante. Toda a parafernália de um entretenimento refinado. Mesmo assim eles estavam tendo dificuldade para ocupar um terço da capacidade do lugar. Então vagou o templo de uma velha igreja: um santuário completo com cerca de cem anos de idade com bancos de madeira arranhados e vitrais nas janelas. Promoveram a mudança. Depois de três meses, aquela igreja já estava atraindo perto de 500 jovens. O que havia mudado? Nada, exceto a atmosfera de adoração. Até os visitantes sem vínculos com a igreja comentaram: "Isso parece mais uma igreja. É mais espiritual".

— SALLY MORGENTHALER

Reunião de adoração na Grace, em Londres, Inglaterra. Essa reunião em particular concentrou-se na pintura de Rembrandt, A volta do filho pródigo, e baseou-se no livro de Henri Nouwen sobre a pintura (Fotografia © Steve Collins. Usada com permissão).

adoração. Seja qual for a razão, as igrejas por todos os Estados Unidos estão percebendo essa mudança e diminuindo a luz nos cultos.

Tive o privilégio de ir a um culto de oração de terça-feira à noite na Brooklyn Tabernacle Church, onde Jim Cymbala é pastor. Na noite que estive lá, havia pouca luz. Tão pouca que eu mal conseguia ler. Isso comunica a seguinte mensagem: "Esse é um culto de oração. Esse é um evento espiritual". Você já percebeu que os momentos mais intensos de oração de Jesus aconteceram na escuridão da noite? Ele subiu a um monte para passar a noite escura em oração (Lucas 6.12). Passou um tempo orando de noite no Jardim do Getsêmani. De modo inverso, sei que muitos encontros da Nova Era e inclusive algumas reuniões da religião Wicca acontecem em salas muito bem iluminadas, com todos os participantes vestidos de branco. E não creio que possamos considerar a escuridão uma coisa ruim. Afinal, podemos pecar com a mesma facilidade tanto no escuro quanto à luz do dia.

"Por que a banda desaparece por trás das cortinas? Parece um *show*".

Na igreja que o nosso *focus group* visitou, as cortinas do palco se fechavam quando a banda terminava de tocar, e o pregador se dirigia à platéia da parte central do palco. Isso funcionava para a grande multidão de pessoas que estava naquele culto, mas não para o nosso grupo. Para eles, parecia que a banda estava lá para um *show*, não para adorar a Deus.

Em nossa reunião de adoração de fé clássica, tentamos evitar tudo o que possa sugerir que a banda ou o pregador estão ali para se apresentar ou que indique que eles são "superiores" aos demais presentes. Tentamos aproximar a banda e o pregador das pessoas. Isso significa um esforço extra para construir uma extensão de palco, mas vale a pena, pois isso é valorizado na cultura atual. A banda U2, na turnê *Elevation*, criou uma passarela enorme em forma de coração que se estendia em direção ao público. Na verdade, muitas bandas estão fazendo isso nos dias de hoje. Até a incomparável banda Kiss, conhecida por suas produções, mudou para um minipalco em meio à multidão para quebrar a barreira entre eles e as pessoas. Por quê? Porque as bandas cada vez mais valorizam o fato de estar com as pessoas, em vez de ficar acima delas.

Indo um pouco mais adiante, quem disse que precisamos ver a banda de louvor? O foco da adoração deve estar em Deus e não no dirigente do louvor. Será que moldamos nossos cultos pelos *shows* de *rock* nesse aspecto, sem mesmo perceber que fazemos isso?

É claro que o líder precisa ser capaz de dirigir. Em algum grau, o líder do louvor serve de sacerdote perante o povo, guiando-o em adoração a Deus. Mas eu me incomodo com a maneira com que voltamos nossa atenção para eles ou para as bandas quando estão à frente da congregação, normalmente com luzes coloridas evidenciando sua presença. No templo antigo em Jerusalém, os músicos e o coro ficavam em cima de uma plataforma no Pátio dos israelitas, de frente para o altar, na parte interna dos Portões de Nicanor. Eles faziam diversas pausas durante a adoração, e os sacerdotes tocavam as trombetas de prata, e todo o povo nos pátios prostrava-se perante a presença de Deus. Isso mostra que eles intencionalmente não eram o foco das pessoas enquanto cantavam. Na verdade, embora o volume da música fosse alto e pudesse ser ouvido em toda a área do templo, a maioria das pessoas não conseguia ver os músicos no pátio interno. Da mesma forma, na arquitetura da igreja, no passado, o coro era colocado na parte de trás do prédio, o que eliminava qualquer indício de *show* ou de foco nos cantores.

Josh Fox, líder de louvor em nossas reuniões de fé clássica, muitas vezes posiciona a banda de louvor na parte de trás do salão onde nos reunimos para adorar. Ele pode iniciar da frente no começo do culto, mas depois continua dirigindo o louvor lá de trás. Isso não apenas evita que a banda seja o foco de atenção, mas também acrescenta legitimidade ao fato de que estamos adorando juntos como comunidade sem que nenhum de nós seja mais especial que os outros. Colocamos uma cruz vazia no palco para dirigir a atenção para o fato de que estamos naquele local para louvar a Deus e adorar o Jesus que foi crucificado, mas ressurgiu. Acredito tanto nisso que já imagino que acabaremos posicionando a banda de louvor e o líder atrás do salão de reunião toda semana. Conheço uma igreja que, para eliminar a atenção na banda, usa a técnica da retroiluminação e, assim, pode-se ver somente sua sombra. Seja qual for o método escolhido, creio que precisamos parar de fazer com que o líder da banda e os músicos se tornem o centro das atenções quando adoramos.

"Onde estavam as cruzes? Parecia mais um teatro que uma igreja."

Muitas igrejas modernas recém-construídas, para evitar uma aparência muito religiosa, não possuem cruzes ou outros símbolos religiosos. Por ironia, as pessoas das gerações emergentes, incluindo as não-religiosas, com freqüência usam cruzes e outros símbolos religiosos. As instalações de nossa igreja devem comunicar, de maneira clara, um senso de espiritualidade. Então, mesmo que nos encontremos em um centro de louvor recém-construído, parecido com um armazém, podemos acrescentar grandes cruzes de madeira no palco e cruzes menores por todo o local. Muitas das pinturas que expomos incorporam cenas e símbolos cristãos. A maior parte de nossas apresentações de *PowerPoint* incorpora arte antiga, vitrais e símbolos cristãos.

Usamos também muitas velas, não somente porque isso está na moda, mas porque elas simbolizam sobriedade, espiritualidade, simplicidade, quietude e contemplação. Não é surpreendente que o cenário de um programa nacional de televisão para levantar fundos após a tragédia de 11 de setembro seja simples, exceto pela presença de celebridades e pelas velas. Por quê? Porque a luz suave e bruxuleante das velas cria um clima que evidencia o propósito sério e sóbrio de tal evento.

A igreja primitiva usava velas, mas não apenas pelo fato de que eles não tinham eletricidade! Eles as usavam também como símbolos. Quando era hora de orar, acendiam uma vela para simbolizar a luz de Cristo brilhando entre eles. Quando alguém era batizado, usavam velas ou lamparinas ao saírem da água, simbolizando que tinham a luz de Cristo. Os judeus religiosos de hoje ainda acendem velas toda a semana para o *Sabbath*. Todo mundo gosta da atmosfera que a luz de velas estabelece em um culto de véspera de Natal. Por que as velas não podem ser parte constante do que somos e do que tentamos comunicar durante todo o ano? A riqueza abundante no simbolismo das velas possui um significado extremamente importante para a cultura emergente.

Lembra-se de como Jacó, em Gênesis 28.10-22, fez uma coluna de pedras e a ungiu com óleo como memorial do lugar onde havia sonhado com a escada que subia aos céus? Em um costume paralelo, você pode pensar em criar símbolos memoriais com trabalhos artísticos ou objetos que representam o tema de uma série

Espaços como esses são criados para mostrar como a oração é importante nessas reuniões de adoração. Os espaços se distribuem em vários pontos do salão. Nessa fotografia, os adoradores, cercados por velas, escrevem suas orações.

de mensagens ou uma experiência comunal. Temos uma grande tela onde as pessoas, mergulhando as mãos na tinta, deixaram ali suas impressões, como demonstração para todos de que somos um só corpo. Por causa das cores e da qualidade do trabalho, realmente parece uma bela obra de arte. Nós a penduramos em uma de nossas paredes, e agora serve como memorial daquele ensinamento bíblico e daquele evento.

Muitas igrejas modernas têm negligenciado a beleza arquitetônica no projeto de suas instalações. Muitas não têm mais vitrais nas janelas, ou, quando os têm, quase sempre é daquele tipo cafona dos anos 70. Isso é um infortúnio porque a nossa cultura emergente valoriza muito a arte. Vitrais podem comunicar a história da nossa fé, do mesmo jeito que acontecia nos séculos passados quando as pessoas eram incapazes de ler sozinhas as Escrituras. Sempre usamos vídeos para projetar imagens de vitrais como pontos focais durante a adoração, na hora da leitura das Escrituras ou até mesmo durante o sermão. Seu ambiente de adoração talvez não seja uma catedral, mas você pode transmitir a sensação de eterna beleza, ordem e espaço sagrado, encontrando formas de usar imagens de arquitetura e de vitrais em suas telas.

Não importa o local da reunião; se você é criativo e valoriza a beleza, poderá transformar qualquer local em um santuário sagrado de uma fé clássica. Eu já vi isso acontecer em um centro para idosos, numa igreja gigante com arquitetura medonha e desatualizada e com carpete horroroso, e num prédio moderno e contemporâneo. Pode acontecer até no ginásio de esportes de uma escola.

"Por que o preletor fica tão no alto no palco? Parece que ele quer nos intimidar."

Meu *focus group* de imediato percebeu que o pregador ficava em uma plataforma cerca de um 1,5 m acima dos assentos. Eu e você sabemos que isso é para que as pessoas possam enxergá-lo bem. Mas, lembre-se, esse grupo desconfia dos cristãos, em especial dos líderes. Tudo o que sugerir *show* ou liderança espiritual hierárquica é suspeito.

Então aqui colocamos nossos líderes em cima no palco, enquanto os comunicadores da cultura *pop* tentam se aproximar das pessoas. Em nossas reuniões de adoração, construímos uma plataforma mais baixa que se estende até os assentos, e isso me faz ficar entre as pessoas e não acima delas. Posicionamos as cadeiras em curva para que as pessoas possam se ver e não apenas ver o palco. Também colocamos algumas mesas redondas, para promover um clima de comunidade. Antes, costumávamos usar muitas mesas até que isso não foi mais possível com o aumento do número de presentes. O salão e o número de pessoas determinam o que você é capaz de fazer, mas tente evitar ao máximo o clima "palco e platéia". Curiosamente, na igreja primitiva, o pregador se sentava enquanto estava falando, seguindo a tradição praticada nas sinagogas da época.

Nesta semana, encontrei-me com uma estudante universitária não-crente que está se formando em antropologia e escolheu estudar a nossa igreja em seu trabalho de conclusão de curso. Ela vem freqüentando nosso culto de fé clássica de domingo à noite e tem entrevistado a nossa equipe. Quando ela veio me entrevistar, acabei por entrevistá-la, fazendo perguntas sobre o que ela gostou e não gostou, quais tinham sido suas percepções e quais eram as suas crenças. Uma das primeiras coisas que ela disse foi que notou que eu não ficava num palco quando estava pregando. Ela pensava que "todos os pregadores falassem de um púlpito" e disse que gostou muito do fato de eu estar embaixo no mesmo nível em que ela se encontrava.

Creio que podemos concluir duas coisas sobre estética e ambiente para a igreja emergente:

1. *Estética e ambiente são importantes.* Não consigo nem imaginar o número de vezes que os visitantes comentam primeiro sobre a atmosfera. "Eu realmente gostei das velas." "Foi demais ver os trabalhos de arte nas paredes." "Eu amei a decoração." "Adorei a luz reduzida; isso me permitiu orar." Você irá descobrir que é útil entrevistar as pessoas, em especial sobre o local de adoração, mas não pesquise apenas

as que freqüentam sua igreja! Se a atmosfera fosse um problema para elas, não estariam lá. Se a sua igreja está pensando seriamente em conectar-se com a cultura pós-cristã, lembre-se de que as pessoas são muito sensíveis a tudo o que dá a sensação de algo corporativo ou aponta para uma religião organizada ou instituição moderna. Conheço uma igreja que reúne mais de 200 pessoas, e 90% dos assentos são sofás! Pense na mensagem que se passa com isso. E, quando o pastor fala, ele anda no meio das pessoas, em vez de ficar à frente delas.

2. *A estética e o ambiente devem refletir quem você é e quem você está tentando alcançar em sua comunidade. Não copie nada de ninguém.* A igreja emergente não é uma rede de igrejas tipo McDonald's em que todas são iguais. Cada comunidade precisa refletir sobre quem ela é. Quanto mais a sua comunidade de adoradores produzir e criar sozinha os espaços, mais irá refletir quem ela é. Espero que os exemplos deste capítulo estimulem as idéias que serão adequadas à sua comunidade.

O *website* www.vintagefaith.com oferece outros exemplos de imagens usadas nas reuniões de adoração, assim como *links* para outros *sites* onde você poderá ver como outras igrejas estão incorporando alguns desses conceitos.

Pensamentos emergentes

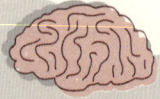

1. O que você acha que um *focus group* de incrédulos na faixa de 20 anos de idade iria dizer se fossem a um culto de adoração em sua igreja? Quais observações você acha que eles fariam sobre a experiência visual?
2. Por que se devem usar objetos visuais como velas, cruzes e artigos de decoração? Você pode dar alguma razão bíblica para isso?

Capítulo 14
Contando com o espiritual e expressando as artes

> "Se você não puder ir à igreja e ao menos por um momento ter acesso ao transcendente, se você não pode por uns instantes passar desta vida para a próxima, então não consigo entender por que alguém deveria ir à igreja. Apenas um breve momento de transcendência faz com que você saia da igreja uma pessoa transformada.
>
> — Garrison Keillor

Minha esposa e eu estávamos visitando uma cidade grande. Ouvimos falar de um culto dominical noturno às 21h30 em uma igreja Episcopal. Sabíamos que muitos jovens iam a esse culto e, então, decidimos ir até lá para conhecer. Chegamos um pouco atrasados e nos surpreendemos com um estacionamento lotado, e fomos obrigados a estacionar sobre o gramado. Passamos pelas imensas portas de madeira do templo, no estilo de uma catedral gótica, construído na década de 1930. O culto já havia começado. O santuário estava lotado com mais de 400 pessoas, muitas sentadas no chão de cimento gelado. Sentamos também no chão com elas.

A média de idade daqueles adoradores parecia ser cerca de 20 anos, embora houvesse grupos de outras faixas etárias, mas o culto parecia ser voltado para os jovens. Contudo, não havia música alta nem nada que se poderia esperar num ambiente de jovens. Na verdade, acontecia o oposto. Na frente do templo, dez ou doze homens vestidos com becas entoavam cânticos gregorianos em inglês, sendo que nenhum deles era conhecido, a não ser o Credo apostólico. As letras eram bíblicas e focadas em Deus. Embora houvesse muitos adolescentes, não ouvíamos sussurros, piadas nem comentários da turma do fundo. Todos estavam simplesmente sentados, em completo silêncio, ouvindo.

Muitos estavam meditando de olhos fechados; outros olhavam para o teto. Não vi ninguém usando roupas típicas de cristãos nem nada que os identificasse dessa forma. Em vez disso, vi muitos adolescentes *punks*, muitos estudantes universitários que, a julgar pelo vestuário, eram do meio artístico, e, claro, jovens em geral. Mas o que me fascinou é que toda aquela experiência não estava impregnada com o formato evangélico contemporâneo. Não havia nenhum recurso tecnológico, nenhum exagero, nada que remetesse o pensamento a esse formato. Depois de uma hora, o culto simplesmente terminou. Nenhum tipo de encerramento especial, música final nem aplausos. Simplesmente saímos em direção à noite.

De um ponto de vista pastoral, não consegui parar de pensar se havia algum tipo de discipulado por meio daquela igreja. Será que as pessoas alguma vez abriam as Bíblias? Onde estava o servir naquele ministério? Depois de uma única visita, não havia como responder a tudo aquilo. Mas o que eu sabia era que aquilo havia sido um evento direto, cristocêntrico, não apologético, e que os jovens vinham em multidões para participar. Eu os vi orando, ouvindo as vozes suaves e tranqüilas do coro que cantava letras espirituais, e meditando.

Esperando e expressando o elemento espiritual na igreja emergente

Considerando que as gerações emergentes realmente desejam experimentar o que é espiritual, nossas reuniões de adoração não deveriam proporcionar o que elas desejam? Não deveriam ser momentos de ligação com Deus, para parar e respirar um pouco, para desacelerar do ritmo da vida e vivenciar um pouco de paz, dirigindo o foco para Deus, e exaltar o nome de Jesus?

> *Meu amigo, minha alma está perdida. Diga-me como recomeçar... Com essas mãos, eu oro pedindo fé, Senhor... Oro pedindo seu amor, Senhor.*
> — Bruce Springsteen, *My City of Ruins*

Ouvi bastante coisa sobre a comunidade de Taizé em uma pequena cidade no leste da França. No verão, de 3 a 6 mil pessoas por semana comparecem para orar, cantar em meditação e obter renovação espiritual. Esses jovens vêm da Europa pós-cristã — da Alemanha, da Itália, da Inglaterra e de outros lugares. E eles são atraídos às dezenas de milhares não para um *show* cristão do momento ou para um agitado acampamento de verão com jogos, piscina e atividades, mas para uma experiência de uma semana, cristocêntrica e contemplativa.

É incrível que gerações pós-cristãs desejem um encontro verdadeiro com Deus, não apenas diversão ou uma versão mais *light* de uma experiência espiritual. Quando estivermos pensando no que fazer em nosso próprio contexto, não fiquemos satisfeitos com o preenchimento de todos os minutos da programação de nossa reunião com barulho, vídeos, ou falatórios, e assim deixarmos as pessoas irem embora desiludidas e ainda famintas para se ligarem ao Criador. Ou, pior ainda, não as deixemos ir embora pensando que o que elas acabaram de vivenciar é tudo o que há para ser vivenciado no cristianismo.

Mas os nossos jovens acham que ser sério é chato

Muitas vezes, em minhas viagens pelo país, algumas pessoas me têm dito que muitas igrejas estão apenas incorporando canções de adoração mais *pop* e saindo dos elementos litúrgicos para uma programação mais agitada. Elas pensam que fazer algumas das coisas que estou sugerindo nestes capítulos é retroceder!

As pessoas dessas igrejas dizem: "Os nossos jovens acham que ser sério na igreja é chato!".

Mesmo que acredite totalmente que os cristãos precisem se divertir, minha pressuposição é que os líderes dos ministérios para adolescentes e jovens adultos já estão proporcionando às pessoas com quem trabalham muitas atividades de diversão comunitária. Não estou dizendo que se devem eliminar os jogos malucos para adolescentes ou os retiros em parques aquáticos para universitários. Não estou dizendo que se deva parar de brincar ou de rir juntos nas reuniões de adoração (eu, em particular, brinco muito quando falo — às vezes até demais!). O que estou dizendo é que não podemos ser levianos com a razão principal quando nos reunimos para adorar; temos também que ser sérios diante de Deus. Estamos buscando a sua presença, e é melhor que não façamos isso com displicência. Precisamos encontrar a Deus, participar da ceia, nos aquietar e ouvir a sua voz. Dependendo da idade e da maturidade de quem se reúne em sua igreja para adorar, sempre é possível, mesmo com os mais novos, incluir e experimentar elementos de adoração que denotem seriedade.

Uma experiência de igreja horrível e chata

Certo domingo, quando eu era aluno na Universidade do Estado do Colorado, decidi ir à igreja. Não era um freqüentador regular naquela época; aquela era a minha tentativa de sair das ruas e me encontrar com Deus. Quando entrei na igreja, de imediato me senti esquisito e deslocado. Fazia um silêncio sepulcral exceto pelo zunido de um órgão. Não fui cumprimentado nem recebido amigavelmente quando me sentei, e me senti muito sozinho. As pessoas ao meu redor falavam somente aos sussurros. Não conseguia ficar sem me distrair com aquele horrível carpete laranja. Parecia que tinham acabado de limpá-lo, pois exalava um forte cheiro de algum produto químico que estava me deixando enjoado. O culto começou com alguns elementos litúrgicos, o que incluía um tempo de silêncio e a repetição de alguns credos. (Exatamente algumas das coisas que recomendarei nos próximos capítulos.). Mas foi algo sem vida e mecânico. Nada foi explicado, senti-me totalmente perdido. O pastor não brincou nem demonstrou alegria. E, acima de tudo, aquele órgão me fez sentir num funeral. Saí dali assim que pude.

Essa experiência não é um bom exemplo do que creio que as igrejas precisam fazer. Você pode empregar algumas coisas que aquela igreja fazia, mas com vida, explicação, alegria, uma música melhor e sem aquele horrível cheiro do carpete excepcionalmente limpo. (Realmente acho que um carpete laranja deve ser evitado sempre que possível!) À medida que você lê estes capítulos, reflita sobre como trazer vida nova para seus cultos atuais. Talvez você precise mudar o estilo musical. Mas não abra mão das coisas "sérias" de um culto de adoração para as gerações emergentes. Traga vida nova para uma beleza antiga.

Incorporando arte e imagem na adoração

Confesso que não sou fã de esportes. Confesso que não assisti ao Super Bowl nos últimos dez anos e não me recordo da última vez que me sentei para assistir a um evento olímpico. Para mim esporte se resume a boliche e estande de tiro. Tenho muitos amigos que o adoram, e é claro que admiro as habilidades atléticas. Mas me entusiasmo muito mais com a arte dos desenhos em quadrinhos ou com música. Eu preparava gráficos de apresentação para arquitetos. Então, para mim, diversão é ir a um congresso sobre trabalho artístico nas histórias em quadrinhos, escutar umas das minhas bandas prediletas em um clube local ou passear em uma galeria de arte.

Quando adentrei o mundo evangélico pela primeira vez, descobri que quase todo pastor adorava esportes. Como a maioria das ilustrações em seus sermões era relacionada com essa atividade física, de algum modo me sentia solitário e muito deslocado na igreja — como se fosse uma pessoa desajustada. Nas reuniões de equipe, enquanto todos tagarelavam sobre as celebridades dos esportes e sobre times dos quais eu jamais tinha ouvido falar, eu educadamente concordava com a cabeça e sorria, e minha mente viajava até o último CD de Brian Setzer e ficava a imaginar quem era o artista gráfico que havia criado a capa daquele CD com estilo

> Claro que até mesmo uma adoração pentecostal empolgante e agitada pode se tornar mecânica com o tempo. Depois de cinco ou vinte e cinco anos gritando, dançando, batendo palmas e se contorcendo no chão, esses rituais (e essas coisas são rituais — pelo menos depois de um tempo) se tornam uma parte esperada e costumeira da adoração assim como o sinal da cruz ou o uso de um rosário. Esses tipos de cultos podem não se parecer com funerais (como o culto a que Dan Kimball se referiu), mas podem ser semelhantes a uma campanha de vendas de carros, ou a um espetáculo profissional de luta livre, ou a um circo que chega à cidade. Algo empolgante pode ser melhor que entediante, mas creio que um momento com significado e autenticidade supera ambas as coisas.
>
> — Brian McLaren

> Obrigado por falar de sua vida, Dan. Sempre é bom conhecer os antecedentes de um autor. Deus preparou você para ser um defensor das artes na igreja. Vá em frente.
>
> — Rick Warren

de desenho animado e a pensar se a fonte com aparência antiga que ele tinha usado poderia ser incorporada ao *design* do boletim da nossa igreja.

Sempre achei que estava em um mundo diferente nesse aspecto, e nunca ouvi uma discussão sobre arte, a menos que alguém estivesse pensando em usar um esquete da Willow Creek para ilustrar um dos pontos do sermão. E as discussões sobre arte não passavam disso. Parecia que as igrejas de todo o país tinham noites de vôlei e ligas de *softball*, mas davam pouca atenção aos artistas. Mas então um vento artístico começou a soprar na igreja.

Encorajando a comunidade artística de sua igreja

Com o passar dos últimos anos, tenho encontrado cada vez mais pastores e líderes que se importam com as artes (em geral do movimento da igreja emergente). Tenho ouvido como as igrejas emergentes estão inserindo pinturas como ilustração na pregação. Algumas permitem que artistas pintem durante o tempo da adoração como expressão de louvor. Afinal, Deus não valoriza a criatividade? O Espírito de Deus estava com Bezalel e Aoliabe em Êxodo 31.1-11 para terem "destreza, habilidade e plena capacidade artística [...] [para] executar todo tipo de obra artesanal". Grande atenção era dada ao desenho artístico dos instrumentos sagrados usados na adoração, desenhos sobre os quais o próprio Deus havia instruído. Os nossos valores na cultura estão mudando, permitindo que as artes retornem para a igreja.

> A igreja emergente deve estar 100% voltada para adorar a Deus quando nos reunimos. Não importa a forma criativa que ela assuma, adorar não pode se resumir apenas a uma reunião, a uma apresentação, ou a uma programação. Devemos adorar, ou não estaremos sendo sinceros com Deus nem com os que vão às nossas reuniões.

Há alguns anos, quando começamos nossas reuniões de adoração de domingo à noite com uma abordagem de fé clássica, começamos a ver cada vez mais artistas comparecendo e se integrando à nossa comunidade. À medida que mencionávamos as artes e descobríamos como usá-las, um grupo popular de artistas locais foi constituído e começou a se reunir mensalmente em nossa igreja. Depois de algum debate foi decidido que deveríamos promover uma exposição de artes para dar oportunidade de expressão aos artistas cristãos. O nosso primeiro evento, denominado Frames, atraiu mais de 50 artistas que apresentaram excelentes trabalhos criativos de todos os tipos. E essas pessoas estavam em nosso meio há tempos! Mais de 600 pessoas estiveram presentes na exposição. No ano seguinte tivemos que expandir o evento para duas noites, e mais de 80 artistas participaram, com mais de 800 visitas. Incluímos até mesmo uma seção de arte infantil.

Considerando que a cultura emergente valoriza grandemente as artes, a igreja não deveria adotar e incentivar artistas e amantes das artes tanto quanto faz com atletas e aficionados do esporte?

A expressão criativa na adoração

Quando planejamos as reuniões de adoração, buscamos maneiras de incorporar as artes. Uma das maneiras que encontramos é usar a arte de forma coerente em todas as nossas apresentações de *PowerPoint* durante o louvor, o ensino e as orações de meditação. Há muitas representações artísticas maravilhosas de histórias bíblicas. Por exemplo, Gustave Doré é um incrível artista francês do século XIX que criou cenas bíblicas impressionantes. Em vez de usar aqueles fundos de mau gosto que acompanham o *PowerPoint*, por que não usar a arte de Doré ou de outros grandes artistas? Cuidado com o material disponível em *clip-arts* cristãos que sejam malfeitos e com estilos estranhos. Se você pesquisar, há muito material bonito por aí. Ou melhor, por que não usar os artistas da sua igreja? Já se tornou corriqueiro e fácil tirar fotografias digitais de pinturas ou escanear imagens e fotografias. Exponha a arte de sua comunidade nas paredes da sua igreja. Se você tiver cortinas no salão da reunião, experimente acrescentar quadros e esculturas leves a elas.

> À medida que a cultura ocidental sai das formas abstratas e propositivas de comunicação e segue para as formas multissensoriais e afetivas, temos a oportunidade de lançar mão do passado e revelar o caráter de Deus, seus feitos e histórias através das artes. Em alguns círculos eclesiásticos — a maioria conservadora e evangelical — ensina-se que a arte não faz nada mais que inspirar. Ela não pode ensinar nem revelar. Mas Jesus se valia constantemente da arte de contar histórias e das metáforas para comunicar a verdade. Ele não pregava sermões tópicos de três pontos!
>
> — Sally Morgenthaler

Usar visuais poderosos enquanto você ensina é outra maneira maravilhosa de incorporar arte à reunião. Ou sobrepor arte com versículos bíblicos durante o período de meditação ou de leitura poética. Você pode separar momentos de silêncio, acompanhados apenas por cenas de quadros e pinturas de eventos bíblicos ou das diversas representações artísticas do rosto de Jesus.

O teatro é outra forma de arte que pode ser de extrema eficiência — ou causar embaraços tremendos. Em nossas reuniões, quase nunca usamos um esquete tipo Willow Creek no qual um conflito é dramatizado antes de a mensagem ser pregada. Mas usamos muito a dramatização de passagens bíblicas e de leituras poéticas, ou alguns atores expressam emoções enquanto algum texto é lido. Durante uma série de palestras sobre os Dez Mandamentos, tivemos uma peça de teatro contínua na qual alguns atores brevemente representavam cada mandamento através de uma expressão dramática. Eles não falavam nada; simplesmente interpretavam como entendiam que o mandamento deveria ser representado. Tivemos também atores apresentando monólogos que incluíam suas orações ou diálogos com Deus sobre alguma batalha enfrentada. A questão é usar o teatro de forma que tenha impacto sobre nossa cultura.

Na semana passada ensinei sobre Abraão e a aliança que Deus fez com ele. Usei dois atores, um rapaz e uma moça vestidos com trajes antigos, para dramatizarem a leitura das longas narrativas do livro de Gênesis. Comprovamos que o método foi eficiente para transmitir uma história contada a partir da própria Bíblia.

Incorporando o antigo às reuniões de adoração

Uma importante crítica feita à igreja nos dias de hoje é que ela é uma religião organizada, moderna e americanizada, que perdeu suas antigas raízes e o senso de mistério. Mas o que as gerações emergentes valorizam? O antigo — o mistério das crenças religiosas do passado. Mas o que elas encontram quando vão à nossa igreja?

Na igreja emergente precisamos trazer de volta os símbolos antigos e mencionar as raízes judaicas de nossa fé. Por exemplo, uma vez nossa igreja pediu a um judeu que nos falasse sobre a Páscoa e nos orientasse com um jantar messiânico Seder. Em outra ocasião ele apresentou uma perspectiva judaica do Messias e de sua volta.

Também introduzimos o que chamamos de Época dos hinos. Colocamos uma cadeira de veludo no palco e, antes de cantarmos cada hino, alguém se senta nela e faz uma leitura sobre aquele hino, explicando por que, quando e por quem ele foi composto. Bons hinos encaixam-se muito bem em uma cultura pós-cristã porque são novidade, desconhecidos e impregnados de história. Eles nos ensinam verdades teológicas profundas e são focados em Deus e nos seus atributos. Contanto que as pessoas possam se relacionar com o tipo de arranjo musical que usamos, podemos com facilidade incorporar inúmeros hinos em nossos cultos. As gerações mais jovens amam os hinos, e nós os cantamos bastante. Há um casal na faixa dos setenta anos que freqüenta as nossas reuniões de adoração porque cantamos mais hinos que no culto da igreja que eles sempre freqüentaram.

A "Cadeira dos Hinos" em um dos lados do palco onde se lêem as histórias dos hinos. As Escrituras também são lidas muitas vezes dessa cadeira.

Honrando as gerações mais velhas diante das gerações mais novas

As gerações emergentes precisam de indivíduos que estão na jornada da vida há bem mais tempo. Então, mesmo nas reuniões de adoração compostas, na grande maioria, de jovens, trazemos pessoas mais velhas que andam com Deus já há quarenta ou cinqüenta anos para dar testemunhos e contar histórias relacionadas com o tema do sermão. Quando estávamos ensinando sobre Eclesiastes 12, pedimos a um casal na faixa dos 80 anos que falasse sobre como é enfrentar a morte. Durante a série de pregações sobre adoração pessoal, trouxemos um homem com cerca de 75 anos para nos relatar como a sua amizade com Deus se desenvolveu ao longo dos anos. Em outra ocasião, pedimos a um casal que falasse sobre como fizeram para manter vivo o casamento por mais de cinqüenta anos. A maioria dessas pessoas não freqüenta regularmente nosso culto de fé clássica, mas vem para oferecer sua sabedoria e conhecimento acumulados no decorrer dos anos.

Uma geração contará à outra a grandiosidade dos teus feitos. — Salmos 145.4

Um grupo de aposentados da Santa Cruz Bible Church reúne-se uma vez por mês para cantar hinos. Uma vez eles foram ao culto da Graceland. Eram 20 pessoas e subiram ao palco para nos dirigir em diversos hinos. Foi maravilhoso! Eu não sei se eles gostaram da pouca luz e acho que não tinham sido avisados de que teriam de se espremer entre alguns candelabros, mas foi uma experiência maravilhosa para todos e uma maneira de honrar as gerações mais velhas diante das mais novas.

Homens e mulheres com papéis de liderança

Na cultura emergente, o papel da mulher na igreja é uma questão muito importante. As pessoas das gerações emergentes enxergam as igrejas como domínios masculinos e opressivas para com as mulheres. Assim, seja qual for a sua teologia sobre o papel da mulher na igreja, eu o incentivaria a ter mulheres ocupando cargos de liderança quanto possível, seja para lecionar, seja para dar anúncios, dirigir o louvor, apresentar testemunhos, ou fazer a leitura das Escrituras. Isso é crucial para a igreja emergente.

Crianças e famílias nas reuniões de adoração

Precisamos repensar o fato de que temos uma tendência de separar os membros das famílias que vêm adorar. De modo geral, colocamos as crianças em classes separadas durante a reunião de adoração, mesmo quando são um pouco mais velhas. Assim, algumas famílias, na verdade, nunca assistem a uma reunião de adoração juntas.

Talvez a igreja moderna tenha sido responsável por ter ensinado sutilmente aos pais que a igreja, mais do que eles, é a responsável pela formação espiritual de seus filhos. Mas as Escrituras indicam que ensinar as coisas de Deus aos filhos é papel dos pais (Deuteronômio 11.19). A igreja deve complementar os pais, não substituí-los.

Por essa razão trabalhamos muito para encontrar maneiras de incorporar as crianças e as famílias às nossas reuniões de adoração. Os pais das gerações emergentes são muito protetores em relação às suas famílias, talvez como resposta ao que observaram nas gerações passadas com tantas famílias sendo destruídas ou educando seus filhos sem preocupação e cuidado. Convidamos as crianças a participar dos primeiros vinte minutos da reunião e de vez em quando pedimos a uma ou duas que leiam as Escrituras. Em algumas ocasiões temos crianças cantando na banda de louvor. Depois que a primeira parte da reunião termina, as crianças são liberadas para as suas classes, onde recebem ensinamentos adequados à sua faixa etária. Por que não planejar reuniões de adoração esporádicas e específicas para famílias? A consagração de bebês pode proporcionar situações que demonstrem a importância do papel dos pais na educação e na formação espiritual dos filhos. Talvez a igreja precise gastar mais tempo ensinando aos pais como ensinar a seus filhos os caminhos de Deus e a vida no Reino.

Usos e abusos da tecnologia

Embora a tecnologia seja uma grande aliada do ministério, ela apresenta um enorme risco de ser mau usada e distrair. Já estive presente em cultos de adoração que me deixaram zonzo com tantos efeitos tecnológicos na tela. Isso pode parecer novidade para alguns, mas as pessoas não estão mais se impressionando tanto com apresentações sofisticadas de *PowerPoint* com efeitos especiais e com vídeos.

Os videoclipes podem ser eficientes se usados com zelo estético, em especial para contar uma história. Em nossa igreja usamos videoclipes de filmes somente em alguns meses específicos, para evitar trazer muita cultura moderna para o culto e também para manter o aspecto de raridade, ou seja, quando os usamos, sempre são eficazes. Jamais usamos um videoclipe de um filme que não recomendamos que seja visto na íntegra. Embora isso possa parecer legalista, sinto a responsabilidade de usar filmes que acredito que honrem a Deus (Filipenses 4.8).

O uso de entrevistas de rua conduzidas num *campus* local e em *shopping* pode ajudar os cristãos a conhecer melhor as visões e os pensamentos dos incrédulos e possibilita que os incrédulos na platéia ouçam seus pensamentos verbalizados. Realizar essas entrevistas faz com que as pessoas pensem mais profundamente, ou ao menos de um modo diferente do que se não tivessem sido entrevistadas perante uma câmera. Elas podem ir ao culto apenas para se ver na tela. Conheço uma pessoa que fez isso e acabou freqüentando nossa igreja e se tornando crente.

Usar *loopings* de vídeos ou de imagens ou cores pode ser uma forma muito eficiente com o propósito de desacelerar o ritmo das pessoas para que possam focar as Escrituras ou a oração.

Acredito que veremos um enorme aumento desse tipo de utilização do vídeo na adoração.

Usando as artes na adoração por meio da tecnologia

A seguir alguns exemplos de como usar imagens projetadas de arte antiga ou moderna em seus cultos. Esse material é produzido por amadores que usam de métodos simples. O primeiro *slide* de *PowerPoint* mostrado incorpora a arte de Doré que ilustra poderosamente histórias bíblicas. Pode ser usado para meditação, nos interlúdios musicais, ou para ilustrar o pensamento principal enquanto um pregador fala.

Outra maneira de lembrar aos adoradores que o cristianismo não é uma religião moderna é usar imagens de vitrais como fundo de letras de cânticos ou leituras bíblicas, como demonstrado no segundo *slide*.

O uso de fotografias tiradas por membros da igreja para ilustrar a letra de um cântico de adoração ou de um texto da Bíblia também enfatiza o valor dos artistas locais. O terceiro *slide* mostra um exemplo disso.

> This is a holy moment now
> Something of heaven touches earth
> Voices of angels all resound
> We join their song

Acho que você pode perceber a diferença entre esses *slides* e os *slides* de *PowerPoint* normalmente usados em apresentações de negócios. Mantenha-os simples. Evite palavras que se movem rapidamente e ilustrações sofisticadas. (Visite o *website* www.vintagefaith.com para acessar *links* para *sites* com recursos e materiais artísticos.)

Não podemos nos dar a esse luxo! Não temos a equipe necessária para fazer isso acontecer!

Posso dizer com orgulho que, em nossa igreja, implantamos com o trabalho de voluntários quase todas as idéias que discutimos. Voluntários recebem a listagem das músicas na quarta-feira, elaboram todos os *slides* de *PowerPoint* e enviam um e-mail da apresentação ou a trazem para nós no domingo. Se você não usa *PowerPoint* em sua igreja, é possível fazer quase a mesma coisa com um retroprojetor. Os nossos voluntários também editam qualquer vídeo que usamos. A decoração e o ambiente recebem a atenção de uma equipe de voluntários. Se uma equipe compreende que está exercendo um ministério, essa é uma forma maravilhosa de servir a Deus usando o talento criativo e o coração (1Coríntios 12.1-31; Romanos 12.3-8; Efésios 4.11,12). Você não precisa gastar muito dinheiro. Por exemplo, você pode usar lençóis de cama baratos para produzir o efeito de cortina, ou usá-los como divisores, se forem necessários. Procure objetos e candelabros em lugares onde são feitas vendas de coisas usadas.

Até mesmo velhos projetores de *slide* funcionam bem para a projeção de cores e imagens fixas.

A criatividade, entretanto, precisa de planejamento. Quando você inclui elementos artísticos e criativos, a sua equipe de voluntários deve se reunir, fazer um *brainstorming* e distribuir responsabilidades com algumas semanas de antecedência para que não precisem correr na última hora. A nossa equipe de voluntários reúne-se semanalmente para planejar os elementos criativos, da mesma maneira que a banda de louvor ensaia toda a semana para realizar a sua parte na reunião de adoração. Quanto maior o número de pessoas envolvidas, mais elas tendem a se sentir responsáveis. Quanto mais as equipes captarem a visão, mais empolgação e alegria elas terão na criação de uma experiência de adoração na qual as pessoas possam encontrar a Deus de forma poderosa e memorável.

> Isso é muito importante! Tudo o que a sua igreja precisa para ser o que Deus quer que ela seja já está presente em seu meio. Abra os olhos para as pessoas ao seu redor. Pare de desejar e de esperar e faça o melhor que puder com o que você já tem para Jesus Cristo hoje.
>
> — Rick Warren

Pensamentos emergentes

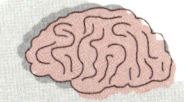

1. Você concorda com a afirmação de que as gerações pós-cristãs estão à procura de um encontro espiritual com Deus quando vão a uma reunião de adoração? Você pode citar exemplos para ilustrar sua opinião?
2. Por que precisamos de equilíbrio entre a utilização de elementos litúrgicos e o silêncio, mas sem deixar de proporcionar diversão e vida?
3. Você pode dar alguns exemplos de arte e teatro bem-feitos e malfeitos? Há uma comunidade de artistas desconhecidos em sua região? Como você poderia encorajá-los a tomar parte da adoração em sua igreja?

Capítulo 15

Criando reuniões de adoração multissensoriais e experienciais

> "O problema é que estamos vivendo numa cultura que forma espectadores... Adoração de espectadores é e sempre será uma contradição de termos.
> — Sally Morgenthaler, *Worship Evangelism* [Evangelismo pela adoração]

Algumas vezes tento imaginar como teria sido participar de uma reunião de adoração da igreja primitiva. Em 1Coríntios 14.26, vemos que, quando a igreja primitiva se reunia, provavelmente em um grupo entre 20 e 40 pessoas, a adoração era experiencial e participativa: "Quando vocês se reúnem, *cada* um de vocês tem um salmo, ou uma palavra de instrução, uma revelação, uma palavra em uma língua ou uma interpretação. Tudo seja feito para a edificação da igreja" (grifo do autor). Não se diz que apenas o pregador ou o líder de louvor colaboravam com essas coisas; *todos* colaboravam. A igreja primitiva não era constituída de espectadores que se sentavam em um banco e ouviam passivamente, observavam e depois iam embora. Mesmo assim, muitos de nossos cultos de adoração não são apenas eventos para espectadores?

Hoje a nossa cultura é diferente, e planejar uma reunião para 40 adoradores é muito diferente do que planejar para 400 ou para 1.400. Mesmo assim, adorar a Deus reunidos em comunhão deve ser um evento participativo e experiencial.

Participação e experiência são muito importantes para as pessoas das gerações emergentes, em todas as áreas da vida. Elas preferem aprender através de experiências interativas e participativas. As pessoas não apenas visitam museus e exposições nos dias de hoje, mas *interagem* com esses lugares. Já se foi o dia com visitas monitoradas monótonas e exposições visuais passivas; as pessoas estão ávidas por *experimentar* a verdade e o conhecimento. O público que assiste à televisão em casa participa de programas de jogos, novas atrações e comédias, acessando a internet para dar sua opinião e algumas vezes enviando *e-mails* com comentários que aparecem no rodapé da tela durante a programação. Platéias participam ao vivo de programas e são incentivadas a interagir com apresentadores e celebridades convidadas.

> *Ao longo da última década, muitos descobriram os limites do intelecto. Um número cada vez maior de pessoas percebe que o que necessitam é muito mais que sermões e orações interessantes. Elas querem saber como podem realmente ter experiências com Deus.* — Henri Nouwen

O mundo dos negócios também percebeu essa mudança. No passado, no mundo moderno, dar uma informação a alguém sobre um produto era suficiente para vendê-lo. Mas Joe Pine e James Gilmore, no livro *O espetáculo dos negócios*,* defendem como é importante vender a *experiência* de um produto. É a experiência do produto que "cria uma impressão duradoura e memorável, que, por sua vez, cria transformações nos indivíduos".[1] É claro que Deus não é um produto. Então, por favor, não pense que estou impondo princípios do mundo dos negócios à igreja. Mas precisamos

---

* Publicado no Brasil pela Campus. [N. do T.]

reconhecer a importância da experiência na transformação da opinião das pessoas na cultura atual.

> *Uma coisa é falar sobre Deus. Experimentá-lo é outra coisa bem diferente.* — Leonard Sweet, Postmodern Pilgrims [Peregrinos pós-modernos]

Alerta, consumidor!

No capítulo 8, alertei sobre os perigos de criarmos consumidores de produtos e serviços espirituais. Da mesma forma, a igreja emergente não deve colocar o seu foco na criação de cultos de adoração multissensoriais interessantes, pois acabaremos criando consumidores de outro tipo. Afinal, é o Espírito de Deus que transforma as vidas, e não a programação que elaboramos. Se os nossos cultos não apontarem para Jesus, não produzirem verdadeiros discípulos e os adoradores não encontrarem Deus ao se reunir, não teremos nada mais que um *show* ou um programa.

Cantar é obviamente uma maneira de ser experiencial e participativo

Quando louvamos e adoramos através da música, as pessoas participam do culto. À medida que são atraídas à verdade pelas letras das músicas, elas concentram mente e coração em Deus. Começam a interagir com a verdade, reagindo a ela enquanto o Espírito Santo as dirige. Elas se tornam parte da experiência de adoração e não permanecem apenas como observadores.

Em um culto de adoração contemporâneo típico, a parte de adoração musical precede a mensagem, depois da qual todos se levantam e vão para casa. Mas será que tem de ser desse jeito? Por que temos de cantar no começo do culto? Em nossos cultos de fé clássica, posicionamos a parte de adoração participativa (com duração de pelo menos vinte e cinco minutos) depois da mensagem. Tenho descoberto que muitas igrejas emergentes estão colocando o período de louvor após a mensagem. Esse tempo após o sermão é uma oportunidade para reagir à Palavra de Deus e ao que ela fez em nós, encorajando-nos, convencendo-nos, confrontando-nos ou nos desafiando (Hebreus 4.12).

Depois de um sermão, gostamos de dar tempo às pessoas para que respirem, interajam com Deus, orem, sondem o coração e não apenas saiam pela porta depois de ouvir a mensagem pregada. Simplesmente não parece natural mandar as pessoas embora, assim de imediato. Talvez nessa pressa de ir embora depois da mensagem, não consigamos permitir que as pessoas tenham uma experiência de interação com Deus. Não é nesse momento que o Espírito Santo parece mais atuar na vida e no coração das pessoas?

A incrível importância da adoração musical experiencial, incluindo uma palavra de alerta

Madonna canta no seu CD *Music*: "A música reúne as pessoas". É verdade! De alguma maneira a música permite que as pessoas se sintam unidas para compartilhar como uma comunidade. Seja num show de *rock*, seja num culto de adoração, a música é uma influência poderosa. Em um culto da igreja, as letras e as músicas conseguem direcionar nossa mente e coração a Deus e provocar nossa adoração.

Sempre saí antes do sermão. Adorava cantar, até mesmo sobre Jesus, mas não gostava de ouvir sermões sobre ele... eram os cânticos que me atraíam e me abriam completamente. — ANNE LAMOTT, *TRAVELING MERCIES*

Até os incrédulos que ouvem e observam os cristãos cantando sobre Deus podem ser impactados pelo poder dessa experiência. Pode parecer estranho para eles, mas também é muito atraente. Ouvi algumas vezes novos crentes dizerem que ver a emoção no rosto dos crentes enquanto adoravam, cantavam e oravam teve um papel crucial que os levou a pensar em seguir o cristianismo.

Você deve ter notado um aumento incrível na quantidade e na popularidade de CDs de adoração nos últimos anos. Isso é ótimo! Mas gostaria de oferecer algumas palavras de precaução, em especial para os líderes.

Adoração não é apenas cantar. Infelizmente muitos definem o ato de adoração apenas pela presença da música. Assim os líderes precisam redefinir o termo adoração e explicar que cantar é apenas uma das formas de expressão de adoração. A música não é o terceiro sacramento!

Previna-se contra o vício da adoração musical. Mentes e corações imaturos podem se acostumar a pensar que não adoraram se não experimentaram o poder e a força emocional de um período de louvor em uma igreja ou com um grupo musical grande. Devemos ter cautela para não apenas levar as pessoas a um frenesi emocional quando em contato com o que estamos fazendo musicalmente. Creio que devemos usar músicas ritmadas e alegres, mas também as meditativas. Creio que devemos avaliar o poder da música e nos certificar de que não estamos manipulando implicitamente as emoções das pessoas, em vez de permitir que o Espírito faça isso.

Cuidado com o conteúdo do que cantamos. Muitas vezes quando estamos sentados no banco de uma igreja durante um culto, temos de cantar letras de músicas que não são teologicamente adequadas, pois em geral são centradas em nós e não em Deus ou são tão metafóricas que o verdadeiro sentido fica perdido. Precisamos ser cuidadosos com as canções com letras que focam as pessoas, para que os incrédulos não recebam uma mensagem errada sobre a fé. Oro que a igreja emergente traga de volta uma firme integridade naquilo que cantamos. Não se esqueça de que muitos hinos possuem letras poderosas e centradas em Deus e são canções lindas para ensinar às gerações emergentes. Também creio que devemos encorajar compositores de nossas próprias igrejas a compor músicas de adoração. Não olhe apenas para o exterior; você pode ter excelentes cânticos de adoração no contexto da comunidade da sua igreja.

> O que é pior é que agora o termo adoração é usado para designar um estilo musical. Se a música é alta e rápida, eles chamam de louvor, mas se é lenta e intimista é chamada de adoração. A adoração é muito mais que música. É um estilo de vida (Romanos 12.2). Adoração é tudo aquilo que proporciona prazer a Deus.
> — RICK WARREN

> O erro mais comum que os cristãos cometem na adoração é buscar uma experiência e não a Deus. Eles procuram um sentimento, e, se isso der certo, concluem que houve adoração. Isso está errado. Na verdade, Deus muitas vezes elimina nossas emoções para não dependermos delas. Buscar uma sensação, mesmo que seja a sensação de proximidade com Cristo, não é adoração.
> — RICK WARREN

Um dirigente-*professor* de louvor

Em nossos cultos, Josh Fox, dirigente do louvor, sempre faz uma leitura das Escrituras, apresentando informações e o contexto

Em uma adoração de fé clássica, Josh Fox e a banda de louvor muitas vezes tocam na parte de trás do salão e não no palco. Desse modo, o foco permanece na cruz vazia e nas letras das músicas, não no líder de louvor ou na banda.

histórico das palavras das músicas. Ou também diminui o volume no meio da música e faz a leitura da Bíblia relacionada com aquela letra. Desse modo, verdades bíblicas, contexto histórico e boa teologia são entremeados na experiência de adoração, fazendo com que as músicas se tornem mais poderosas e ricas. Realmente acho que os líderes de louvor devem ser dirigentes e professores, e deles é o dever de, baseados nas Escrituras, explicar e ensinar sobre as músicas teologicamente saudáveis. A adoração se torna mais poderosa quando envolvemos mente e coração através das letras.

A qualidade da adoração musical é mais importante para a cultura emergente do que a oratória do pregador. A música tem uma participação muito importante na vida das pessoas das gerações emergentes. Assim, a maneira de a incorporarmos nos cultos de adoração se torna um ponto absolutamente crítico. Temos de ser criteriosos quando tratarmos com os talentos e habilidades dos que permitimos tocar ou dirigir; os músicos devem ter um bom nível e uma boa qualidade, mas, ao mesmo tempo, precisamos nos prevenir contra qualquer sinalização de *show* ou *performance* da banda ou de seu líder. Na verdade, parte da minha avaliação pessoal de uma banda de louvor diz respeito à capacidade de não ficar em evidência enquanto ela nos dirige no louvor.

Períodos de silêncio permitem que as pessoas adorem de modo experiencial

Um pastor de uma grande igreja de estilo sensível-ao-interessado certa vez participou de nosso culto de adoração e me perguntou: "Aqueles períodos de silêncio eram planejados? Você os permite de propósito? Eles me deixaram maluco! Eu preciso que tudo funcione em efeito dominó em nossos cultos de adoração, uma coisa depois da outra sem espaços no meio". E gesticulou o efeito dominó. "Simplesmente parar e ficar sentado daquele jeito me leva à loucura!"

Não fiquei surpreso com aquele comentário. Muitas vezes visitei igrejas grandes onde a programação é tão bem organizada que cada momento de transição é realizado suavemente. Cada espaço é preenchido naquela uma hora e quinze minutos de produção altamente profissional e agradável. Parece que Deus está usando essas igrejas de um modo tremendo para alcançar as pessoas que valorizam uma programação suave. Mas compare isso com o nosso culto de fé clássica, em que é comum o nosso líder de louvor terminar um cântico e simplesmente parar por um tempo antes de iniciar o próximo. Guiado pelo Espírito Santo e por sua intuição, ele faz uma pausa para permitir que a verdade que acabou de ser cantada possa ser introjetada. Algumas vezes isso é planejado, mas a maioria das vezes não. Em algumas oportunidades ele nos pede que apenas pensemos nas palavras da última música ou que nos sentemos em silêncio e oremos durante alguns minutos.

Parem de lutar! Saibam que eu sou Deus! — SALMOS 46.10

Entenda por que isso faz sentido. Kalle Lasn, no livro *Culture Jam* [Nó cultural] afirma: "Todo dia, uma estimativa de 12 bilhões de anúncios, 3 milhões de comerciais de rádio e mais de 200 mil comerciais de TV são lançados no inconsciente coletivo da América do Norte... O silêncio é uma coisa estranha hoje em dia, mas pode ser exatamente o que estamos precisando. O silêncio pode ser para uma mente saudável o que ar e água puros e uma dieta livre de produtos químicos podem ser para um corpo saudável... A poeta Marianne Moore argumenta que os sentimentos mais profundos sempre se revelam no silêncio".² As pessoas vivem num ritmo frenético durante toda a semana. Quando elas podem ter tempo para parar e ficar em silêncio? Quando cristãos mais novos ou imaturos, que ainda não desenvolveram o hábito da adoração pessoal durante a semana, haverão de parar e ouvir a moderada e tranqüila voz de Deus que lhes fala? Provavelmente isso não acontecerá em uma programação ruidosa e com muito falatório. As pausas de silêncio podem ser desconfortáveis para alguns, mas, à medida que se tornam uma norma na cultura de nossos cultos de adoração, serão momentos fundamentais. Eu fico maravilhado com a quantidade de adolescentes que me dizem que adoram os momentos de silêncio.

Outra coisa que você pode fazer é planejar períodos de silêncio enquanto versículos são projetados na tela. Por exemplo, depois de uma mensagem sobre a nossa identidade em Cristo, terminamos com oito minutos de silêncio enquanto um versículo após o outro aparecia na tela. Nenhum ruído. Nada de movimentos elaborados com as palavras. Apenas texto branco em um fundo preto aparecendo e desaparecendo. Enquanto a verdade da Palavra de Deus silenciosamente operava naquele lugar, observei algumas pessoas se ajoelhando. Algumas pessoas choravam. Outras simplesmente permaneceram sentadas, mergulhadas na realidade daquilo que significa ser um filho de Deus. Não havia vozes, nem músicas especiais — apenas silêncio e a Palavra de Deus na tela.

Não é o silêncio um aspecto perdido de nossa adoração nos dias de hoje? Onde mais as pessoas irão aprender sobre a beleza do silêncio? Onde permitiremos que o Espírito fale? Onde ensinaremos às gerações emergentes a importância de desacelerar e ouvir a voz de Deus? Essa é uma maneira poderosa de incluir um elemento experiencial em nossas reuniões de adoração.

A oferta pode ser uma experiência de adoração

Você já foi a um culto (talvez em sua própria igreja) no qual percebeu que as pessoas estavam constrangidas no momento da oferta, como se tentassem passar por aquilo o mais rápido possível?

Quando iniciamos os cultos na Santa Cruz Bible Church, eu tinha receio de recolher as ofertas, pois não queria ofender ninguém ou fazer com que alguém pensasse que estávamos atrás de dinheiro. Então, inicialmente, apenas tínhamos uma caixa de coleta no fundo do salão. Depois começamos a usar as sacolinhas de coleta passadas no decorrer da reunião. Mas aprendi desde então que, deixando de apresentar o momento das ofertas como uma prática legítima de adoração, eu estava, na verdade, prestando um desserviço àquelas pessoas, até mesmo lhes tirando a oportunidade de adorar através do ato de ofertar.

Como dar é um ato de adoração, precisamos ensinar isso às gerações emergentes. Elaboramos uma série de ensinamentos através da oferta, explicando que a nossa adoração é como incenso que sobe ao trono de Deus e que damos suporte ao ministério, tanto local como mundialmente.

Naquela noite, em vez de apenas passar as sacolinhas como de costume, colocamos mesas nas laterais à frente no salão, para que não ficassem diretamente à vista. Nessas mesas colocamos cestos grandes envoltos em tecido. Também as decoramos com versículos bíblicos relacionados com adoração escritos em cartões, posicionados ao redor dos cestos, que eram altos o suficiente para que ninguém pudesse ver o que outra pessoa tinha colocado no interior. No momento da oferta, acendemos incensos nas mesas como lembretes de que, enquanto ofertamos, o aroma chega a Deus (Apocalipse 8.3,4; Salmos 141.2). Pedi às pessoas que deixassem os assentos para entregar suas ofertas, juntamente com seus pedidos de oração, colocando-os nos cestos enquanto adorávamos com cânticos. Pedi que fizessem uma pausa quando entregassem a oferta e olhassem para o incenso, para perceber que suas orações e ofertas estavam realmente subindo a Deus como aroma agradável. Eu não tinha idéia do que podia acontecer, mas fiquei impressionado com o que vi.

> Em minhas viagens, encontro muitos membros de igrejas com eventos de adoração de alta intensidade que estão ficando cansados e entediados (embora nunca admitam isso). "Mais" nem sempre é melhor. "Mais alto" nem sempre é melhor. "Mais intenso" nem sempre é melhor. A mente e a imaginação humanas (sem mencionar o corpo) precisam de equilíbrio entre coerência e ordem com variedade e novidade, e quem planeja reuniões públicas de adoração precisa se ater a esse fato. Também precisamos estar sincronizados com os ritmos da vida da comunidade, que podem ser também os ritmos do Espírito Santo. Uma comunidade pode precisar de um estado de latência, um período de descanso, um tempo de calma; o fato é que entramos num descompasso com o Espírito se estivermos tentando fazer com que as pessoas fiquem tão empolgadas quanto na semana anterior — ao passo que o Espírito está desejoso de conduzir a comunidade para repousar em verdes pastagens e ser conduzida às águas tranqüilas, para restaurar as almas. O contrário também é verdadeiro: há um tempo para tudo — regozijo, arrependimento, relaxamento, celebração, sofrimento, questionamento, perseverança e outras coisas.
>
> — BRIAN MCLAREN

Enquanto a banda tocava suavemente e nos conduzia numa adoração contemplativa, as pessoas começaram a se levantar aleatoriamente e caminhar em direção à frente do salão. Duas filas enormes foram formadas, uma em cada mesa. Algumas pessoas ajoelhavam-se antes de colocar nos cestos as ofertas e os cartões com pedidos de oração. Entrei na fila, segurando o envelope com uma consciência muito real de que estava prestes a devolver a Deus uma parte dos ganhos que ele me havia confiado. Quando cheguei à mesa, vivenciei a experiência de ofertar mais poderosa da minha vida. Aproximei-me da mesa e senti o aroma do incenso, observei-o subindo pelo ar e li os versículos sobre adoração. Coloquei o envelope no cesto e, pela primeira vez, tinha acabado de experimentar na realidade todas as coisas que eu conhecia intelectualmente sobre ofertas e adoração. Não estava apenas dando à igreja; minha oferta estava verdadeiramente subindo perante o trono. Foi um momento sagrado para mim.

O montante ofertado naquela noite atingiu o dobro da oferta regular, mesmo considerando o fato de que dificultamos o processo de ofertar. Não ouvi uma única reclamação — muito pelo contrário. Imaginem que declaração poderosa foi feita aos incrédulos naquela noite, ao observarem os seus amigos saindo dos bancos e indo à frente com suas ofertas. Tenho certeza de que, para muitas pessoas, o momento da oferta nunca mais será visto da mesma maneira depois daquela noite.

Fazemos isso como um ato experiencial de adoração a cada quatro ou cinco semanas, porque não queremos que se torne um ato mecânico que perca o impacto. Mas não pense você que não é possível falar sobre dinheiro com aqueles na igreja emergente.

A ceia como o supremo ato experiencial de adoração

A ceia do Senhor é uma das expressões corporativas mais bonitas e mais cruciais de nossa fé (1Coríntios 11.17-30). Para mim, não existe nada mais poderoso do que a linda e natural experiência participativa da comunhão da ceia. Dependendo da sua denominação, as idéias que vou compartilhar podem não ser novas. Entretanto, em muitas igrejas de estilo sensível-ao-interessado, e mais ainda nas igrejas conservadoras, a ceia é conduzida de maneira muito controlada. Pequenos pedaços de pão e pequenas taças de suco ou vinho são passados pelas fileiras em bandejas prateadas. Todos esperam pelo sinal, alguém faz uma oração, e está terminada. É claro que isso pode ser muito significativo, mas eu sempre achei que estava faltando alguma coisa, que o momento da ceia era jogado para o final ou feito de forma rápida para que o sermão pudesse ser pregado. Sentia-me preso à minha cadeira, algumas vezes desejando me ajoelhar, mas percebendo que não poderia. Muitas vezes precisava de mais tempo para contemplar e fazer uma auto-avaliação. Incrédulos e as pessoas que vivem em pecado são instruídos a deixar passar a bandeja, o que pode ser bíblico, mas deixa essas pessoas se sentindo em evidência.

Mas a minha perspectiva mudou quando participei de um culto de ceia na Catedral de St. Paul em Londres. Pediram às pessoas que fossem à frente, fileira por fileira, para pegar os elementos da ceia. Com o meu histórico de igreja americana, esse ato de ir à frente causou-me forte impressão enquanto observava como as pessoas tinham tempo para refletir e orar antes de sair de seus lugares. Aquilo fazia muito sentido! Então, ao voltar para a Califórnia, começamos a celebrar a ceia na frente do salão.

Lembrando sempre da importância do visual, pusemos grandes cruzes de madeira atrás de cada mesa, que havíamos coberto com veludo, e candelabros acesos dos lados. Dependendo do assunto ensinado, algumas vezes colocamos versículos bíblicos ou outros símbolos e objetos nas mesas.

Em vez de pedir às pessoas que se dirijam à frente fileira por fileira, permitimos que venham e participem da ceia no momento que desejarem durante os vinte e cinco ou trinta minutos de adoração após a mensagem, de forma semelhante à coleta das ofertas. Desse modo, as pessoas que não desejam participar da ceia não se sentem tão em evidência. Damos instruções claras sobre a ceia, sobre o que ela é e significa e pedimos aos incrédulos que observem os crentes em silêncio durante esse ato. A ceia também

> **Da mesma forma que Dan Kimball, eu também acredito que a ceia é uma parte crítica e central das reuniões de adoração. Sem entrar no mérito da posição oficial da igreja sobre como Deus está presente ou não durante a ceia (ou seja, acontece alguma coisa imediata e miraculosa ou se trata apenas de trazer à memória a vida de Cristo, sua morte e ressurreição?), continuo a ouvir como Deus tem usado a celebração da ceia do Senhor para evangelizar e transformar pós-modernos. E tenho ouvido essas histórias por mais de uma década. Talvez tenhamos de repensar o modo pelo qual muitas vezes temos relegado a ceia ao nível de um ato eclesiástico obrigatório. A adoração da igreja do Novo Testamento era organizada em torno da Palavra (lida nas Escrituras, cantada, interpretada, e discutida à luz do Messias ressurreto) e da ceia (participação na redenção de Cristo pela distribuição do pão e do vinho). Se a ceia era tão central para que os cristãos da igreja primitiva tivessem uma experiência pessoal com Deus, por que ela não é central em nossas experiências de adoração?**
>
> — SALLY MORGENTHALER

nos ajuda a trazer Jesus à nossa memória de uma forma multissensorial, à medida que comemos, bebemos, tocamos e sentimos o cheiro do pão e do vinho ou suco de uva. Preste atenção ao que você usa. Para mim, alguns pães de ceia se parecem mais com uma goma de mascar do que com o pão descrito na Bíblia. Decidimos usar o pão sem fermento. Ele pode ser partido antes em pedaços ou as pessoas podem fazer isso por conta própria.

Depois que explicamos o que é a ceia, a equipe de louvor toca algo suave, e damos tempo para que as pessoas orem, preparem o coração, confessem seus pecados e caminhem até a frente quando estiverem prontas. Muitas se dirigem para os lados para orar de joelhos antes de ir à frente. É comum ver casais servindo a ceia um para o outro e ajoelhando-se juntos. Para variar, às vezes posicionamos a mesa em um local mais central e tomamos os elementos da ceia como uma comunidade reunida onde podemos ver melhor uns aos outros.

Tudo o que acontece nesses cultos de ceia coloca Jesus na frente e no centro. Em razão do aspecto sagrado dessas noites, retiramos tudo com exceção da cruz no palco. A banda sempre toca nos fundos do salão para que o foco esteja sobre a cruz vazia, que nos lembra de que o Jesus crucificado ressurgiu.

Imagine o impacto disso sobre os incrédulos! Sempre falamos do evangelho nessas noites e com muita clareza explicamos que a ceia é para os crentes. Mas imagine ser convidado por um amigo para ir à igreja, ouvir do significado do sacrifício de Cristo na cruz e então ver esse seu amigo ir à frente e dobrar os joelhos. Não importa o que você pense sobre religião, mas provavelmente veria que o seu amigo realmente deve amar esse Deus de quem ele tanto fala. Você ficaria impressionado ao ver como as pessoas ao seu lado levam a fé a sério. Não me surpreende que na nossa igreja mais pessoas se convertam nas noites de ceia do que nas outras noites. O fato é que é muito bonito vê-las tomar tal decisão num culto que talvez seja o que há de menos apologético em tudo o que fazemos.

Um compartilhar pleno como adoração experiencial

Muitas vezes separamos um tempo para abrir um microfone no culto, dando oportunidade para que as pessoas compartilhem e reajam. Isso sempre traz certo risco, pois nunca sabemos o que elas dirão, mas em geral vale bastante a pena. Tomamos o cuidado de sempre oferecer uma explicação clara sobre o momento e de dirigi-lo com firmeza para que ninguém monopolize o microfone nem faça uma pregação baseada em sua própria opinião. Usamos microfones sem fio para que a congregação fale do próprio lugar e não precise ir à frente.

De vez em quando durante a adoração e a oração, convidamos as pessoas para falar (em voz alta) uma ou duas palavras que lhes venham à mente sobre Deus ou para fazer algum agradecimento que se relacione com o assunto da noite. Em outras ocasiões, pedimos que leiam um ou dois versículos que têm significado especial para elas. Descobrimos que esses momentos de pleno compartilhar são ótimos para promover os valores da comunidade e as expressões individuais.

> Na igreja de Saddleback, sempre temos mais pessoas se convertendo em cultos de ceia, quando explicamos o que é aquilo, do que nos outros cultos.
>
> — RICK WARREN

Ler versículos ou credos em uníssono

Talvez você já conheça a leitura em uníssono de versículos e credos na cultura da sua denominação, mas, para os outros, isso é uma idéia nova. É uma forma valiosa de envolver todo mundo de uma vez, assim como fazem as músicas. As palavras podem ser impressas no boletim ou projetadas na tela para que todos sejam capazes de lê-las na mesma versão.

> Além de lermos as Escrituras juntos e em voz alta nos cultos da Saddleback aos interessados todas as semanas, muitas vezes decoramos um versículo juntos no culto.
>
> — RICK WARREN

Lectio divina

Os primeiros monges utilizavam uma prática chamada *lectio divina*, que significa "leitura divina" ou "leitura sagrada". Além da rotina dos monges de oração e leitura, eles separavam um tempo para repetir em voz alta uma passagem das Escrituras. Quando encontravam uma palavra ou frase que se destacava do restante, eles paravam para orar e ponderar sobre ela em relação com o restante da passagem. Isso continuava à medida que a passagem era repetida e apresentada em oração profunda, e o Espírito Santo lhes trazia coisas à mente.

Nos cultos de adoração típicos, raramente fazemos uma pausa para refletir sobre as Escrituras. A Palavra de Deus é falada, ensinada, até cantada, mas nunca paramos para contemplá-la. É disso que trata a *lectio divina*. Em uma reunião de adoração, você pode orientar as pessoas a fazer isso por meio:

- *Da leitura em uníssono de uma passagem selecionada.* A passagem pode ser projetada na tela ou impressa em um folheto, ou as pessoas podem lê-la de suas próprias Bíblias, se a maioria possuir a mesma versão.
- *Da meditação sobre a passagem.* Em vez de correr de um versículo para outro, peça às pessoas que leiam em silêncio repetidas vezes, ou o pregador pode fazer isso. Enquanto a mensagem está sendo lida, as pessoas podem pedir ao Espírito que permita que uma palavra ou parte do texto realmente se destaque. O objetivo é meditar e vivenciar a passagem.
- *Da oração.* Depois de ler a passagem diversas vezes, permita que as pessoas se sentem em silêncio e peçam ao Espírito que as guie em oração.

Essa prática antiga é muito poderosa quando cumprida durante uma reunião de adoração e, na maior parte das vezes, dura de cinco a dez minutos.

A oração como forma de adoração experiencial

Quando realmente oramos como comunidade? Sem contar com a oração de abertura, de encerramento e do momento da oferta, quanto tempo é realmente separado para falarmos com Deus durante um culto? Períodos mais longos de oração são geralmente reservados para as reuniões de oração, que, na melhor das hipóteses, são menos freqüentadas ou não existem em muitas igrejas.

... ele se dirigiu à casa de Maria, mãe de João, também chamado Marcos, onde muita gente se havia reunido e estava orando. — Atos 12.12

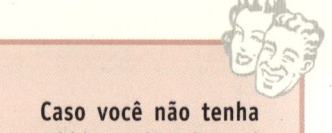

Caso você não tenha percebido, a adoração está em alta... Você escuta coisas como "Nossa! Oitocentos estudantes compareçam semanalmente para adorar!". Digo que isso é incrível! Mas as nossas músicas são regadas com lágrimas? Confie em mim, estou envolvido plenamente com adoração... mas deve haver mais do que apenas cânticos de louvor... Anseio pelo dia em que alguém possa passar uma hora em nosso *campus* e rapidamente saber onde as orações estão acontecendo.

— Louie Giglio, Fundador de Passion e de One Day

A oração é uma das maneiras mais importantes de adorar de forma experiencial. É um encontro pessoal com Deus que se dá quando oramos, ouvimos e adoramos. Mas, por mais estranho que pareça, não é uma coisa muito fácil de incorporar à cultura dos cultos de adoração. É necessário perseverança. Em nossas reuniões de adoração, tentamos fazer que a oração seja uma parte tão normal de cada semana que simplesmente acaba se tornando parte de nós e não alguma coisa acrescentada. Considere a grande variedade de maneiras de incluir a oração nos cultos. Temos uma equipe treinada que está sempre pronta para orar com as pessoas. Essa equipe mantêm uma mesa ao lado do púlpito com Bíblias para serem distribuídas. Em qualquer momento depois do término da mensagem, durante o período de adoração musical e também depois, as pessoas ficam livres para orar com alguém da equipe, para fazer perguntas ou para receber gratuitamente uma Bíblia.

Também proporcionamos momentos de silêncio para oração. As pessoas podem permanecer em seus lugares, ou se ajoelhar ou até mesmo ir para trás das cortinas que envolvem a área das cadeiras se quiserem mais privacidade. Durante os períodos mais longos de adoração, comuns nas noites de ceia, é normal ver centenas de jovens prostrados com o rosto entre os joelhos, orando enquanto confessam seus pecados ou apenas se relacionam com Deus antes de participar da ceia. Esses momentos são plenamente explicados para benefício dos visitantes ou incrédulos, e aqueles que não se sentem à vontade com a oração de joelhos permanecem sentados. Muitos fazem isso.

Muitas vezes encerramos o culto de adoração pedindo às pessoas que orem com aqueles com quem vieram juntos para a igreja. Algumas vezes isso é planejado, mas há vezes em que é resultado da condução do Espírito. Sempre tomo o cuidado de dizer às pessoas que elas têm liberdade para sair se desejarem, mas, se preferirem ficar, podem orar sozinhas ou com um integrante da banda ou da equipe de oração. Os incrédulos saem, ou ficam apenas observando, ou vêm orar conosco. (De modo geral, eles não têm dificuldades em permitir que alguém ore com eles.)

Essa é uma ótima maneira de ajudar os membros da igreja a vencer o desconforto de orar com os amigos. Digo a eles que podem dizer poucas palavras como: "Por favor, que tudo o que falamos hoje sobre as Escrituras possa acontecer na vida deste meu amigo". Qualquer que seja a forma que fazemos isso, devemos enfatizar o valor da oração para a cultura emergente, tanto para crentes quanto para incrédulos, e trazer essa disciplina para nossos cultos de adoração.

Outra maneira criativa que usamos para inserir a oração em nossos cultos são as estações ou cantos de oração. É impressionante perceber como algumas vezes o simples ato de levantar-se do assento num momento de convicção ou para receber ânimo pode cristalizar um momento em nossa mente. Vale a pena gastar energia, tempo e outros recursos de que pudermos dispor para encorajar as pessoas a reagir à obra que Deus está realizando no coração de cada uma delas. Houve algumas noites em que praticamente não houve pregação. Simplesmente preparamos as estações de oração e permitimos que os trechos das Escrituras posicionados nas mesas entregassem a mensagem, oferecendo às pessoas um tempo mais longo para reagirem em oração.

Em nossos cultos, uma estação de oração é normalmente constituída por uma mesa redonda, coberta com algum tecido, e por diversos objetos relacionados com o tema central. Por exemplo, certa vez realizamos uma série de sermões sobre o perfil de um discípulo. Na última noite da série, preparamos estações de oração que representassem cada uma das disciplinas ou aspectos de uma vida cristã saudável. À esquerda do palco colocamos uma estação dedicada à comunidade. Aquela mesa foi preparada como para um jantar, com fotos de famílias e versículos bíblicos em cartões espalhados por toda a mesa. Eu havia ensinado que fazer parte de uma igreja era como ser membro de uma família, e durante o momento de adoração as pessoas eram convidadas a passar algum tempo naquela mesa, pedindo a Deus que trabalhasse nessa área da vida de cada uma delas.

Espaços como esse ressaltam a importância da oração, assim como incentivam as pessoas a escrever suas orações ou a pedir a outros que orem por elas durante o culto.

Outra estação representava o discipulado. Nessa mesa colocamos um bastão de corridas de revezamento e o cercamos com versículos relacionados com a transmissão da fé. Algumas perguntas deixadas na mesa: "Você está discipulando outras pessoas para serem seguidoras de Jesus?" e "Para quem você está transmitindo sua fé?". Tínhamos uma estação de oração com um colete salva-vidas no centro, representando a necessidade de compartilhar com outras pessoas o resgate que experimentamos através de Jesus. Quando as pessoas paravam junto a essa mesa, algumas delas se ajoelhavam e pediam a Deus que colocasse pessoas em suas vidas com quem pudessem compartilhar as novas do evangelho e do Reino.

As estações de oração permitem que as pessoas interajam de forma experiencial com a mensagem ou com o tema de diversas maneiras: elas podem orar e ler versículos sobre o assunto, ser desafiadas, encorajadas ou simplesmente aprender sobre o assunto. Você pode até envolver mais de um sentido ao agregar elementos que podem ser tocados ou que proporcionem algum tipo de interação.

Em um culto cujo tema era ser visto como justo por Deus através de Cristo, preparamos estações de oração com vasos com água. Aqueles que sentiam o desejo mergulhavam as mãos nos vasos antes de orar, simbolizando e recordando sua pureza perante Deus. Em outra ocasião, pressionavam as mãos em uma caixa com areia que simbolizava que estavam deixando suas impressões em outras pessoas e oravam para que aquelas impressões deixadas fossem segundo o caráter de Cristo. Há diversas coisas que podem ser feitas. As atividades nas estações de oração normalmente ocorrem durante a adoração musical para que as pessoas se sintam livres para participar ou não.

Algumas vezes solicitamos que deixem alguma coisa na estação. Cobrimos as mesas com papel de embrulho e convidamos as pessoas para escreverem seus pedidos de oração ou os nomes de outros sobre os quais têm esperança de que se tornem cristãos. Colocamos cruzes grandes com vasos aos pés e convidamos as pessoas para que escrevam suas orações e confissões e as deixem aos pés da cruz. A nossa equipe de oração depois ora por esses pedidos e assuntos. Colocamos um mapa-múndi gigante para que as pessoas orem por lugares específicos e marquem essa localização no mapa. Apenas passar por essa estação de oração e encontrar o mapa coberto com marcas que representam as orações dos

O ponto central dessa estação de oração é uma enorme cruz formada por espelhos. A mensagem daquela noite explicou como Jesus levou todos os nossos pecados sobre a cruz. A estação de oração permitia que as pessoas se vissem refletidas na cruz enquanto escreviam orações de gratidão.

santos é uma experiência tocante e poderosa que amplia a perspectiva das pessoas.

Uma vez durante o nosso evento anual de arte, preparamos um labirinto de oração, que na verdade era uma série de estações de oração experienciais. Um labirinto é um caminho com formato confuso semelhante àqueles projetados nos chãos das catedrais européias durante a Idade Média. Os cristãos daquela época passavam devagar pelo labirinto, que funcionava como ajuda para a oração contemplativa e para a reflexão. O nosso labirinto exigia uma hora para ser percorrido, e foi incrível ver tantas pessoas esperando sua vez e depois passando um tempo precioso em oração.

Seja como for, creio que as gerações emergentes precisam ver a oração como exemplo e valorizada, porque elas estão ansiosas para orar. A oração é uma maneira natural e linda de ver o culto de adoração se tornar muito mais participativo e interativo. Quanto mais incorporamos comunicação pessoal com Deus, melhor. Mesmo os incrédulos, se tiverem algum tipo de crença em algum "Deus" ou numa força superior, acreditam na oração. Em uma reunião de adoração como essa, temos o privilégio santo de ajudá-los a compreender o que significa orar ao verdadeiro Deus e como estabelecer um relacionamento com ele.

Idéias de última geração ou simplesmente uma volta ao fundamental?

Vivi uma experiência divertida recentemente quando conversava com um amigo que integra uma equipe de uma igreja contemporânea. Ele dirige um culto de adoração de fé clássica que usa muitas coisas das quais estamos falando neste capítulo. Ele me contou que o pastor titular da igreja disse em uma reunião de liderança que esse meu amigo e sua equipe estavam "alargando as fronteiras" e fazendo coisas realmente "de última geração". "Coisas malucas acontecem nesse culto", ele disse. Você deve estar imaginando o que acontece naquela igreja. Bom, o meu amigo me contou: "Dan, nós não temos nada de última geração.

Estamos apenas orando mais nos cultos. Estamos nos ajoelhando mais. Temos períodos de silêncios. Lemos os credos em conjunto. Isso é o que o pastor titular diz ser de última geração!".

> A adoração na igreja emergente tem menos a ver com o que é de última geração e mais a ver com uma volta ao nosso centro espiritual com Jesus como nosso único foco.

Que ironia o fato de que a volta a uma forma de adoração mais pura e antiga é vista agora como nova e até de última geração. Estamos simplesmente retornando a uma forma primitiva de adoração que está à nossa volta desde que igreja é igreja.

Uma observação final sobre elementos de adoração experienciais

A adoração experiencial, em oposição à adoração voltada para o espectador, não requer um grande orçamento ou uma grande equipe. Apenas demanda uma boa dose de planejamento e uma equipe que compreenda o objetivo, a essência e a visão do que fazer nas reuniões de adoração. O alvo é ajudar as pessoas a permanecer centradas em Jesus e não na experiência; oferecer adoração e ensino fundamentados nas Escrituras, e não apenas truques da moda e engenhocas. Eu constituiria uma equipe e planejaria cada culto com um mínimo de três ou quatro semanas de antecedência.

Há muitas maneiras de ser criativo na expressão da adoração. Seja qual for a maneira de adorarmos, tomemos o cuidado para que Jesus esteja no centro e para que estejamos ajudando as pessoas a manter uma visão santa de Deus. Que nunca criemos cultos de adoração experienciais que atraiam mais a atenção para a experiência do que para Jesus. Ele deve ser o centro de toda a nossa adoração e de nossas reuniões, sejam elas do estilo pós-sensível-ao-interessado ou sensível-ao-interessado, seja antigo ou moderno, clássico ou contemporâneo.

Pensamentos emergentes

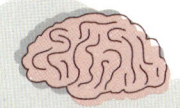

1. Como você avaliaria a sua reunião de adoração atual? É mais como um evento para espectadores ou um programa participativo e experiencial? O que faz ele ser assim?
2. Como um membro comum de sua igreja definiria adoração? Tenderia a pensar que é fundamentalmente a parte musical do culto?
3. Quanto de oração existe em sua reunião de adoração atual? Como você pode aumentar o tempo de oração?
4. Algumas idéias sobre adoração multissensorial apresentadas neste capítulo são possibilidades reais para a sua igreja?

Capítulo 16

Pregação

Voltando a contar histórias

> "**No passado... os pregadores eram capazes de conhecer as unidades básicas de uma cosmovisão cristã... Você podia tomar textos como João 3.16, Romanos 5.8 ou Isaías 53.4-6 e pendurá-los no 'varal' de uma cosmovisão judeu-cristã. O problema na tentativa de alcançar pessoas pós-modernas é que não existe nenhum varal... o grande desafio do pregador é montar esse varal.**"
>
> — Colin S. Smith, *Telling the Truth*
> [Contando a verdade]

Imagine que você faz parte de um grupo que está ouvindo um preletor empolgante que diz: "Eu tenho ótimas notícias! Você não precisa mais temer a maldosa Shelob. Sua presença hipnótica é bem enfraquecida pelo Frasco de Galadriel. Embora a maldade de Sauron ainda se desenvolva a leste, sua missão de carregar o Anel até a Montanha da Perdição está garantida, e, enquanto você se apegar à Espada Élfica e com sabedoria usar o Frasco Resplandecente, estará seguro. Continue seguindo Sméagol, por ora, e no seu camin ho vá pela Passagem de Cirith Ungol. Não são ótimas notícias?".

Se você leu o livro de J. R. R. Tolkien, *O senhor dos anéis*, provavelmente irá compreender o que o pregador disse. Você até deve ter reconhecido alguns nomes e sentido alguma emoção quando foram mencionados. Conhecendo a história, você entende o alívio que foi para Frodo se apegar àquele presente de Galadriel para poder precaver-se contra a enorme aranha Shelob. Você compreende a missão de chegar à Montanha da Perdição e por que isso era tão importante.

Mas, se você não leu a trilogia de mais de mil páginas, não terá noção do que estava sendo dito nem se importaria muito com Frodo e seu Frasco. Sem sentir perigo algum, por que sentiria alívio ao saber da possibilidade de fuga ou da necessidade de uma arma?

Ou, se você não leu os livros nem assistiu aos filmes, talvez tenha ouvido alguma coisa da história contada por um ou dois fanáticos por Tolkien, mas a extrema fascinação deles com os mínimos detalhes da Terra Média fez com que você se desinteressasse completamente. E, como você escutou apenas algumas partes da história, aquilo que foi dito pelo pregador é um pouco confuso e lhe parece bastante irrelevante.

As histórias maravilhosas e emocionantes devem ser recontadas

Por que essa digressão com *O senhor dos anéis*? Você não acha que a experiência de alguém que conhece pouco ou quase nada sobre esse livro é parecida com a de tantos jovens pós-cristãos que escutam a explicação dos ensinamentos bíblicos, incluindo o evangelho de Jesus? Começamos pelo meio de uma história que eles não conhecem ou que conhecem muito pouco e principalmente pelas experiências negativas. Oferecemos a eles uma fuga de um perigo que eles desconhecem e usamos palavras que não fazem parte do vocabulário deles ou que eles não compreendem corretamente. As pessoas na cultura emergente não conhecem a história e, por isso, os pregadores devem novamente contá-las.

O livro de histórias não é mais visto da mesma maneira

Mas encontramos um novo problema quando tentamos contar essa história. Houve um tempo em que Billy Graham podia empunhar sua Bíblia com capa de couro preto e dizer: "A Bíblia diz..." e as pessoas ouviam e respeitavam suas palavras, pois vinham daquele "livro de histórias". Afinal, a Bíblia era conhecida como a Palavra de Deus. No mundo moderno, ele se dirigia fundamentalmente a um público judeu-cristão. Mesmo que esse público não acreditasse em Deus, ainda assim tinha uma compreensão geral e respeito pela Bíblia e pelos pregadores.

Hoje, quando empunhamos nossa Bíblia diante da cultura emergente e dizemos: "A Bíblia diz...", encontramos uma reação bem diferente. "O que faz desse livro um livro diferente de todos os outros livros religiosos que há por aí?" "Eu aprendi na escola que a Bíblia foi escrita na sua totalidade por homens e é simplesmente uma variação de outras religiões míticas do antigo Oriente Médio." "A Bíblia? Tanta dor e ódio foram causados por esse livro." Até a visão que as pessoas têm dos pregadores mudou. O que antes era uma atividade respeitada na sociedade hoje é visto com estereótipos desfavoráveis. Até a palavra "sermão" ganhou um sentido negativo: "Não me venha com sermão!".

Talvez você não ouça esse tipo de comentário do membro de sua igreja, porque a Bíblia já foi aceita como fonte da verdade. E se os jovens de sua igreja não estão tendo essa opinião negativa, é provável que tenham sido criados em lares cristãos que os ajudaram a moldar suas cosmovisões. Mas, se você se envolver nas discussões da cultura emergente fora dos círculos cristãos, comentários desse tipo são a regra. Precisamos repensar alguns aspectos de nossa pregação e comunicação.

Diferenças de valores na pregação e na comunicação

A Bíblia nos ordena que preguemos e divulguemos as boas notícias do Reino. Vamos olhar algumas palavras usadas nas Escrituras em relação a *pregar*:

> Podemos facilitar nossa tarefa de pregar com poder se a suprema história também estiver entremeada em outras partes do culto. Outra maneira é aprofundar-se no passado. As nossas antigas liturgias não eram apenas modos de adoração, mas sistemas de divulgação da história suprema. Do começo ao fim, os adoradores cantavam, entoavam e narravam por antífonas essa história: o Deus que tudo cria do nada, que com paciência se importa com o seu povo, que se torna um de nós, que nos redime e que na plenitude dos tempos irá restaurar todo o Universo. Antes que retornemos às nossas antigas raízes da pregação — planejamento temático, cultos moralistas —, talvez precisemos restabelecer o tema mais crucial de todos: as obras e a presença histórica do Deus criador, redentor e santificador.
>
> — SALLY MORGENTHALER

1. *Kerugma* significa "proclamar" (Mateus 12.41; Lucas 11.32; Romanos 16.25).
2. *Euangelizo* significa "trazer ou mostrar boas-novas ou notícias" (Atos 13.32; Romanos 10.15; Hebreus 4.2).
3. *Kerusso* significa "ser um arauto" (Lucas 12.3; Atos 10.37; Romanos 2.21).

Pregar é "proclamar" a história de Deus e dos homens, as boas-novas do Reino. É uma parte crítica e central de nossa missão e não podemos deixar isso de lado na igreja emergente. Em 1Timóteo 4.13, Paulo nos lembra de que devemos nos dedicar "à leitura pública da Escritura, à exortação e ao ensino". No Antigo Testamento, eles "leram o Livro da Lei de Deus, interpretando-o e explicando-o, a fim de que o povo entendesse o que estava sendo lido" (Neemias 8.8). A igreja emergente deve incentivar a leitura pública, a pregação e o ensino. Em uma cultura destituída de verdade e carente de compreensão da história bíblica, precisamos proclamar, anunciar e pregar ainda mais. Mas a maneira pela qual fazemos isso precisa mudar, pois o público não é mais o mesmo.

O quadro comparativo a seguir oferece uma perspectiva (empregando um pouco de hipérbole) de nossas premissas sobre como pregar para públicos modernos e para públicos pós-cristãos. Não estou dizendo que uma metodologia é melhor que a outra; elas simplesmente representam valores diferentes para públicos diferentes com cosmovisões distintas.

Antes que continuemos com essa discussão sobre pregação para as gerações emergentes, vou esclarecer minhas premissas:

1. Você irá estudar em atitude de oração e fazer a exegese das Escrituras para de uma forma correta comunicar seu significado. Mais do que nunca, precisamos "manejar corretamente a palavra da verdade" (2Timóteo 2.15).
2. Quando pregar, Jesus será o centro de seus sermões, e você não apenas dará informações sobre ele, mas dirá às outras pessoas como experimentar Jesus e relacionar-se com ele na condição de discípulo (João 5.39).

3. Não importa o seu estilo de pregação ou o método que você usa, seu objetivo é ver uma mudança na vida de seus ouvintes para que verdadeiramente sejam embaixadores de Jesus (2Coríntios 5.20) e mensageiros da vida no Reino.

Homilética do corte de cabelo

Corto meu cabelo duas vezes por mês, principalmente porque aprendo bastante sobre pregação e comunicação toda vez que faço isso. No salão de cabeleireiros, quase todos os profissionais são jovens e representam a cultura de hoje. Pelo que sei nenhum deles freqüenta a igreja ou tem alguma coisa a ver com isso. Mas nos últimos dois anos, desenvolvi uma amizade com a moça que corta o meu cabelo — uma jovem de 25 anos de idade.

A cada visita, tenho o privilégio de sentar e conversar com ela por quase uma hora. Muitas vezes a nossa conversa é sobre o assunto que vou pregar na igreja nas próximas semanas. Ela adora dar sua opinião e não vê nenhum problema em falar de coisas espirituais. Seus comentários interessantes me ajudam a avaliar como os membros de uma geração pós-cristã enxergam o mundo, os assuntos bíblicos, a igreja e os cristãos. Essa aula quinzenal de homilética do corte de cabelo tem me proporcionado idéias mais práticas sobre pregação e comunicação mais do que qualquer aula a que eu tenha assistido no seminário. Se você quer de verdade entender aqueles que você deseja alcançar, eu recomendo que cultive um relacionamento contínuo como eles para obter informações. Cabeleireiros e barbeiros da minha igreja me perguntam toda hora se quero que eles cortem o meu cabelo. Mas depois de agradecer, sempre recuso porque aproveito todas as oportunidades que tenho para me encontrar com incrédulos. Fiz um voto de nunca cortar cabelo com um profissional cristão novamente!

Durante uma dessas sessões homiléticas, encontrei-me com alguém da igreja. Enquanto conversávamos, essa pessoa fez um comentário sobre salvação. Minha cabeleireira ficou confusa com o uso da palavra, e isso precipitou uma conversa na qual aprendi que ela não tinha a menor idéia do que era salvação e o porquê de ser necessária. Ela não conhecia quase nada da história da Bíblia,

---

Este é apenas um exemplo de como uma liturgia — a oração da ceia — foi retrabalhada para uma reunião com pessoas pós-modernas:

Ó Senhor nosso Deus, sustentador do Universo,
À tua ordem, todas as coisas são criadas:
A vasta extensão do espaço interestelar;
Galáxias, sóis, os planetas em suas órbitas,
E essa frágil terra, nosso lar insular.
Por tua vontade foram criados e existem.
Deus Redentor, Palavra que se fez carne.
Honramos tua memória no pão e no vinho;
Teu corpo, teu sangue subjugados para que nós, com toda a criação, pudéssemos ser feitos puros.
Através de teu sacrifício a morte é anulada.
Pela tua ressurreição temos um futuro.
Obrigado.
Portanto, com os anjos e com os animais,
Micróbios e montanhas,
E com tudo o que vive por ti
Proclamamos que és maravilhoso,
Derramamos nossa gratidão
Em canções que nunca cessam:
Santo, santo, santo, Senhor,
Deus de força e de poder,
Céus e terra estão cheios de tua glória.
Hosana nas alturas! [1]

— Sally Morgenthaler

incluindo suas personagens. A idéia que fazia de "Deus" era totalmente diferente do Deus da Bíblia. Na verdade, ela ouvira falar que a Bíblia tinha dois "Deuses", um do Antigo Testamento e outro do Novo Testamento. Descobri que ela era inclinada a acreditar na idéia de muitos deuses; sua cosmovisão era bem distante da judeu-cristã. Então quando conversava com ela, eu precisava começar de um ponto bem diferente do que quando falava com um indivíduo que conhecesse algo de igreja.

Valores em transformação na abordagem da pregação

IGREJA MODERNA	IGREJA EMERGENTE
O sermão é o ponto central do culto de adoração.	O sermão é parte da experiência da reunião de adoração.
O pregador funciona como um despenseiro de verdades bíblicas que ajudam a solucionar os problemas da vida moderna.	O pregador ensina como a sabedoria antiga das Escrituras se aplica à vida do discípulo de Jesus no Reino.
Enfatiza a explanação do que é a verdade.	Enfatiza a explanação e a experiência de quem é a verdade.
O ponto inicial é a cosmovisão judeu-cristã (Atos 17.1-3).	O ponto inicial é o jardim do Éden e uma nova narrativa da história da Criação e da origem do homem e do pecado (Atos 17.22-34).
Termos bíblicos como *evangelho* e *Armagedom* não precisam de definição.	Termos bíblicos como *evangelho* e *Armagedom* precisam ser desconstruídos e redefinidos.
A mensagem bíblica é comunicada fundamentalmente com palavras.	A mensagem bíblica é comunicada através de uma combinação de palavras, imagens, arte, silêncio, testemunho e história.
A pregação em um culto de adoração é a principal maneira de aprender as Escrituras na semana.	A pregação numa reunião de adoração é um elemento que motiva as pessoas a estudar as Escrituras no decorrer da semana.
A pregação ocorre dentro da igreja durante o culto de adoração.	A maior parte da pregação ocorre fora da igreja no contexto da comunidade e dos relacionamentos.

Pontos de partida diferentes para cosmovisões diferentes

Atos 17 é um trecho das Escrituras essencial para a discussão sobre a pregação na igreja emergente. Paulo adentrou a sinagoga em Tessalônica e "discutiu com eles com base nas Escrituras, explicando e provando que o Cristo deveria sofrer e ressuscitar dentre os mortos" (Atos 17.2,3). Os ouvintes de Paulo respeitavam a Bíblia hebraica e aceitavam que seus autores tinham sido inspirados por Deus. Os que freqüentavam a sinagoga conheciam a grande história de Deus e do homem. Conheciam a história da criação e da queda. Conheciam Noé, Abraão, Moisés, Davi e Daniel. Paulo pôde simplesmente abrir os rolos e provar com base nas Escrituras que Jesus era o Messias.

Mas vemos uma abordagem muito diferente em Atos 17.16-32. Paulo chega a Atenas e indigna-se ao encontrar uma cidade "cheia de ídolos". O povo não conhecia a Bíblia hebraica e provavelmente não conhecia a história da criação e da queda, nem a seqüência da história bíblica; aquelas pessoas tinham um conjunto de crenças distinto e histórias que moldavam sua maneira de pensar.

Não é à toa que Paulo usou uma abordagem diferente na pregação no Areópago. Essa reunião muito provavelmente envolvia um grupo de homens que supervisionava os assuntos religiosos e educacionais na colina de Marte. Então, em vez de começar pelas Escrituras, Paulo começa reconhecendo que seus ouvintes são pessoas muito espirituais (Atos 17.22). Ele não começa a mensagem apontando o dedo na direção deles e dizendo que estão errados, nem parte da premissa de que concordam com ele e compartilham de sua crença em um só Deus. Pelo contrário, Paulo volta na história e fala sobre um Deus que tudo criou (Atos 17.24). Depois passa a falar que esse Deus estava próximo deles, e utiliza as palavras de um poeta de Creta chamado Epimênides para ilustrar sua mensagem. Ele também cita o poeta Aratus de seu próprio país, a Cilícia (Atos 17.27,28). Paulo, de modo relacional, leva seus ensinamentos para o mundo deles e, no fim, conduz a mensagem a um ponto de desafio ou decisão, explicando que o homem, um dia, irá encontrar esse Deus em julgamento, e a única resposta para essa situação é encontrada em Jesus e na sua ressurreição dentre os mortos (Atos 17.31).

Paulo usou dois pontos de partida diferentes para dois públicos diferentes, baseados na cosmovisão e conhecimento das Escrituras de cada grupo. Ele nos deixa um modelo de como devemos pregar e nos comunicar com um grupo de pessoas que, com uma diferença importante, é bem parecido com o grupo do Areópago.

Antes de nos comunicar com vidas, precisamos recuperar voz e credibilidade

A diferença importante entre o desafio que Paulo enfrentou nas pregações e os desafios que enfrentamos hoje é que o público grego de Paulo estava interessado em ouvi-lo. Os cristãos eram novidades naquele cenário, e os gregos recebiam bem as novas idéias como combustível para debates. Muitos pós-cristãos, no entanto, possuem a vaga noção do que é cristianismo e do que ele representa, e não querem nada com isso. Assim, simplesmente levantar-se e começar a falar para um grupo de pessoas não funciona mais, pois as pessoas não se interessam em ouvir o que você tem a dizer.

A garota que corta meu cabelo já tinha rejeitado o cristianismo mesmo antes de saber o que era. Ela teve algumas discussões com cristãos, e a Bíblia não significava nada para ela. Dizer a ela: "Isto é o que a Bíblia diz" não tem quase valor. Se sua confiança nos cristãos está abalada, isso se resolve apenas por meio de relacionamentos.

Uma semana atrás, na minha aula de homilética do corte de cabelo, conversamos sobre o rompimento dela com o namorado. Como tenho um pouco de liberdade com ela, falar sobre coisas espirituais tornou-se algo comum. Pude falar sobre o projeto de Deus para homens e mulheres e o que significava ser uma só carne. De repente ela parou de cortar o meu cabelo, girou minha cadeira e ficou de frente para mim. Ela me olhou nos olhos, com o cortador ainda ligado, e disse: "Fale isso de novo. Quero ouvir mais". Como tinha confiança em mim, pude explicar algumas coisas importantes e fortes sobre o projeto de Deus para o sexo e para os relacionamentos. Enquanto falava, ela foi se abrindo para ouvir e questionar como nunca antes. Seus olhos até se encheram de lágrimas quando expressou o que estava entendendo daquilo que eu lhe estava explicando. Veja, ouvir sobre as diretrizes de Deus para o sexo e para os relacionamentos não era uma coisa negativa para ela, em absoluto. Na verdade era como ouvir boas notícias, pois pela primeira vez ela estava ouvindo a história de Deus e de seu amor e de como nossa sexualidade tinha sido planejada por ele. Não fiquei falando de pecado, mas contei a história e falei como os relacionamentos e a sexualidade se encaixavam nessa história. Ela jamais teria se disposto a ouvir se estivesse sentada em um culto de adoração. (Ela ainda não foi a nenhum.) Foi necessário estabelecer um vínculo de amizade para conseguir a oportunidade de lhe falar sobre aquelas verdades bíblicas.

Assim, nosso primeiro grande desafio ao pregar para as gerações emergentes é recuperar nossa voz ao ganhar credibilidade de nossos ouvintes. (Falaremos sobre esse assunto no capítulo 20.)

Quando formos preparar as mensagens para a cultura emergente, devemos pensar como Paulo pensou. Quando pregamos, não devemos jamais pressupor que todos concordam com nossas premissas. Você pode falar com crentes e incrédulos ao mesmo tempo, contanto que se empenhe um pouco mais e faça algumas redefinições e repense sua abordagem quando for pregar.

Conte a história de Deus e dos homens continuamente. Conte a maravilhosa e sublime história repetidas vezes. Não podemos partir do princípio de que as pessoas a conhecem totalmente. Devemos constantemente pintar todo o quadro da história da Bíblia e contá-la de todas as maneiras possíveis com nossa pregação.

Desconstrua, reconstrua e redefina os termos bíblicos. Muitas pessoas de fora da igreja pensam que a palavra *gospel* refere-se apenas a um estilo musical. A definição que elas têm de termos bíblicos vem de filmes, músicas e outras mídias. A maioria delas não tem idéia de quantos discípulos Jesus tinha e, pior ainda, não sabe nem mesmo o que é um discípulo.

A ênfase que Dan Kimball dá à história não poderia ser mais importante. O que aconteceria se desconsiderássemos todas as nossas categorias da teologia sistemática e no seu lugar estruturássemos o nosso pensar e viver em torno da suprema história da Criação, alienação e nova criação?

Teologias sistemáticas são maravilhosas construções moderno-medievais; para mim, são como as catedrais da Idade Média. Mesmo que poucos ainda adorem nas catedrais, nós as valorizamos e sabemos que devem ser preservadas por sua beleza. A simetria intelectual e as estruturas de ligação das teologias sistemáticas devem ser apreciadas e preservadas. Mas o meu palpite (e esperança) é que, no futuro, não viveremos somente de teologias sistemáticas, mas iremos aprender a viver na história bíblica... e estendê-la através de nossa vida.

— Brian McLaren

> **Este capítulo sobre pregação é renovador e motivador para mim! Há grande necessidade de manter um compromisso inabalável com a história e o texto bíblicos enquanto oferecemos informações práticas e transformadoras de vida que tenham apelo à mentalidade dos pós-cristãos.**
>
> — CHIP INGRAM

> **Ha, ha! Rolei no chão de tanto rir quando li isso! Ao mesmo tempo, apenas uma pequena minoria de americanos seria capaz de manter a atenção e a concentração numa cerimônia budista. Recebemos dois ônibus de sacerdotes budistas em visita aos cultos da Saddleback. Quando perguntamos a eles a razão da visita, eles responderam: "Não sabemos alcançar com eficiência as pessoas diferentes de nós. Queremos aprender a nos comunicar melhor". Será que a galinha da cultura do vizinho é sempre mais gorda?**
>
> — RICK WARREN

Uma nova fome de teologia e profundidade

Não podemos mais simplesmente entregar mensagens com "três passos fáceis" para solucionar um problema. Sinto uma fome renovada por teologia e um interesse em discutir os mistérios de Deus. As gerações emergentes estão famintas de ensino e pregação mais profundos, e não se contentam com respostas superficiais.

Permita que Deus ainda seja Deus. Na igreja moderna, tentamos sistematizar Deus para que pudéssemos entendê-lo e explicá-lo. Muitas vezes transformamos nossa teologia em ciência exata e eliminamos todo o mistério. Precisamos celebrar o mistério divino e adorar mais e mais a Deus em razão disso. Não devemos ter receio de dizer: "Nós não sabemos". Isso vai contra a própria constituição da modernidade, mas, a menos que admitamos que mistérios espirituais existam, não iremos ter voz em nossa cultura por muito tempo.

Faça com que a pregação seja teocêntrica e não antropocêntrica. O movimento sensível-ao-interessado chamou grande atenção para os benefícios das mensagens temáticas que as pessoas desejam. Admitamos, essa abordagem tem o seu valor. Até Jesus a utilizou. Alguns nomes de Deus refletem esse conceito (Jeová-Jiré, o Deus que provê). Mas em muitos casos, infelizmente, o foco de nossa pregação está em nós e não em Deus. Reunimo-nos aos domingos para aprender como *nós* podemos ter uma família feliz, como *nós* acertamos a nossa vida financeira, como *nós* podemos viver uma vida de paz ou como *nós* podemos ter um casamento melhor. Um forte viés teocêntrico na pregação é exatamente o que as gerações emergentes desejam.

Não brinque com a inteligência das pessoas nem com o desejo que elas têm de profundidade espiritual. Se eu fosse a um templo budista para obter uma experiência espiritual profunda e depois de entrar recebesse um papel para ser preenchido, com um acróstico fácil de ser memorizado contendo os três passos sobre como "M-E-D-I-T-A-R", creio que isso me pegaria desprevenido.

Se então fosse submetido a uma mensagem sofisticada, de estilo acadêmico, com apresentação em *PowerPoint*, ficaria confuso e um pouco desapontado.

O mesmo acontece com as pessoas das gerações emergentes que comparecem a um culto de adoração e buscam uma experiência profunda da sabedoria de Deus. Se distribuirmos esboços do sermão, eles devem ser completos e apresentar o contexto histórico das passagens que usaremos.

Uma vez, pregando sobre Romanos 6—8, senti-me como se estivesse dando aula de inglês, porque apresentei às pessoas as definições de *santificação, condenação, justiça imputada* e outros termos. Preparei notas completas do sermão para serem distribuídas, e a verdade é que, naquela noite, as notas não foram suficientes e tivemos de imprimir mais durante várias semanas, pois a demanda foi grande. As gerações emergentes estão famintas por um ensino mais profundo, e nosso dever é respeitá-las o suficiente oferecendo o que desejam.

Não temos de limitar os sermões ao padrão atual de vinte minutos. As mensagens devem durar sempre menos que trinta minutos? Há ocasiões em que será preciso limitar a mensagem, dependendo do culto de adoração planejado para determinada noite. Mas conheço muitas igrejas grandes que estão atraindo centenas e milhares de jovens com mensagens que duram de quarenta a cinqüenta minutos.

Use trechos bíblicos completos tanto do Antigo Testamento quanto do Novo. À medida que vamos repetindo a história, é importante que nos lembremos de contá-la por inteiro, de Gênesis a Apocalipse. Usar apenas versículos isolados aqui e ali não é suficiente.

Ensine as raízes judaicas da fé. Já mencionei a importância de restaurar as raízes judaicas de nossa fé nas reuniões de adoração, e isso inclui a pregação. Mais do que nunca temos de revelar as antigas raízes judaicas da nossa fé. Philip Yancey levanta essa discussão em seu livro *O Jesus que nunca conheci.*[*] Ele escreve:

---

[*] Publicado no Brasil pela Editora Vida. [N. do T.]

"Não consigo mais compreender Jesus sem vinculá-lo às suas raízes judaicas, assim como não consigo compreender Gandhi sem suas raízes indianas. Preciso voltar bastante na história e visualizar Jesus como um judeu do primeiro século, com um filactério no pulso e terra palestina nas sandálias".[2] É estranho que a igreja moderna e sensível-ao-interessado quase ignore isso por completo, enquanto as gerações emergentes anseiam por conhecer esse Jesus.

Pregação "Teotemática": recontando a história para moldar uma cosmovisão

Tenho ouvido alguns pastores destruírem o conceito do sermão temático dizendo que devemos empregar apenas sermões expositivos. Da mesma forma, tenho ouvido refutações dos que ressaltam que nem no exemplo de Jesus nem em qualquer outro lugar do Novo Testamento vemos a forma moderna da pregação expositiva. Considerando que existem pontos favoráveis para ambas as perspectivas, podemos nos encontrar tão envolvidos nessas discussões sobre métodos que talvez estejamos deixando de lado o ponto principal sobre a pregação. Não creio que você encontrará alguém da cultura emergente reclamando do método de pregação que se está usando. Eles não sabem a diferença entre os métodos e não possuem o histórico de igreja suficiente para formar uma opinião. Irão reclamar, entretanto, se não estiverem aprendendo com profundidade sobre o Deus que pretendem encontrar.

A pregação é uma excelente maneira de demonstrar às pessoas da cultura emergente não apenas que existe uma verdade num mundo relativista, mas que também existe uma Verdade que as ama como pessoas (João 14.6). É disso que a moça que corta meu cabelo mais precisa. Não apenas ensinar-lhe que não deve ter relação sexual antes do casamento, porque isso é pecado, mas também ensinar-lhe a grande história da Bíblia, para que ela a veja da mesma forma pela qual Deus a vê e então entenda como a sua sexualidade se encaixa nessa história. Muitas pregações modernas vão direto ao assunto do pecado e tentam solucioná-lo apresentando às pessoas "passos" que devem ser dados ou "quatro princípios" que precisam ser seguidos.

Conversei com um pastor que estava lecionando numa classe de escola dominical para aposentados. Eles entraram numa discussão sobre toda a Bíblia, e o pastor se surpreendeu ao ver que mesmo as pessoas que freqüentaram a igreja por toda a vida não foram capazes de explicar a grande história da Bíblia. Elas sabiam o que é pecado e conheciam as histórias bíblicas, mas não sabiam como juntar as coisas.

Uso uma combinação de pregação temática e expositiva, um tipo de pregação que chamo de "teotemática". Devemos ser expositivos no sentido de fazer a tarefa exegética correta para mensagens de fundamentação bíblica. Mas, ao mesmo tempo, a pregação é uma oportunidade de moldar uma cosmovisão teológica para as pessoas à medida que contamos a história. Todas as vezes que prego, sei com clareza qual conceito teológico estou tentando ensinar e como ele se encaixa na história da Bíblia.

Por exemplo, recentemente ministrei uma série de sermões de Natal com os quais tinha o objetivo de ensinar, sob o ponto de vista teológico, como cada pessoa do Deus trino e eterno estava presente na narrativa do Natal. Meu objetivo em uma série sobre namoro e relacionamentos era ensinar sobre santificação assim como contar a história de Gênesis de como fomos criados à imagem de Deus. Em uma série de sermões sobre Israel e Palestina, meu alvo era ensinar acerca da aliança abraâmica e da escatologia, assim como contar a história maior da terra de Israel e da futura Jerusalém. (Veja no Apêndice B uma lista das séries de sermões teotemáticos, que incluem os objetivos teológicos e históricos que planejei.)

Desejo que meus ouvintes pós-cristãos vejam o mundo através de lentes bíblicas, teológicas e de grande amplitude.

A seleção de mensagens e temas críticos que devem ser mencionados

Não importa para quem você esteja pregando, é essencial entender o clima espiritual, a cosmovisão e as preocupações da vida mais importantes de seu público. Estou constantemente realizando pesquisas, analisando os pedidos de oração e, de modo geral, mantendo meus ouvidos atentos para aprender quais devem ser as questões e assuntos da igreja. Em uma cultura pós-cristã, descobri a necessidade de mais esclarecimentos, regulares e repetitivos, sobre os seguintes assuntos:

Todas as pregações devem, de algum modo, ensinar sobre a vida no Reino como discípulo de Jesus. Temos que reajustar o foco da nossa aplicação, não importa qual seja o tema, olhando para essa consciência crítica de viver como um discípulo ou aprendiz de Jesus.

Pregue e ensine regularmente sobre o Deus trino. Precisamos ensinar com regularidade sobre os mistérios da trindade e como Deus coexiste em uma comunidade como Pai, Filho e Espírito Santo. Precisamos ensinar às gerações emergentes temor saudável e reverência por Deus (Provérbios 1.7). O nosso ensino precisa incluir o caráter de Deus e a necessidade de reverenciá-lo.

Ensine com regularidade qual o significado de Jesus ser o único caminho que leva a Deus. O mote da cultura emergente plenamente pluralista é "todas as religiões levam a Deus". Portanto, a verdade de que Jesus é o único mediador entre Deus e o homem (1Timóteo 2.5; Atos 4.12) deve ser ensinada com regularidade diretamente da Bíblia. Contudo, se tratarmos desse assunto sem oração e sem amor, podemos facilmente perder o respeito e a confiança das gerações emergentes. Em vez de atacar as outras religiões e crenças, o que de imediato iria acabar com a credibilidade da nossa mensagem, acredito que devemos pregar como Paulo pregou para os gregos atenienses em Atos 17. Fazer isso requer conhecimento das outras crenças para não perpetuarmos o estereótipo dos cristãos como pessoas iletradas, dogmáticas e ignorantes. Aprendi que não devo fazer nenhum comentário sobre outra religião se não a conhecer muito bem, seja estudando, seja conversando com alguém que a professa. Embora esse assunto não fosse tão importante nas gerações passadas, certamente é uma questão vital para a cultura emergente dos nossos dias.

> *Um dos grandes equívocos que cometemos é acreditar que existe apenas um caminho. Existem muitos caminhos distintos que levam a Deus.* — OPRAH WINFREY

Trate periodicamente de assuntos sobre sexualidade humana. Com tanta confusão em torno da sexualidade atualmente, é importante que ensinemos com regularidade o padrão bíblico para a sexualidade humana, incluindo a história de Adão e Eva e de como Deus nos criou como seres sexuais; mas o pecado manchou isso e todas as outras áreas da nossa vida. Precisamos tratar do assunto da homossexualidade também de forma regular, com um espírito de amor e compaixão e não de ataque. Precisamos que o nosso coração se quebrante por aqueles que, por não terem compreendido como Deus nos projetou da perspectiva do sexo, foram agredidos e feridos pelo mundo.

Ai de nós se simplesmente evidenciarmos o pecado em nossa pregação sem considerar que alguns ouvintes podem estar numa igreja pela primeira vez na vida, trazendo com eles toda sorte de confusão em relação à sexualidade. Temos que lhes ensinar, talvez pela primeira vez, a descrição bíblica do assunto.

Redefina o casamento e a família para as novas gerações. A maioria dos que estão crescendo hoje nunca experimentou o projeto de Deus para a família e para o casamento como uma aliança sagrada. Devemos inserir na pregação e no ensino a visão bíblica da família e do casamento.

Ensine mais do que nunca sobre o inferno. Algumas pessoas concluíram que a igreja sensível-ao-interessado eliminou o inferno do seu vocabulário. Isso não é necessariamente uma verdade. Mas muitas vezes pesquiso diversos *websites* de igrejas e catálogos de mensagens para buscar idéias para séries de sermões e raramente encontro uma mensagem sobre inferno. Céu, sim. Inferno, não. E isso não me surpreende. Não consigo imaginar uma doutrina da fé cristã mais ofensiva do que essa. Mas, se o inferno é uma realidade e se Jesus falou *muito* sobre ele, não devemos alertar as pessoas sobre isso? Não com sentido de vingança, raiva ou com manipulação, mas com lágrimas. O nosso coração deve se quebrantar com essa realidade tão horrível de uma eternidade longe de Deus, de tal forma que os ouvintes possam facilmente sentir nossa compaixão enquanto falamos sobre isso.

> A pregação hoje é mais importante e mais sagrada do que nunca, pois exercemos o privilégio sagrado de abrir as Escrituras e ensinar a linda história de Deus para pessoas que a estão ouvindo pela primeira vez. Ai de nós se não levarmos esse incrível privilégio a sério.

Ensine sobre a confiabilidade das Escrituras. Como a Bíblia não detém o mesmo respeito do passado em nossa cultura, devemos oferecer dados, de forma inteligente e amorosa, que comprovem que a Bíblia é confiável e mostrar o que a torna diferente dos demais livros religiosos. Uso o termo confiabilidade porque é isso que precisamos reforçar. Se lemos as Escrituras, como os ouvintes podem confiar no que estão ouvindo? Lembre-se de como igrejas e cristãos perderam a confiança dos pós-modernos. Como é restaurador para as gerações emergentes, que navegam nas águas do relativismo, ouvir que podem confiar e crer, intelectualmente, nas Escrituras inspiradas por Deus.

Pregue e ensine regularmente como a nossa espiritualidade pode virar um caos. Eu gosto do título do livro mais recente de Mike Yaconelli: *Messy Spirituality* [Espiritualidade bagunçada]. Precisamos admitir que a vida e a nossa espiritualidade podem virar um caos, pois somos seres humanos pecadores e falhos. Precisamos fazer com que as pessoas das gerações emergentes compreendam isso para que não venhamos a gerar cristãos que terminem se sentindo derrotados e culpados. Precisamos admitir que, embora como seres humanos sejamos um caos, temos um Deus de graça e compaixão.

Eu adoro contar a história

Assisti a uma cena do filme *O apóstolo*, com Robert Duvall, em que as personagens cantam o hino *I Love to Tell the Story* [Eu adoro contar a história]. Para ser sincero, como meus antecedentes não incluem vínculo com igrejas, eu nunca tinha cantado essa música nem ouvido em nenhuma igreja antes. Ela foi escrita por uma mulher chamada Catherine Hankey, que viveu em Londres no início do século XIX. Catherine adorava dirigir estudos bíblicos, mas ficou muito doente e não conseguia mais ensinar. E precisou de um tempo de descanso para ficar boa. Enquanto esteve acamada durante um ano, começou a escrever poemas, e um deles se tornou a letra desse hino.

Pense bem, Catherine não podia pregar e ensinar do jeito que estava acostumada, mas não conseguia ficar sem contar a história daquele Jesus a quem amava; então ensinou de seu leito de enfermidade, por meio da poesia. Na cultura emergente, talvez não possamos pregar do jeito que estávamos acostumados, usando métodos completamente modernos, mas podemos contar a história com cor e beleza para as gerações que nunca a ouviram. E quando fizermos isso com o coração e de um jeito que comunique a elas, os ouvidos estarão prontos para escutar.

> Eu adoro contar a história, agradável de contar
> E que parece, a cada vez que conto, mais doce ao escutar.
> Eu adoro contar a história, pois alguns nunca ouviram falar
> Da salvação de Deus, que de sua Palavra santa vem nos agraciar.
>
> Eu adoro contar a história; ela será meu tema na glória,
> Contar do grande amor de Jesus e falar de sua história.

Pensamentos emergentes

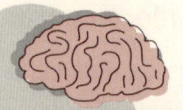

1. Na sua igreja, como o quadro de diferenças de valores deste capítulo reflete sua abordagem da pregação? Ela se dá mais com uma abordagem moderna ou com uma abordagem de igreja emergente?
2. Você tem acesso a uma pessoa de cultura pós-cristã neste momento em sua vida para que possa tomar aulas de homilética do corte de cabelo? Se não, como poderia ter esse tipo de contato?
3. Você concorda com o fato de que as gerações emergentes estão ávidas por um aprendizado espiritual profundo? Pode citar alguns exemplos?
4. Você concordaria que os temas mencionados neste capítulo precisam ser considerados mais do que nunca na igreja emergente? Que outros temas você acrescentaria?

Capítulo 17
Pregando sem palavras

> **"Pregue o evangelho a todo tempo. Se necessário, use palavras.**
>
> — atribuído a Francisco de Assis

"Eu não vim aqui para ouvir um sermão de um clone do Tony Robbins. Pensei que ia encontrar Deus aqui." Essas palavras diretas e sinceras são de uma garota com cerca de 20 anos de idade, que encontrei saindo pelo corredor de um salão de uma igreja contemporânea durante um culto de adoração. Ela obviamente não estava feliz, então me aproximei para ver se estava bem. Descobri que ela viera para a igreja a convite de uma amiga, mas não tinha percebido que "igreja" seria um longo falatório que a fez lembrar de Tony Robbins, palestrante de conferências de auto-ajuda. Depois de uns vinte ou trinta minutos ela estava entediada e desiludida. Perguntei-lhe qual era sua expectativa. "Orar", ela me disse. "Ouvir alguma música que me desse ânimo. Aquietar o meu coração e me conectar com Deus."

Embora tenha percebido que ela provavelmente não freqüentava alguma igreja, pude sentir a intensidade do seu desejo de se conectar com Deus. Ela me explicou que aquele culto de adoração parecia mais uma mistura de preleção esportiva com apresentação de negócios, e, embora estivesse disposta a aprender, aquela reunião não era o que ela imaginava que fosse um culto cristão de adoração. Então largou a amiga no salão e ficou esperando no *hall* de entrada até o culto terminar.

É claro que pregação e comunicação devem estar presentes num culto de adoração, mas não menospreze as palavras dessa moça. Pense na expectativa que tinha — "conectar-se com Deus" — e o que ela presenciou — uma preleção.

Geralmente se aceita que estas palavras tenham sido proferidas por Francisco de Assis: "Pregue o evangelho a todo tempo. Se necessário, use palavras". Em seu contexto, ele estava basicamente se referindo à ação social e em iniciativas que permitissem vivenciar o Reino de forma prática no dia-a-dia. Em outras palavras, é possível proclamar Jesus e o Reino através de atos assim como através de palavras. Isso acontece principalmente fora do culto de adoração, mas pode acontecer no contexto de um culto também. Com a constante transformação na comunicação da cultura atual e com o modo pelo qual as gerações emergentes estão acostumadas a aprender, as palavras de inspiração de Francisco de Assis são muito oportunas.

Por favor, não pense que estou descartando a necessidade da pregação com palavras. Normalmente prego usando palavras de trinta e cinco a quarenta e cinco minutos toda semana. No capítulo anterior elaboramos uma sólida defesa do uso das palavras e do ensino profundo da Bíblia para as gerações emergentes. O que estou dizendo é que na comunicação para as gerações emergentes não devemos limitar o modo de comunicar a verdade apenas às palavras.

A pregação sem palavras num mundo que fundamenta a verdade pela experiência

Nossa cultura está produzindo pessoas que preferem aprender de forma experiencial. Veja o que a Leadership Network disse sobre essa mudança em uma edição eletrônica da *Explorer*:

> *A mudança do conhecimento para a experiência.* A experiência é a nova moeda corrente da nossa cultura. No passado ganhávamos

conhecimento sobre um assunto ou questão e depois validávamos esse conhecimento. Hoje, as pessoas têm primeiro uma experiência que é depois validada pelo conhecimento... Essa mudança tem implicações no modo de aprendizagem, no modo pelo qual nos comunicamos e interagimos. Para as igrejas isso traz um impacto sobre o planejamento do tempo de adoração, da liturgia, do formato e do conteúdo de ministérios educacionais, do processo de formação espiritual, da arquitetura e decoração do espaço sagrado e da programação.[1]

Nos capítulos 12 a 15, tratamos das implicações dessa mudança para os cultos de adoração, em especial da necessidade de termos cultos multissensoriais e interativos e da criação de espaços sagrados. Ofereci exemplos extraídos da Bíblia de como Deus usa mais do que palavras para comunicar a verdade. Através de diversos elementos experienciais, assim como pelo próprio espaço, podemos realmente pregar verdades bíblicas. A arte prega. As Escrituras pregam. A música prega. Até o silêncio prega.

O artigo também demonstra como a comunicação alterou-se na cultura atual, passando de uma expressão de mão única para o diálogo:

> *Uma mudança da comunicação de massa para a interatividade.* Estamos vivendo em um tempo de alterações revolucionárias nas comunicações. O mundo impresso que vinha sendo dominante em 500 anos começou a dar lugar nos anos 50 para o mundo visual ou para o mundo da transmissão eletrônica de massa, dominado pelo rádio e pela televisão. Nos últimos dez anos, a mudança de uma transmissão de massa para um mundo interativo tem rapidamente se acelerado.[2]

Na igreja moderna, a maior parte da nossa pregação estava centrada na apresentação lógica dos fatos para promover uma mudança das pessoas em direção a uma decisão, o que funcionava perfeitamente no contexto de uma mentalidade moderna.

Mas, como houve uma mudança na comunicação na última década, nossa forma de pregar precisa ir além das palavras e se tornar interativa.

Uma mentalidade moderna é mais influenciada por:

FATOS → que influenciam a CRENÇA → que influencia o COMPORTAMENTO

Na cultura emergente estamos vendo uma mudança para:

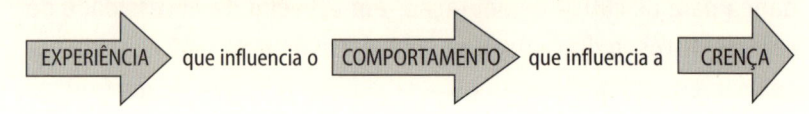

EXPERIÊNCIA → que influencia o COMPORTAMENTO → que influencia a CRENÇA

É claro que não importa como pregamos ou ensinamos, pois é o Espírito de Deus que convence (João 16.8) e guia as pessoas a toda a verdade (João 16.13). Mas o nosso trabalho é levar em consideração a maneira pela qual apresentamos a verdade às pessoas que esperamos ver transformadas. Se o objetivo da nossa pregação é promover uma mudança comportamental à medida que as pessoas aprendem a se tornar discípulas de Jesus e se focamos apenas a pregação com palavras, excluindo o ensino experiencial, não obteremos o impacto que estamos esperando sobre a cultura emergente. Precisamos oferecer às pessoas experiências verdadeiras com um ensino verdadeiro.

A verdade propositiva não é o modo usado pela própria Bíblia?

Muitos evangélicos não gostam nem um pouco nem mesmo que se questione o ensino propositivo como o único modo de ensinar. Mas podemos defender com a Bíblia que Deus prega sem palavras. Leith Anderson, pastor de uma igreja grande e moderna, acerta na mosca em seu livro *A Church for the Twenty-First Century* [Uma igreja para o século XXI].

O antigo paradigma dizia que, se você recebesse o ensino correto, iria ter sua experiência com Deus. O novo paradigma diz que, se você tiver uma experiência com Deus, receberá o ensino correto. Isso pode ser preocupante para aqueles que partem da premissa de que a verdade propositiva deve sempre preceder e ditar a experiência religiosa. Essa postura é produto da teologia sistemática e tem muito a contribuir... Entretanto, a teologia bíblica vê na Bíblia um padrão de experiência seguido por proposição. A experiência do êxodo do Egito precedeu a registro no livro de Êxodo na Bíblia. As experiências da crucificação, da ressurreição e do Pentecostes vieram antes da declaração propositiva desses fatos no Novo Testamento. Não é uma questão de quem está certo ou errado; é mais uma questão da perspectiva que cada um tem do toque e da verdade de Deus.[3]

A igreja moderna não negligenciou o fato de que podemos ter experiência com Deus e aprender sobre ele de diversas maneiras? A maior parte do tempo não apostamos as nossas fichas no ensino propositivo como força motriz da conversão e da experiência de adoração das pessoas? Precisamos abordar as Escrituras holisticamente, avaliando como o sermão se encaixa no contexto da experiência de adoração. Precisamos combinar nossas proposições da verdade com as experiências da verdade.

> Gosto deste capítulo pela clareza de pensamento que está por trás dele. Tenho tido o privilégio de observar Dan Kimball crescer como um comunicador nos últimos doze anos, pois trabalhamos juntos na Santa Cruz Bible Church. Ele é um ótimo modelo do que está escrito neste capítulo e tem demonstrado que é possível usar formas criativas de comunicação através de recursos visuais e das artes e ao mesmo tempo ter coerência absoluta e sensibilidade para manter a Palavra de Deus no centro de tudo.
>
> — CHIP INGRAM

A importância do visual na pregação

Por toda a Bíblia, vemos Deus usando elementos visuais para fortalecer o ensino verbal. Ele usou os céus para que declarassem a sua glória (Salmos 19.1). Interagiu verbalmente com Moisés usando a sarça ardente (Êxodo 3). Jesus, o grande mestre, muitas vezes não restringiu seus métodos de ensino ao uso das palavras, mas também se valeu de elementos visuais e experiências (Mateus 18.24-27; 21.18-22; João 2.1-11; 9.1-7; 13.1-17; 21.1-6). Deus usou uma pomba para simbolizar o Espírito que desceu sobre Jesus em seu batismo (Lucas 3.22). A voz de Deus foi ouvida através de uma nuvem na Transfiguração (Lucas 9.28-36). Pedro, Tiago e João viram como as roupas de Jesus tornaram-se "alvas e resplandecentes como o brilho de um relâmpago".

O livro de Apocalipse está repleto de elementos visuais para comunicar a mensagem divina. Já que nossa cultura está produzindo gerações emergentes que aprendem visualmente via televisão, filmes e internet, devemos nos tornar tridimensionais em nossa pregação, incorporando elementos visuais não como substitutos das palavras, mas como acréscimo a elas.

Como podemos usar elementos visuais com as Escrituras?

Projete na tela fotos, obras de arte ou elementos gráficos com textos bíblicos. Usar arte clássica com textos bíblicos proporciona outra oportunidade de não apenas reforçar o valor dos elementos visuais, mas também de transmitir que o cristianismo não é uma religião moderna. Por exemplo, se você fizer uma referência geográfica como o mar da Galiléia, poderá incluir uma fotografia para referência visual. As possibilidades são infinitas, contanto que fiquemos longe de elementos gráficos chamativos ou de recursos visuais que vêm como modelos para apresentações em *softwares* específicos para esse fim. E repito: considere a possibilidade de aproveitar trabalhos artísticos das pessoas de sua comunidade.

Essa fotografia foi tirada por Spencer Burke do *The Ooze*. Ela mostra os restos de um pôster encontrado em um muro de rua. Ela empresta significado e impacto ao texto bíblico acima dela.

> Depois que toda aquela geração foi reunida a seus antepassados, surgiu uma nova geração que não conhecia o Senhor e o que ele havia feito por Israel.
> — Juízes 2.10

Outra idéia é fotografar vitrais em igrejas ou encontrar fotos com imagens de vitrais que representem as emoções de Cristo ou cenas da Bíblia.

> Quando se aproximou e viu a cidade, Jesus chorou sobre ela e disse: "Se você compreendesse neste dia, sim, você também, o que traz a paz!"
> — Lucas 19.41

A arte de Gustave Doré é uma fonte maravilhosa de imagens bíblicas. O trabalho é detalhado, reverente, clássico e abrange uma enorme variedade de cenas bíblicas.

> ... pois jamais a profecia teve origem na vontade humana, mas homens falaram da parte de Deus, impelidos pelo Espírito Santo.
> — 2Pedro 1.20,21

Use elementos visuais para ressaltar um assunto. Elementos visuais são ótimos para reforçar um ponto importante; apenas escolha uma imagem que ilustre a sua idéia e projete-a ao fundo enquanto você fala. Muitas imagens comunicam poderosamente as verdades bíblicas por conta própria sem qualquer texto nos *slides*. Quando falar da crucificação, imagens artísticas podem apresentar uma cena que as palavras jamais poderiam captar.

As possibilidades são ilimitadas, contanto que você mantenha um alto padrão de excelência em tudo o que fizer. E esse tipo de incremento visual não precisa ter um alto custo nem requer muita técnica. Retroprojetores ou projetores de *slides* também funcionam adequadamente.

Dirigindo para a história o foco que está sobre o pregador

Um amigo recentemente mudou de igreja, saindo de uma grande comunidade fundamentada na Bíblia e com um ensino excelente para começar a freqüentar um culto com mais foco na liturgia. Quando perguntei a razão da mudança, ele me disse que queria uma igreja que girasse em torno das Escrituras e não da pessoa do pregador. Sua nova igreja tem um pastor, mas o ponto central do culto é a leitura das Escrituras (muita leitura). Ele disse que não se distraía com o pregador nem se via tentado a depender do carisma dele como substituto para a própria Bíblia.

Embora eu não ache que a opinião desse meu amigo seja boa para todo mundo, imagino que seus comentários revelam algumas sugestões de como alcançar os pós-cristãos.

Não deveríamos pensar em como atrair as pessoas mais para as Escrituras do que para nós mesmos? Não deveríamos pensar em como incentivá-las a depender das Escrituras por conta própria no decorrer da semana e a aprender a crescer em maturidade? Sim, o papel dos pregadores é ensinar a Bíblia, e o Espírito concede a alguns esse dom (Efésios 4.11). Precisamos proclamar a Palavra de Deus, mas os pregadores também precisam criar na igreja a mentalidade de que as pessoas devem estudar com diligência por conta própria e não ser tão dependentes de um pregador que faz isso por elas. Há uma quantidade incrível de recursos para estudos bíblicos hoje em dia, incluindo comentários e programas de computador. Devemos criar em nossas igrejas uma cultura de membros que estudem a Bíblia com profundidade, mas isso se tornará realidade se pregadores e professores tiverem como objetivo ensinar os outros a se alimentar sozinhos com as Escrituras.

Trazer a Bíblia de volta para a igreja pode incentivar o foco nas Escrituras. Quando eu freqüentava uma grande igreja de estilo sensível-ao-interessado, notava com grande tristeza que quase não havia Bíblias naquele lugar. Isso é muito comum. Nas igrejas de estilo sensível-ao-interessado projetam-se na tela os textos bíblicos e dirige-se o holofote para o pregador, mas, ao fazer isso, estamos dizendo sutilmente às pessoas que elas não precisam mais trazer a Bíblia para a igreja. Eu sei, baseado na minha experiência, que as pessoas das gerações emergentes, uma vez que estejam envolvidas na comunidade e tenham confiança nos cristãos, na igreja e na Palavra, têm muita vontade de conhecer o conteúdo da Bíblia.

Uma estação de oração preparada não apenas para oração, mas também para leitura das Escrituras.

Sempre digo às pessoas que tragam sua Bíblia aos cultos e, assim, ganhem familiaridade no seu manuseio. Tento de todas as maneiras pôr o foco nas Escrituras enquanto falo, em vez de atrair as atenções para mim. Sempre incentivo as pessoas a olhar para a própria Bíblia quando estamos lendo determinadas passagens, na esperança de que estejam aprendendo a ler e a estudar a Bíblia por conta própria no decorrer da semana.

Permita que outras pessoas leiam as Escrituras em público. São raros os cultos em que sou o único a ler o texto principal em público. Sempre que possível, alguém da congregação apresenta o texto das Escrituras daquela noite. Algumas vezes, isso é feito através de uma leitura dramática. Outras vezes alguém lê o texto bíblico do palco; há vezes em que alguém lê ao microfone fora do palco. Muitas vezes, para demonstrar que é um texto proveniente de escritos antigos, uma pessoa faz a leitura vestida com roupas antigas. (Isso parece brega, e não culpo você se pensou assim, mas, se for realizado no contexto certo, realmente funciona!) Considero essas formas de leitura pública das Escrituras muito valiosas para a cultura emergente porque desviam a atenção concentrada no pregador e dirigem-na mais para a comunidade.

Faça com que todos leiam os versículos em conjunto. Muitas igrejas já fazem isso, mas acho que não muito nas igrejas de estilo sensível-ao-interessado.

A importância de desenvolver uma cultura que incentive perguntas e reflexões

Um dos meus versículos favoritos no Novo Testamento é Atos 17.11, em que Deus aprova os que queriam questionar o que lhes estava sendo ensinado, usando as Escrituras como prumo da verdade. "Os bereanos eram mais nobres do que os tessalonicenses, pois receberam a mensagem com grande interesse, examinando todos os dias as Escrituras, para ver se tudo era assim mesmo." Que exemplo para nós hoje!

> *Por que pessoas de mente fechada sempre abrem a boca?* — Adesivo vendido numa famosa loja de roupa jovem

Devemos alimentar uma cultura que permita o diálogo. Os evangélicos têm sido criticados — muitas vezes com razão — por serem dogmáticos e fechados para novas idéias. Por muito tempo fomos nós que estivemos falando, sem favorecer nenhum diálogo. Estamos agora trabalhando com novas gerações que têm dificuldades para confiar, e confiança não é algo que se conquista numa conversa de mão única. Devemos desarmar essa crítica e reconquistar a confiança. Precisamos incentivar as pessoas a refletir, questionar e descobrir. Por que temos tanto receio de fazê-las pensar por si sós? Talvez precisemos promover discussões abertas nas quais as pessoas possam se envolver em diálogos mais profundos sobre a mensagem. Tenho certeza de que o apóstolo Paulo usava diálogo quando pregava em determinadas situações. Pelo menos devemos sempre incentivar nossos ouvintes a confirmar nossos ensinamentos por conta própria, comparando-os com as Escrituras. Devemos evitar, a todo custo, dar a impressão de que temos todas as respostas, e eles não. Precisamos, sim, ter as respostas, mas se parecermos arrogantes perderemos credibilidade. Precisamos incentivar as pessoas a pensar, facilitar o diálogo, mesmo que seja para desafiar o que dissermos. Isso pode desarmar as pessoas e induzi-las a estudar mais para verificarem se o que estamos ensinando é verdade, como faziam os bereanos. Os pregadores precisam ser conhecidos como bons ouvintes num diálogo, assim como também como bons comunicadores. Precisamos ser criativos e ter o diálogo como valor central para a maneira de nos comunicarmos com as gerações emergentes e as ensinarmos.

> *O meu problema com o cristianismo era que nunca nos permitiam olhar para as outras religiões. Era algo assim: "Este é o livro. Este é o caminho. Creia ou vá para o inferno".* — Sully Erna, vocalista da banda Godsmack

Aprendendo a "debater com as Escrituras" pelo exemplo do midrash. O Midrash ("examinar" ou "averiguar" em hebraico) é a tradição judaica que enfatiza o debate com as inúmeras interpretações possíveis das Escrituras. Para alguém com uma mentalidade moderna isso pode parecer perigoso, mas creio que é saudável e afia a nossa reflexão. Isso também admite que talvez não tenhamos todas as respostas prontas sobre Deus. Na pregação, a pessoa que está falando pode compartilhar algumas afirmações das Escrituras que algum dos ouvintes está se esforçando para aceitar. Pense em programar sessões de discussão de vez em quando; convide as pessoas a se reunir em uma sala separada durante um culto de adoração, ou em outra hora qualquer, para formularem perguntas e suscitar uma discussão aberta. Em nossa igreja, temos um grupo de discussão por *e-mail* para que as pessoas se envolvam em discussões teológicas ou façam perguntas. Eu faço a monitoração do grupo e assim posso dar orientações e também explicar a posição da nossa igreja em cada assunto, mas permito que as pessoas se expressem como quiserem. Sempre peço que façam perguntas que possam ser tratadas num sermão. Essa abordagem é animadora para as pessoas das gerações emergentes, pois expressa uma abertura dos líderes da igreja, sem temer questionamentos, diálogos e discussões.

O pregador como pastor de ovelhas e companheiro de jornada e não como mensageiro ou solucionador de problemas

Fiquei um pouco ansioso quando uma repórter de um jornal local importante disse que iria visitar um culto na Graceland numa noite de domingo. Por quê? Eu sabia que, baseado nas conversas telefônicas iniciais, ela não era crente e não gostava muito de igrejas em geral. Sua tarefa era escrever um artigo para mostrar as razões pelas quais tantos jovens estavam freqüentando os nossos cultos. Era uma noite normal. Na realidade, eu estava falando sobre nossa missão como crentes, o que me fez sentir ainda mais desconfortável. Tive medo de que ela pensasse que estávamos tentando nos comunicar com pessoas como ela para convertê-las.

Depois que o culto terminou, reunimo-nos para uma entrevista. Com o meu jeito de sempre, acabei por fazer-lhe muitas perguntas sobre suas crenças e sobre o que tinha achado do culto. Ela me disse que o que mais a havia impressionado era o fato de não ter me ouvido dizer: "Você deve fazer isso" ou "Você deve compartilhar sua fé". Disse que todas as vezes em que eu tinha dado uma instrução eu havia usado o verbo no plural e me incluído. "Nós devemos fazer assim" ou "Nós devemos compartilhar nossa fé". Ela me perguntou se eu tinha percebido que fazia isso, e respondi que honestamente não. Então me disse que todas as vezes que tinha ido a uma igreja o pregador sempre dizia a "eles" o que fazer. O pregador tinha todas as respostas para as outras pessoas. Ela disse que aquela era a primeira vez que tinha ouvido um pregador dizer: "Nós precisamos fazer isso", o que a havia deixado bem impressionada. Disse-me que havia percebido verdadeiramente que eu era companheiro de jornada com as demais pessoas da igreja. Na cultura emergente atual, o papel do pregador precisa ser entendido mais como de um pastor de ovelhas carinhoso que está na jornada com seu rebanho e não como de alguém que despeja informações e conhecimento, dizendo às pessoas o que fazer.

A pregação na cultura emergente envolve coração, casamento, vida de solteiro, família, amigos, criatividade, discurso, atitudes, corpo, ações, brincadeiras, sussurros, gritos, percepções, segredos, pensamentos e, sim, também nossos sermões.

Nossa vida prega melhor que qualquer coisa que possamos dizer. Quando pregamos, nossas atitudes falam mais alto que nossas palavras. Os pequenos comentários que fazemos sobre nossas opiniões em torno de alguns assuntos certamente serão lembrados mais que nossos esboços de sermões (Colossenses 4.6). Que nunca abusemos do privilégio de ser pregadores ou mestres, ao declamar nossas preferências pessoais ou apontar o dedo de maneira não cristã. Haverá uma grande revolta das gerações emergentes se elas perceberem superioridade ou arrogância de nossa parte. Um coração compreensivo e acolhedor em relação aos que não conhecem Jesus fala bem mais alto que nossas palavras. As confissões que fazemos das nossas falhas e alegrias como discípulos de Jesus têm muito peso. Quando falamos, as pessoas das gerações emergentes olham para nosso coração mais do que para nossa boca. Nunca subestime isso.

A pregação que vai muito além do culto de adoração

A vida dos membros de nossa igreja no decorrer da semana é o melhor teste da eficiência de nossa pregação. Não importa se pregamos três vezes por dia ou se pregamos para 3 mil pessoas. O que importa é que tipo de igreja nossa pregação está produzindo. O Espírito está usando nossas palavras para transformar vidas? Como as famílias estão "pregando" sobre como deve ser uma família sob o controle do Espírito? A santidade e o amor dos membros de nossas igrejas são evidentes para os vizinhos e amigos? Qual é a reação de sua igreja diante dos pobres e necessitados da sua cidade? Esse tipo de pregação (e isso é pregação) num mundo pós-cristão chega bem mais longe que nossas palavras proferidas no palco ou no púlpito. Precisamos enxergar a pregação em nossos cultos de adoração como o primeiro passo em direção ao que nossas igrejas pregam por meio da vida de seus membros na comunidade em que estão inseridos.

Um modelo de pregação clássica para a igreja emergente

Paulo oferece um modelo insuperável para a pregação. Em 1Coríntios 2.1-5, ele diz: "Eu mesmo, irmãos, quando estive entre vocês, não fui com discurso eloqüente, nem com muita sabedoria para lhes proclamar o mistério de Deus. Pois decidi nada saber entre vocês, a não ser Jesus Cristo, e este, crucificado. E foi com fraqueza, temor e com muito tremor que estive entre vocês. Minha mensagem e minha pregação não consistiram em palavras persuasivas de sabedoria, mas consistiram em demonstração do poder do Espírito, para que a fé que vocês têm não se baseasse na sabedoria humana, mas no poder de Deus".

Deveríamos ter o mesmo coração que Paulo, encarando o privilégio da pregação com fraqueza, temor e tremor.

Quase sempre antes de pregar, retiro-me para uma sala reservada ao lado do salão de culto e ali eu oro. Se você me visse naquela sala, pensaria que sou um pouco esquisito, pois fico andando em círculos com os braços levantados. Basicamente estou dizendo: "Senhor, entrego tudo a ti. Não sou capaz de pregar sem tua presença. Que o teu Espírito fale através de mim. Tua vontade e não a minha. Não sou capaz de pregar sem ti, por favor, fala através de mim". Possivelmente eu não seria capaz de pregar sem entregar tudo o que tenho ao Espírito de Deus e sem pedir-lhe que fale através de mim. O Espírito é a fonte verdadeira da pregação de poder. Como ao pregar enfrentamos um desafio maior que nas gerações passadas, lembremo-nos disso cada vez mais.

Reflita sobre estas palavras de E. M. Bounds, dirigidas aos pregadores de qualquer época, palavras que refletem o segredo da pregação clássica para a igreja emergente: "O pregador deve ser predominantemente um homem de oração. Seu coração precisa ter se formado na escola da oração. Somente na escola da oração um coração pode aprender a pregar. Nenhum estudo pode compensar a falta de oração. Não há zelo, nem dedicação, nem estudo, nem dom que possa suprir a falta de oração". [4]

Pensamentos emergentes

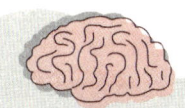

1. Qual é a principal forma de pregação de sua igreja e com quem ela está se comunicando?
2. Como a sua igreja pode enriquecer a forma de pregação para alcançar as gerações emergentes com mais eficiência?
3. Você concorda com a declaração de Leith Anderson sobre o ensino propositivo? Por quê?
4. Como você classificaria os membros da sua igreja? Eles se alimentam sozinhos das Escrituras ou são dependentes do carisma e da eloqüência do pregador?

Capítulo 18

Evangelismo

Mais que uma oração para ir para o céu

> *Fora de moda:* Evangelismo como meta de vendas, como conquista, como batalha, como ultimato, como ameaça, como prova, como discussão, como entretenimento, como *show*, como monólogo, como algo que você tem de fazer.
>
> *Na moda*: Fazer discípulos por meio de conversa, amizade, influência, convite, companheirismo, desafio, oportunidade, relacionamento, dança, como algo que você quer fazer.
>
> — Brian McLaren, *More Ready Than You Realize*

O lema não verbalizado do movimento sensível-ao-interessado tem sido uma frase de um filme com Kevin Costner, *O campo dos sonhos*. "Se você construir, eles virão." E eles vieram. Centenas de milhares de pessoas agora freqüentam igrejas que usaram a estratégia de produzir um culto sensível-ao-interessado com ótima pregação, ótima música, grandes peças de teatro e grandes instalações modernas. Alguns líderes mudaram

> A igreja contemporânea norte-americana comprou essa idéia de "se construirmos, eles virão" tanto ou mais que seus pais, a igreja tradicional dos anos 50 e 60. A única diferença é que abrimos igrejas nas rodovias interestaduais e não mais no interior dos bairros. Mas o resultado é o mesmo: as pessoas têm de ir até nós e, muitas vezes, precisam se tornar como nós para que possam receber o que temos para oferecer.
>
> — SALLY MORGENTHALER

o foco evangelístico de suas igrejas para preparar um culto de adoração com produção sofisticada, crendo que, se produzissem um culto de adoração relevante e de qualidade, os interessados viriam. Entretanto, essa estratégia de evangelismo, que funciona bem para os de mentalidade moderna, terá de ser repensada se o assunto for alcançar as gerações emergentes.

Se analisarmos o país, veremos que até mesmo as igrejas que tiveram grande sucesso com essa abordagem estão agora mudando de estratégia para alcançar a cultura emergente. Por quê? Porque cristãos modernos podem estar comparecendo, mas não os pós-cristãos.

O sacerdote Starbucks da Willow Creek

Um de meus parceiros prediletos dentro do contexto das relações da igreja emergente é Daniel Hill, pastor da equipe Axis na Willow Creek Community Church. A Axis foi inaugurada anos atrás quando a Willow Creek percebeu que seus cultos de final de semana para interessados não estavam mais atraindo as gerações mais jovens. Então eles deram início a um culto de final de semana voltado para pessoas com idade na faixa dos 20 anos.

Daniel possui uma perspectiva interessante porque ele também tem um trabalho de meio período na rede de cafeterias Starbucks. Seus colegas de trabalho o apelidaram de sacerdote Starbucks, pois sabem que ele é pastor. Ele não tem esse emprego porque precisa de mais dinheiro, mas porque quer estar perto de incrédulos por razões evangelísticas. Inicialmente pensou que iria trabalhar na Starbucks por cerca de seis meses, desenvolver algumas amizades, convidar seus colegas de trabalho para o culto da Axis e testemunhar as conversões acontecendo — a estratégia padrão de evangelismo de estilo sensível-ao-interessado. Contudo, as coisas correram um pouco diferentes. Como? Ele está trabalhando na Starbucks há mais de dois anos agora e não viu ninguém se converter. E, com exceção de uma moça que freqüenta a Axis de vez em quando, nenhum de seus colegas de trabalho foi a um culto da Axis.

Se você construir, eles não virão... por enquanto

O que está acontecendo aqui? Um pastor inteligente e instruído da igreja que valoriza o estilo sensível-ao-interessado nos Estados Unidos, com excelente estrutura de prédios e equipe para fazer o culto da Axis acontecer, não está vendo seus colegas de trabalho pós-cristãos da Starbucks responder positivamente à estratégia evangelística que funcionava na igreja moderna e sensível-ao-interessado com gerações anteriores.

Com a permissão dele, farei com que ele mesmo lhe explique, por meio de trechos de nossa correspondência eletrônica, como o evangelismo está mudando na cultura emergente.

? *Você trabalha na Willow Creek, que valoriza muito o evangelismo com grandes cultos voltados para interessados e com ministérios planejados para que jovens não-crentes participem. Então, por que você sentiu que era necessário trabalhar na Starbucks?*

Quando eu estava dando aulas de treinamento e visão de evangelismo pós-moderno, percebi que sempre usava verbos no passado em minhas histórias. Eu sempre dizia coisas assim: "Eu tinha um amigo que certa vez..." ou "Uma vez tive uma conversa sobre...". Foi nessa altura que o Espírito Santo realmente me convenceu.

Lá estava eu, numa igreja que focava o evangelismo e eu nem conhecia uma pessoa que não fosse cristã. A única pergunta era: "Onde posso encontrar pessoas da minha geração que não vão à igreja?". Lembro-me de ponderar sobre essa questão em uma noite fria de dezembro quando estava sentado na Starbucks que havia no final da rua em que eu morava. Enquanto saboreava minha bebida, de repente tive uma epifania.

Elas trabalham aqui na Starbucks.

? *Você conseguiu o emprego na Starbucks e então prosseguiu com a sua estratégia padrão de evangelismo, que na Willow é fazer amizade e depois convidar a pessoa para um culto voltado para* ela. Existe alguma história de "sucesso" vendo pessoas participando da Axis e se convertendo?

Bom, comemorei meu aniversário de dois anos na Starbucks nesse mês de janeiro, e a experiência tem sido fascinante para mim e cheia de lições. No início, eu pensava ingenuamente que a única coisa que faltava entre aqueles empregados da Starbucks e Jesus Cristo era a presença de alguém que pudesse lhes explicar a mensagem do cristianismo ou convidá-los para um culto relevante.

Essa não tem sido a realidade.

? *Então o que você descobriu sobre evangelismo trabalhando na Starbucks?*

Na Starbucks, acabei encontrando uma comunidade repleta de pessoas pós-cristãs que não tinham confiança na religião organizada e não se importavam com o que eu tinha para falar. Aprendi que eles não tinham absolutamente nenhum interesse em freqüentar uma igreja. Mesmo que o culto fosse relevante ou a pregação fosse muito boa, eles não tinham vontade de ir. Não confiam nos cristãos e em geral têm vivido apenas experiências negativas com eles. A ironia nisso tudo é que são pessoas profundamente espirituais. Elas crêem em Deus e acreditam que é importante viver num sistema baseado em valores morais. Apenas não querem ir a uma igreja cristã.

? *Na sua opinião quais as razões das mudanças que estão acontecendo em termos de estratégia evangelística?*

Depois que desenvolvi inúmeras amizades na Starbucks, surgiu uma distinção em minha mente: pré-cristãos *versus* pós-cristãos, e essa distinção alterou radicalmente minha abordagem de evangelismo.

Um pré-cristão é alguém que não possui uma compreensão clara do cristianismo, mas com a abordagem correta pode ser convencido de sua validade. Se a maioria das pessoas da geração atual fosse pré-cristã, não creio que a distinção entre gerações emergentes e *boomers* seria percebida de forma tão contundente. Acho que a maioria dos *boomers* era pré-cristã porque já tinha uma cosmovisão judeu-cristã. Eles ainda estão abertos ao diálogo e aceitam um convite para ir a uma igreja. Esse não é o caso das gerações emergentes.

Tenho percebido já há algum tempo que a maioria dos meus amigos não é pré-cristã, mas pós-cristã. Com o prefixo *pós* eu simplesmente quero me referir às gerações nascidas *depois* das pré-cristãs, que são as últimas gerações que nasceram com uma cosmovisão judeu-cristã.

Os pós-cristãos já se envolveram com o cristianismo em algum nível (como instituição ou religião organizada, no contato com um cristão que conheçam ou com um parente ou pela exposição da mídia) e tomaram uma decisão representada pela resposta: "Muito obrigado, mas não quero". Em outras palavras, você está começando de um grau de dificuldade muito maior. Isso faz com que a nossa estratégia de evangelismo seja completamente diferente para alcançar os pós-cristãos, pois estamos partindo de um ponto muito mais complexo em comparação com as gerações passadas. Você não pode simplesmente convidá-los para ir à igreja ou mostrar-lhes o que é o evangelho por meio de uma explicação de quatro passos, como costumávamos fazer.

Valores em transformação, estratégias de evangelismo em transformação

Daniel agora concentra seus esforços evangelísticos numa abordagem mais apostólica encarnacional ("enviado"). Está organizando vários eventos e reuniões para simplesmente fazer amizades fora do ambiente de um culto sensível-ao-interessado. Convidar pessoas para um culto de uma igreja relevante não está mais funcionando como acontecia com os *baby-boomers*. Ele está ensinando às pessoas que o evangelismo de pós-cristãos exige mais tempo, mais esforço, conquista de confiança e oração mais do que nunca. Daniel também afirma que estamos começando num buraco mais profundo do que era o caso da geração sensível-ao-interessado e, por isso, precisamos de um grande esforço para primeiro tirar as pessoas desse buraco e depois evangelizar como estávamos acostumados. Ele inclusive está planejando iniciar uma nova igreja na cidade de Chicago com essa filosofia de evangelismo.

Nos últimos anos, muitas igrejas concentraram esforços evangelísticos que atraíssem as pessoas (pré-cristãs) para eventos como musicais de Páscoa, cultos de estilo sensível-ao-interessado, *shows* evangelísticos e encontros afins. Contudo, se os pós-cristãos não se interessam em ir aos nossos eventos, então precisamos de mudanças radicais em nossa estratégia evangelística. Vou resumir algumas dessas mudanças:

Valores em transformação na abordagem evangelística

IGREJA MODERNA	IGREJA EMERGENTE
O evangelismo é um evento para o qual você convida as pessoas.	O evangelismo é um processo através de relacionamentos, confiança e exemplo.
O evangelismo está preocupado basicamente em conduzir as pessoas para o céu.	O evangelismo se preocupa com as experiências das pessoas dentro da realidade de viver o Reino de Deus agora.
O evangelismo é focado em pré-cristãos.	O evangelismo é focado em pós-cristãos.
O evangelismo é realizado por evangelistas.	O evangelismo é realizado por discípulos.
O evangelismo é algo complementar ao discipulado.	O evangelismo faz parte da realidade de ser discípulo.
O evangelismo é uma mensagem.	O evangelismo é uma conversa.
O evangelismo usa a razão e provas apologéticas.	O evangelismo usa o fato de a igreja ser igreja como argumento apologético.
Missões representam um departamento da igreja.	A igreja é uma missão.

Você pode perceber que há valores em transformação na maneira de abordarmos o evangelismo na igreja emergente. Mas, além disso, seria bom repensar qual é a nossa mensagem.

Repensando a nossa mensagem

Acabo de ouvir a apresentação moderna e propositiva do evangelho feita por um comunicador que foi preciso e bíblico durante um evento evangelístico. Ele comunicou com clareza que Deus nos ama (João 3.16) e que o pecado nos afasta de Deus (Romanos 3.23). Disse-nos que o dom gratuito de Deus é a vida eterna em Jesus (Romanos 6.23), que a fé em Jesus é pela graça, o que permite que nossos pecados sejam perdoados e entremos no céu quando morrermos. Então ele encerrou, orou e pediu àqueles que haviam orado com ele que levantassem a mão. Esse é um bom exemplo de como explicamos as boas-novas da mensagem do evangelho (1Coríntios 15.1-8). Mas o que acho é que nós, na realidade, sutilmente decidimos não explicar em sua plenitude a beleza que o evangelho tem. Não estou dizendo que precisemos acrescentar alguma coisa a ele (Gálatas 1.8)! Mas, além de explicar o que o evangelho vai significar no futuro quando formos para o céu, precisamos explicar o que ele significa agora. Será que estamos explicando e enfatizando o que é mais atraente para as pessoas da cultura emergente? E será que novamente seremos culpados de ensinar uma forma consumista de cristianismo?

Vivendo no Reino agora, não somente quando chegarmos ao céu

Obviamente, pensar na dádiva da graça de estar com Deus em pessoa no céu é mais emocionante do que possamos imaginar. Mas parece que a igreja moderna manteve o foco somente na questão da solução para o pecado (que realmente precisa ser solucionado) através da morte e ressurreição de Cristo. O céu, porém, não é necessariamente o objetivo dos pós-cristãos, e a idéia que eles têm de pecado não é a mesma que a nossa. Apesar disso, as gerações emergentes estão se ligando à idéia de viver em consonância com Jesus, colocando-se sob o reinado de Deus e participando do Reino agora.

O ponto central da mensagem do evangelho na igreja moderna:	O ponto central da mensagem do evangelho na igreja emergente:
Jesus morreu por nossos pecados para que possamos ir para o céu quando morrermos.	Jesus morreu por nossos pecados para que *agora* sejamos cooperadores remidos na obra que Deus está fazendo neste mundo e para que, quando morrermos, passemos a eternidade no céu com aquele a quem estamos dedicando nossa vida.

Com que freqüência ouvimos falar do Reino nas mensagens evangelísticas? Com que freqüência ouvimos o anúncio de que o Reino de Deus está presente e é acessível para dele participarmos através de Jesus? Jesus disse a seus discípulos que orassem "Venha o teu Reino; seja feita a tua vontade, assim na terra como no céu" (Mateus 6.10).

Será que isso pode ser parte da razão de estarmos vendo tantos cristãos consumistas?

Fico pensando se a maneira pela qual a igreja moderna tem apresentado o evangelho, focando a vida após a morte, tem ajudado sutilmente a criar uma mentalidade de consumo. Dallas Willard afirma que, basicamente, o que ensinamos na igreja moderna foi como as pessoas poderiam conseguir um código de barras, como nos produtos de supermercado, que lhes garantisse a salvação. Com essa postura, explica Willard, "o pagamento por termos tido fé e termos sido 'escaneados' vem com a morte e depois dela. A vida que está sendo vivida agora não tem necessariamente ligação com o fato de sermos cristãos, contanto que o código de barras faça sua parte".[1]

Willard afirma que nossa pregação e ensino simplesmente estiveram focados no "gerenciamento do pecado" e não na vida do Reino e na nossa transformação imediata em discípulos de Jesus que aprendem a viver como ele viveu. Nós, portanto, entramos num ciclo de produção de cristãos consumidores que esperam ir para o céu e, enquanto isso não acontece, voltam-se para Deus apenas para aprender a gerenciar o pecado nesta vida. E isso tudo começa com o nosso evangelismo!

Devemos nos referir ao Reino em nossa evangelização porque as pessoas pós-cristãs estão mais preocupadas com o Reino nesta vida do que com o Reino na próxima.

Darrel Gruder, no livro *The Missional Church* [A igreja missional], descreve o que ele acha que precisa mudar: "O evangelismo deveria deixar de ser um ato de recrutamento ou admissão de pessoas que estão fora da igreja para ser um convite ao companheirismo... A igreja deveria oferecer-se para prestar assistência aos que forem convidados a entrar no Reino de Deus e peregrinar com eles. Aqui se abre um caminho para a renovação do coração da igreja e do evangelismo". [2]

Que contraste entre essa forma de apresentar o evangelho e os *shows* de bandas cristãs famosas que basicamente atraem cristãos para eventos evangelísticos. Não podemos apenas fazer um aquecimento das pessoas usando a música e depois compartilhar uma mensagem de dez minutos sobre o fato de que Jesus morreu por nossos pecados para que possamos ir para o céu. Temos de apresentar uma mensagem que transforme a alma e mude a vida, e, através da morte de Jesus, convide as pessoas a ser participantes do Reino de Deus agora.

Então, como se evangeliza na igreja emergente?

1. O evangelismo faz um convite de entrada no Reino, em vez de apresentar um caminho para o céu.

Realçamos o fato de sermos alunos, colaboradores, aprendizes e discípulos de Jesus no seu Reino como fruto produzido pelo evangelho. Arrependimento é uma parte natural desse tipo de abordagem evangelística; à medida que as pessoas se alinham com a vida no Reino passam a aprender de Jesus.

2. O evangelismo não é tanto um convite para um evento, mas um convite para participar de uma comunidade

Conforme aprendemos com Daniel Hill, as gerações pós-cristãs não estão muito interessadas em ir a um evento evangelístico ou

---

> Exatamente! Em nossa cultura próspera, em que tantas necessidades já estão supridas e o conforto é maximizado, o céu não é tão interessante como o é para a pessoa em sofrimento ou na miséria. O que a maioria das pessoas (crentes e incrédulos) está procurando nos dias de hoje é significado: Qual é o meu propósito? O que estou fazendo aqui na Terra? Essa é a pergunta fundamental da vida, e a resposta é encontrada no Reino de Deus, não através dos livros de auto-ajuda.
>
> — RICK WARREN

a um culto de uma igreja relevante. Entretanto, depois que passam a confiar nos cristãos, ficam muito interessadas em participar de uma comunidade de fé. Temos de retornar ao passado para sermos mais encarnacionais e realmente viver a mensagem de Jesus. As nossas comunidades de fé devem atrair incrédulos. Como Jesus pregou em João 17.15: "Não rogo que os tires do mundo, mas que os proteja do Maligno". Não podemos nos transformar numa comunidade fechada e protegida.

George Hunter, em seu livro *The Celtic Way of Evangelism* [Evangelismo à moda celta], sabe e acompanha o que está acontecendo no mundo emergente do evangelismo. Ele constrói uma defesa de como o método evangelístico do mundo romano não teve eficiência na cultura celta. Nas décadas passadas, os evangélicos usaram um método romano de evangelismo porque estávamos vivendo numa cultura fundamentada numa mentalidade romana. Mas hoje nossa cultura está produzindo pessoas mais parecidas com os celtas, cultura pagã que favorecia uma abordagem mais sensorial de aprendizado. Hunter escreve: "Falando francamente, o modelo romano para alcançar as pessoas (as que são 'civilizadas') é: 1) Apresentar a mensagem cristã; 2) Convidar as pessoas para decidirem acreditar em Jesus e se tornarem cristãs; 3) Se a decisão for positiva, receber essas pessoas na igreja e na comunidade. O modelo romano parece muito lógico para nós porque a maioria dos evangélicos americanos segue esse *script!* Explicamos o evangelho, eles aceitam Cristo, nós os recebemos na igreja! Apresentação, Decisão, Assimilação. O que poderia ser mais lógico que isso?" [3]

Mas você já sabe o suficiente para inferir como é o modelo celta para alcançar as pessoas:

1. Primeiro você estabelece uma comunidade com as pessoas ou as leva para a comunhão da sua comunidade de fé.
2. No contexto dessa comunhão, você passa a dialogar, ministrar, orar e adorar.
3. Com o passar do tempo, quando as pessoas vêem em que você crê, você as convida a assumir um compromisso.

Modelo romano	Modelo celta
Apresentação	Comunhão
Decisão	Ministério e conversas
Comunhão	Crença, convite ao compromisso

Podemos aprender o método celta. Não estamos enfrentando bárbaros celtas que, nus e aos gritos, uivam e correm em nossa direção com espadas nas mãos, como Patrício deve ter enfrentado. Mesmo assim, ainda temos questões semelhantes às enfrentadas pelos que se comunicaram com os celtas no século quinto.

Precisamos admitir que a nossa estratégia de evangelismo tem de ser repensada. Se formos honestos, temos de admitir que a maioria das pessoas que freqüentam um evento evangelístico é formada por cristãos à procura de diversão ou cristãos que se desviaram da igreja. Nos seus eventos evangelísticos, você encontra apenas pré-cristãos ou também alguns pós-cristãos? Você encontra pessoas da geração pós-sensível-ao-interessado? Você já analisou a duração do impacto de seus eventos? Sabe o nome dos incrédulos que agora são crentes e fazem parte da sua igreja como resultado de seus eventos? Quantos são, e qual a idade deles? O evangelismo voltado para os de mentalidade moderna pode não funcionar para as gerações emergentes. Não tenha receio de fazer um exame rígido do que realmente está acontecendo como resultado da sua estratégia atual de evangelismo.

Precisamos perceber que nossa principal forma de evangelismo deve ser aquela em que a igreja é o que toda igreja deve ser. Becky, minha esposa, discipula Ashley, uma moça de vinte e poucos anos de idade com quem se encontra todas as semanas. Embora Ashley tenha se convertido e seja hoje participante assídua da nossa comunidade, durante muito tempo ela teve uma péssima impressão dos cristãos e do cristianismo. Ela ficava especialmente incomodada com o fato de que os cristãos achavam

> **Precisamos compreender que a mentalidade "se construirmos, eles virão" não poderia estar mais distante da Grande Comissão. Recebemos a ordem explícita para ir, não para ficar de molho em nossa subcultura. Segundo, os hábitos da igreja-*shopping* mudaram. Até 1995 mais ou menos, uma grande porcentagem de pessoas sem vínculos com qualquer igreja parecia desejosa de passar por nossas portas na manhã de domingo. Agora, a porcentagem de não-cristãos consumidores da fé sem vínculos com a igreja tem despencado. Isso significa que o culto de domingo não é mais a porta de entrada para as pessoas interessadas. A nova porta de entrada são os relacionamentos — contatos no mundo do lado de fora da igreja, que incluem sacrifício, serviço e uma boa dose de tempo. É assim que seguir Cristo se torna realidade.**
>
> — SALLY MORGENTHALER

> Sempre tenha cuidado ao transformar relatos em princípios gerais. Os pós-modernos continuarão a comparecer aos eventos se forem os eventos corretos. Jesus deu o exemplo, e o Novo Testamento ensina tanto o evangelismo "venha e veja" quanto o evangelismo "vá e conte". Ambas as abordagens ainda funcionam hoje, contanto que você compreenda a mentalidade e os obstáculos psicológicos dos incrédulos.
>
> — RICK WARREN

professar a única religião verdadeira. Ela acreditava que as pessoas não podiam jamais fazer julgamentos sobre outras crenças se não as tivessem estudado tão profundamente quanto o cristianismo. Julie, amiga íntima de Ashley, era cristã, mas não estava andando com Deus. Entretanto, Julie ouviu falar sobre os nossos encontros de adoração e começou a freqüentá-los. Ela retornou para o caminho de Deus, e Ashley, ainda incrédula, percebeu a mudança na amiga. Ashley ficou intrigada e começou a se envolver com um grupo da nossa igreja que costumava ir até o centro da cidade de Santa Cruz, todas as noites de sexta-feira, entregar alimentos e conversar com os sem-teto. Ashley se tornou parte desse grupo de cristãos. Conheci Ahsley nessa época, e aconteceu que ela se converteu numa dessas noites enquanto, em nome de Jesus, ajudava os sem-teto. Ela vivenciou o evangelho através da vida no Reino, servindo em comunidade e sendo recebida em um grupo de cristãos que verdadeiramente vivia como a igreja deve viver. Essa maneira de chegar à fé é o que, creio, se tornará padrão no futuro.

Precisamos tirar o foco das iniciativas evangelísticas dos nossos eventos e dirigi-lo para a comunidade. À medida que o modelo romano torna-se menos eficiente, a abordagem que se torna mais eficaz é a que retorna aos rudimentos da fé e primeiro observa os incrédulos entrarem com cristãos numa comunidade. Em vez de criar uma subcultura estranha que aliena os não-cristãos, os crentes precisam com toda a seriedade incluí-los na sua vida, nas atividades sociais e nas orações diárias. Precisamos estabelecer uma comunhão profunda para conquistar confiança.

Um problema com o evangelismo voltado para eventos — com bandas, grandes oradores e musicais sofisticados — como primeira experiência com o cristianismo é que, quando as pessoas começam a freqüentar regularmente o culto de adoração da igreja, elas descobrem uma realidade bem diferente. Não há mais bandas espalhafatosas e palestrantes especiais, apenas pastores normais e uma experiência de igreja normal. Seria essa uma das razões de vermos uma queda drástica na taxa de participação na igreja dos que tomaram sua "decisão" em eventos desse tipo?

Será que, no caso das gerações emergentes, nossas iniciativas precisam focar mais no vínculo com a vida na comunidade em vez de incentivar a presença num evento?

Precisamos outra vez dirigir nossa estratégia para fora das paredes da igreja. No caso dos celtas, o evangelismo realmente acontecia quando as pessoas entravam numa experiência comunitária. Da mesma forma, precisamos ver as pessoas integrarem nossa comunidade de fé antes de pressioná-las a tomar uma decisão. Podemos levá-las à nossa comunidade de muitas formas diferentes. Podemos promover eventos sociais para que os cristãos convidem seus amigos para um momento de descontração. Podemos começar estudos bíblicos dos quais as pessoas possam participar "conversando sobre Jesus". Essas reuniões podem acontecer naturalmente nos lares e nas cafeterias, não necessariamente no prédio da igreja.

3. O evangelismo é dialogar e ouvir mais do que pregar e informar

Todas as vezes em que convidei não-cristãos com os quais tenho algum relacionamento para almoçar comigo e falar do que crêem a respeito de Jesus e da igreja, nunca ouvi um não como resposta. Há grande diferença entre convidar alguém para ouvir você compartilhar suas opiniões e convidar alguém para expressar o que pensa. Como George Barna comenta: "Você não será capaz de evangelizar com eficiência essas pessoas se pregar para elas. Evangelismo eficiente com esse grupo requer relacionamentos, diálogos e uma disposição para caminhar junto. Uma forma socrática de evangelismo funciona mais: baseado em perguntas em vez de didática; de longo prazo em vez de imediato; dialógico em vez de confrontador; com apoio de exemplos pessoais, não de tradições institucionais e dogmas".[4]

Pense no que pode acontecer se a maioria das pessoas em nossas igrejas tiver continuamente relacionamentos e conversas desse tipo com outras pessoas que elas conhecem e com quem tenham um histórico de confiança. Você percebe quanta reflexão e processamento poderia haver se os seguidores de Jesus ouvissem com amor, se importassem, conquistassem confiança e fossem compreendidos? Pense em todos os pós-cristãos incrédulos que ficariam surpresos se nos importássemos com o que eles pensam em vez de somente demonstrar que queremos lhes empurrar nossas crenças. Pense um pouco sobre isso.

4. *O evangelismo é parte do discipulado e da cultura da igreja e não alguma coisa que você faz em paralelo*

O evangelismo na igreja emergente pós-sensível-ao-interessado deve ser parte da força vital da igreja e de sua missão e não algo que você faça de vez em quando. Uma igreja não precisa de um departamento de missões se o seu povo entender que cada membro da igreja está em uma missão, tanto em nível local quanto global. Apenas o fato de uma igreja possuir um departamento de missões pode sinalizar que o verdadeiro campo missionário está "em algum lugar longínquo" e não ao nosso redor. Se uma igreja dirige seus esforços para os eventos e os considera o clímax da sua atuação evangelística, será que isso não passa a mensagem de que o dever dos membros é convidar os outros para ouvir os líderes? Se fizermos uma pesquisa com as pessoas da sua igreja agora e lhes perguntarmos onde acontece o evangelismo e elas responderem "nos programas da igreja", então provavelmente sua igreja não está alcançando os pós-cristãos. Se perguntarmos: os membros da sua igreja são capazes de dizer, com clareza, como estão em termos de missão evangelística?, qual seria a temperatura evangelística deles? Se for baixa, você, como líder da igreja, pode ser a causa de não enfatizar a missão da igreja ou de não oferecer treinamento e ensino adequados?

5. *O evangelismo é um "evangelismo de discipulado" e não baseado em entretenimento*

Não precisamos mais diluir a mensagem nem ficar jogando iscas por meio de um evento de entretenimento. O evangelismo na igreja emergente significa ser arrojado e amoroso em relação ao que acreditamos, não arrojado com arrogância, nem com atitude de superioridade, nem com atitude de censura, mas arrojado com uma atitude que crie relacionamentos e possibilite compartilhar com outras pessoas as boas-novas de Jesus e da vida no Reino. As gerações emergentes estão ávidas por relevância espiritual. Vamos mostrar a elas que Jesus está em nós. Vamos respeitar a inteligência dos incrédulos e estar preparados para falar de modo inteligente, mas amoroso, sobre aquilo em que cremos e não apenas apedrejá-los com versículos. Vamos evangelizar fazendo discípulos.

6. Hoje o evangelismo pode exigir muito mais tempo e a conquista da confiança

Não se esqueça de que temos de conquistar a confiança das gerações emergentes antes de termos voz. Não se esqueça também de que conversão e santificação podem ser mais confusas e desordenadas e demandar mais tempo que nas gerações anteriores. Nas gerações passadas, quando um não-cristão se convertia, ele já carregava uma cosmovisão bíblica. Sua sexualidade, sua visão de Deus e seu senso do certo e do errado eram alinhados com os ensinamentos de Jesus. Mas, com as gerações emergentes, muitas vezes temos de lidar com uma mudança total no que diz respeito ao conceito de Deus, aos conceitos de moral e sexualidade e assim por diante.

Missões não acontecem apenas fora do país

Os líderes da igreja emergente devem criar uma cultura missional em suas igrejas. Creio que existe um desejo nas pessoas de impactar o Reino, mas os líderes da igreja precisam despertar essa paixão.

Anos atrás, quando eu era pastor de jovens, percebi como a juventude se empolgava quando fazíamos viagens missionárias para o México. Eles se mostravam corajosos para falar da fé cristã nas ruas, realizando peças de teatro em locais públicos, mas assim que voltavam para casa ficavam passivos e não mantinham o fervor evangelístico.

Isso me deixava perplexo até que percebi que a maioria deles não considerava que missões pudesse ser algo local. Eles associavam missões apenas com outros países. Então comecei a criar uma cultura de missões que incluía a nossa própria cidade de Santa Cruz. Preguei uma mensagem sobre um vilarejo chamado Zurcatnas, que estava necessitando de missionários. Disse a eles que o local ficava perto do mar e era famoso pela prática de surfe. Disse-lhes que cada um teria uma família para hospedá-los, um quarto em uma casa e refeições, e alguns até teriam carro. Como ali também se falava inglês, poderiam continuar os estudos, mas também se comunicar na língua das pessoas do lugar. Disse-lhes que poderiam conseguir emprego de meio período com facilidade se precisassem de algum dinheiro extra. E informei a eles que cerca de 90% dos adolescentes de Zurcatnas nunca haviam sido evangelizados.

Quando perguntei quantas pessoas gostariam de ir, quase todas levantaram a mão. Então expliquei que o vilarejo de Zurcatnas era Santa Cruz; o nome estava escrito ao contrário. Disse a eles que tudo o que eu havia falado sobre o campo missionário, tudo o que os havia empolgado, era a exata situação da cidade em que viviam. Esse dia foi um marco, e fortalecemos a ênfase em missões com os adolescentes, fazendo caminhadas de oração nas escolas e ressaltando que ali eles eram embaixadores de Jesus e missionários.

Pastores e líderes conduzindo uma igreja de missionários

De certa forma, cada discípulo é um evangelista. Ser pastor significa liderar uma comunidade não de discípulos apenas, mas de discípulos com a mente em missões. O evangelismo precisa fluir de toda a sua igreja e motivar os cristãos a ser discípulos mais radicais. Uma igreja verdadeiramente evangelística conhece bem a Bíblia, ora sem cessar e ama muito as pessoas.

Precisamos treinar as pessoas a compartilhar com os outros quem é Jesus. Precisamos promover oportunidades evangelísticas diferentes para provocar discussões, tais como eventos cinematográficos e exposições de arte que suscitem conversas sobre

Jesus. Precisamos pensar estrategicamente sobre evangelismo em tudo o que fizermos.

> *Estando Jesus em casa, foram comer com ele e seus discípulos muitos publicanos e "pecadores". Vendo isso, os fariseus perguntaram aos discípulos dele: "Por que o mestre de vocês come com publicanos e 'pecadores'?" Ouvindo isso, Jesus disse: "Não são os que têm saúde que precisam de médico, mas sim os doentes".* — MATEUS 9.10-12

Você conhece algum pós-cristão? Ora por ele citando seu nome?

Os líderes imprimem o ritmo evangelístico da igreja. Tenho o privilégio de conversar com muitos não-cristãos. Tento encontrá-los e tenho orado com muitos deles. São pós-cristãos que, ao longo do tempo e dos relacionamentos com as pessoas de nossa igreja, poderão um dia comparecer a uma reunião de adoração. É assim que tenho visto muitos se entregarem a Jesus. Mas esse processo não é fácil nem rápido como antes.

Carrego comigo um cartão que contém o nome de sete pessoas pós-cristãs que no momento não freqüentam nenhuma igreja. Oro por elas diariamente, tento manter contato com elas no decorrer da semana e saio do escritório da igreja sempre que posso para estudar em locais onde seja possível estar com elas. Isso não é tarefa fácil, pois demanda tempo, amor e carinho, mesmo que essas pessoas jamais venham a comparecer a uma reunião de adoração em nossa igreja.

Na igreja emergente, o evangelismo não é algo que o discípulo faz; é algo que o discípulo é.

Imediatamente após os ataques terroristas de 11 de setembro de 2001, as nossas igrejas ficaram lotadas. Conversas sobre avivamento podiam ser ouvidas. Entretanto, isso não durou por

> Um capítulo impressionante, Dan!
>
> — RICK WARREN

muito tempo. De um modo geral, as nossas igrejas se encheram de cristãos desviados que sentiram medo e voltaram para uma breve visita. Os sete pós-cristãos que conheço não foram para nenhuma igreja nos domingos após aquele ataque nefasto. Eles sentiram medo e se voltaram uns para os outros. Por que eles não foram para nenhuma igreja? Eles nunca estiveram numa e não confiam nelas.

Embora o evangelismo não seja fácil, tenho esperança de que as gerações emergentes venham para Jesus em números jamais imaginados. Creio que se nossa liderança compreender o evangelismo como nossa missão, se levarmos a oração a sério, se prepararmos nossas igrejas com uma cultura para discipular e evangelizar, se apresentarmos um evangelho holístico, se não dependermos apenas de eventos para apresentarmos as mensagens evangelísticas, muita coisa pode acontecer. O potencial é inacreditável. Talvez na próxima vez que acontecer uma tragédia (não permita Deus), ou algo grave na vida de uma pessoa pós-cristã, mais pós-cristãos terão conhecido cristãos e se voltarão para eles em busca de ajuda e consolo. Talvez a maré mude e os não-cristãos sejam atraídos a nós, em vez de serem repelidos por nós.

Pensamentos emergentes

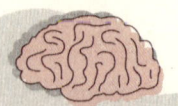

1. A principal maneira de sua igreja encarar o evangelismo reflete um modelo romano ou celta? Você precisa fazer alguma mudança para alcançar as gerações emergentes em sua comunidade?
2. De que outras maneiras você poderia apresentar o evangelho além de dar a garantia do céu para o futuro?
3. Você concorda que estão chegando ao fim os dias de "se você construir, eles virão" como método eficiente de evangelismo? Por quê?
4. De que maneiras específicas a sua igreja poderia conquistar a confiança de não-cristãos através do diálogo e da comunhão?
5. Você conhece pessoalmente algum pós-cristão? Qual tem sido a sua experiência com ele ao falar de Jesus ou ao convidá-lo para um evento ou para um culto de adoração?

Capítulo 19

Formação espiritual

Tornando-se um cristão clássico

> "A falta de discipulado é o elefante na igreja.
> — Dallas Willard, *A conspiração divina**

Filmamos uma entrevista no estilo de Jay Leno num colégio com a intenção de provar que a maioria dos adolescentes de hoje conhece mais o cenário da música popular do que a vida de Cristo, tomando o cuidado de não expor ninguém ao ridículo. Então começamos perguntando: "Você consegue se lembrar do nome dos integrantes do 'N Sync?". Até os adolescentes que odiavam o grupo lembraram-se de pelo menos alguns nomes. Então perguntamos: "E o nome dos discípulos?", pensando que a maioria poderia se lembrar de um ou dois nomes. Mas o que descobrimos foi ainda mais incômodo. Além de nenhum adolescente conseguir citar o nome de um discípulo sequer, quase todos queriam saber: "O que é discípulo?".

Olhando em retrospectiva, eu realmente devia ter esperado isso, mas fui pego de surpresa. Quantas pessoas em nossas igrejas conhecem o significado da palavra discípulo? Na realidade,

---

* Publicado no Brasil pela Mundo Cristão. [N. do T.]

fico imaginando quantos pastores e líderes de igreja poderiam responder a essa pergunta. Mas essa é provavelmente a pergunta mais importante que devemos fazer — ficando atrás apenas da pergunta: "O que é igreja?".

Ser discípulo de Jesus na cultura emergente

Em grego, a palavra discípulo é o substantivo *mathetes*, encontrada 269 vezes no Novo Testamento, e significa "pupilo, aprendiz, adepto". A forma verbal, *matheteuo*, ocorre quatro vezes nos evangelhos e uma vez em Atos. E significa "ser ou tornar-se pupilo ou discípulo".[1] Se a nossa missão é fazer discípulos de Jesus (Mateus 28.19), e a palavra discípulo significa ser aluno, pupilo, aprendiz de Jesus, como iremos abordar essa questão na cultura emergente? Em seu livro *A conspiração divina*, Dallas Willard considera o abandono de uma forma tênue de discipulado fundamentado nas obras, cujo foco se origina de uma metodologia moderna, passando para um nível completamente novo de vida no Reino baseado na condição de ser aluno e aprendiz de Jesus. Numa conversa comigo, ele me explicou que "discípulo de Jesus é alguém que pratica a sua presença e organiza a sua vida do modo pelo qual Cristo viveria se estivesse em seu lugar".

Willard explica essa definição em seu livro *Renovation of the Heart* [Renovação do coração], onde declara que discípulo é "alguém que confiou a vida inteira a Jesus e tudo que fazia parte dela. Por isso, essa pessoa deseja aprender tudo o que ele tem a ensinar sobre a vida no Reino de Deus agora e para sempre, estando constantemente com ele para aprender essas coisas. Discípulo de Jesus é a pessoa que está aprendendo a ser como ele".[2]

Na igreja emergente, nossa missão é evangelismo, mas evangelismo inclui fazer discípulos. Tornar-se aprendiz de Jesus é o processo integral da nossa santificação. Santificação é a nossa formação espiritual à medida que o Espírito de Deus nos molda e nos forma de dentro para fora.

> O desafio supremo é fazer e ser um discípulo.
> — HOWARD HENDRICKS

O fator essencial da formação espiritual para todas as gerações

Como não poderemos tratar de formação espiritual e discipulado com profundidade neste capítulo, podemos levantar questões que a igreja emergente necessita levar em conta. Mas fazemos isso compreendendo que o objetivo supremo do discipulado, não importa como seja feito, dever ser medido por aquilo que Jesus ensinou em Mateus 22.37-40:

- Amar a Deus de todo o coração, com toda a alma e com todo o entendimento. Estamos amando mais a ele?
- Amar o próximo como a si mesmo. Estamos amando mais as pessoas?

Com isso em mente, vamos considerar duas diferentes abordagens do discipulado e da formação espiritual com tipos distintos de pessoas:

A igreja emergente precisa investir tudo no objetivo principal do discipulado

O movimento sensível-ao-interessado dá muita ênfase à programação e apresentação com propósitos evangelísticos. Em muitos casos, uma vez que muitas pessoas já foram atraídas para a igreja, os líderes então lutam com dificuldade para estabelecer sistemas e programas para o discipulado. Na igreja emergente pós-sensível-ao-interessado, fazer discípulos precisa ser a força vital da igreja desde o início. Isso é crucial para que não cometamos alguns erros do passado.

Nossa definição de discipulado deve ser clara e conhecida por todos na igreja. Cada igreja deve ter uma definição por escrito, conhecida por todos, que sirva como ponto de referência para cada decisão, programação e estratégia. No ambiente da minha igreja, investimos tempo a cada ano debatendo a nossa definição além das disciplinas e das características de um discípulo. Algumas vezes temos reuniões de adoração com foco no que significa

Valores em transformação na abordagem da formação espiritual

IGREJA MODERNA	IGREJA EMERGENTE
O discipulado é departamentalizado.	O discipulado é holístico.
Estabelecem-se sistemas para a jornada espiritual.	Estabelecem-se sistemas para orientar a jornada, mas não para ser a própria jornada.
A visão de pequenos grupos é de preencher "a cadeira vazia", desenvolver liderança e dividir os grupos para se reproduzirem.	Os pequenos grupos proporcionam estabilidade para os que passaram pela experiência de lares divididos e de instabilidade em seu ambiente.
A Bíblia é um livro para ajudar a solucionar problemas e um meio para conhecer a Deus.	A Bíblia é a bússola para dar direção e um meio de ter experiência com Deus.
O discipulado é uma experiência individual.	O discipulado é uma experiência comunitária.
O discipulado baseia-se em metodologia e recursos modernos.	O discipulado baseia-se em disciplinas antigas.
Discipulado é conhecimento e fé.	Discipulado é fé holística e ação.
Discipulado é educação.	Discipulado é formação espiritual.
Ser discípulo e evangelismo são duas coisas distintas.	Ser discípulo é estar em missão evangelística.
A formação espiritual ocorre basicamente por meio da apresentação e do ensino.	A formação espiritual ocorre basicamente por meio da experiência e da participação.
Discipulado é algo que acontece depois que a pessoa vai ao culto de adoração.	Discipulado é o centro da missão da igreja.

ser um discípulo, e com freqüência incluímos uma folha em nosso boletim com um "perfil de discípulo" completo, mesmo que não estejamos ensinando aquele assunto naquele dia. O título que damos a esse perfil é: "Cristianismo clássico: Ser discípulo de Jesus com a mente voltada para missões". Planejamos cultos de adoração quando preparamos estações de oração com objetos que indicam várias características de um discípulo, listando algumas das coisas que Jesus nos disse que seus discípulos fariam. As pessoas podem ir a cada mesa, ler as Escrituras e pedir a Deus que faça essas características nascerem dentro delas. É muito bonito ver pessoas das gerações emergentes de joelhos nessas estações de oração. A oração é um ponto extremamente crítico em tudo isso porque demonstra que o discipulado não é algo que fazemos, mas um relacionamento ou aprendizado que temos.

> Essa é uma excelente idéia sobre o papel do Espírito Santo na formação espiritual. Nunca devemos nos esquecer do ministério do Espírito Santo.
>
> — Howard Hendricks

Dependendo do Espírito, não das disciplinas, para nos transformar

Para a igreja emergente, é importantíssimo que não ensinemos que o discipulado é simplesmente uma lista de coisas que devem ser feitas. Caso contrário, ele se torna orientado pelas obras e conduz ao legalismo. Se estamos nos empenhando para ser discípulos de Jesus, então devemos iniciar um relacionamento com ele. Praticar a sua presença através da oração é vital enquanto pedimos o auxílio do Espírito. Decorar versículos ou gastar tempo com livretes de estudo é bom e necessário, mas se fizermos apenas isso poderemos perder o sentido principal. Precisamos lembrar que as disciplinas de um aprendiz são apenas os meios. O Santo Espírito é quem nos muda, nos desenvolve e nos santifica (Romanos 6–8).

Precisamos estabelecer sistemas que não se configurem obstáculos para as gerações emergentes. As igrejas precisam de uma estratégia para atrair pessoas ao discipulado. Dallas Willard declara que existe "uma grande ausência de programas eficazes de treinamento que capacitem o povo de Deus a fazer o que Jesus disse com regularidade e eficiência".[3] Mas tenha sempre em mente algumas coisas que irão moldar a sua estratégia.

A igreja emergente não deve se pautar por eventos e programas. Antes, devemos ser discípulos de Jesus dependentes do Santo Espírito que nos transforma em pessoas que amam a Deus com todo o ser e também amam as outras pessoas a tal ponto que não podem deixar de ter a mente focada em missões.

> **Isso tem todo sentido. Como se pode construir sobre algo que não se tem?**
> — Howard Hendricks

Em primeiro lugar, uma maneira eficiente que muitas igrejas modernas usam para conduzir as pessoas nos passos iniciais da formação espiritual é numerar o sistema de aulas – 101, 201, 301 e assim por diante. Embora esse sistema tenha funcionado maravilhosamente nas igrejas por todos os Estados Unidos, já perdi a conta do número de conversas esquisitas que tenho tido, principalmente com jovens, quando tento explicar esse programa e o método. Como ponto de partida, as gerações emergentes tendem a suspeitar ou se ressentir de qualquer forma de religião organizada. Qualquer abordagem que insinue uma mudança de uma espiritualidade sagrada para uma atividade formal, rígida e corporativa, mesmo com as melhores das intenções, pode facilmente não atingir bons resultados. É claro que o propósito de numerar as aulas, 101, 201 etc., não pode ser desprezado, mas precisamos repensar como fazer isso.

Em segundo lugar, as gerações emergentes são receptivas de formas de aprendizado bem mais fluidas. Uma receita numerada passo a passo, medindo o progresso espiritual, muitas vezes pode impedir um crescimento orgânico. Precisei travar uma batalha para explicar a novos crentes que eles tinham de passar por três classes antes de aprender a compartilhar a nova fé. Era a primeira coisa que eles queriam aprender, porque têm muitos amigos não-cristãos! É óbvio que temos de estar plenamente preparados na compreensão da nossa fé, de nossos hábitos espirituais e de nossos dons. Mas creio que iremos continuar a encontrar gerações emergentes que resistirão às estruturas que enquadrem num mero sistema prescritivo coisas tão misteriosas e holísticas como o crescimento espiritual.

Então como podemos criar sistemas de discipulado que não insinuem o mundo moderno dos negócios ou as estruturas acadêmicas e que não se pareçam com algo que foi programado, mas que acolham o mistério, a reverência e a maravilha do trabalho transformador de Deus? Uma coisa que podemos fazer é simplesmente renomear as aulas para ressaltar os aspectos espirituais e para refletir os valores da cultura emergente. A igreja Mosaic em Los Angeles usa nomes como River [Rio] para descrever um retiro de formação espiritual que "é uma imersão de nossos sentidos, emoções, corpo e intelecto, em busca da análise de nossa ligação com Deus". Essa igreja tem outro retiro chamado Snow [Neve], que é "uma busca de perdão". A Cedar Ridge Community Church em Maryland possui aulas de formação espiritual denominadas Soul Findings, Journey e Kindle [Descobertas da alma, Jornada e Acender].

Títulos que soam mais espirituais assim como aulas que compreendem profundidade com abordagem orgânica se encaixam bem melhor na fluidez da cultura emergente. Mas os títulos são apenas as embalagens; precisamos refletir sobre como incentivar a formação espiritual através de uma abordagem holística da mente, do coração, do sentido e do corpo. Não podemos simplesmente mudar os nomes e continuar a espalhar informação. Precisamos mudar a maneira de abordar a formação espiritual.

O foco de nossa estratégia deve ser produzir discípulos com a mente focada em missões. Precisamos avaliar tudo o que fizermos em nossas igrejas vendo como cada atividade gera discípulos com a mente voltada para missões. Como essas aulas conduzem as pessoas na direção de um discipulado centrado em missões? De que maneira esperamos ver Deus usar essa atividade para formar discípulos com mentalidade missionária? Tudo deve ser pensado dessa maneira. Tudo.

A igreja emergente deve estimular a conexão entre as gerações

> *Lembrem-se dos seus líderes, que lhes falaram a palavra de Deus. Observem bem o resultado da vida que tiveram e imitem a sua fé.* — HEBREUS 13.7

Conheci Stuart Allen quando eu estava com uns 20 anos, morando em Londres e tocando bateria numa banda de *rockabilly-punk*. Stuart era pastor de uma pequena igreja em Londres, cuja média de idade dos membros devia ser de 60 anos. Encontramo-nos quando passei por sua igreja para um breve estudo bíblico de

> **Conectar as gerações é o aspecto da formação espiritual que mais se despreza.**
>
> — HOWARD HENDRICKS

hora de almoço. Stuart me colocou sob suas asas. Imagine essa combinação improvável: um homem de 83 anos de idade, e eu, vestido todo de preto com um penteado alto estilo *pompadour*, pulseiras com pontas, um cinto de metal, uma gravata com pingente e sapatos de sola grossa. Stuart parecia que não enxergava nada disso. Ele olhava direto para o meu interior e me mostrava Jesus. E para mim não era importante se ele estava vestido na última moda nem se conhecia todas as bandas do meu interesse. O que me importava era que ele amava a Deus e que de uma forma incondicional se importava comigo e me amava.

Em alguns finais de semana, Stuart e sua esposa me convidavam para ficar em sua casa no campo. Via quando ele acordava antes de o sol nascer e orava em uma cadeira em sua sala de estar. Via como ele tratava a esposa com respeito e amor. Eu via como ele amava as Escrituras e as memorizava.

E fui recebido por aquele pequeno grupo na igreja de Stuart. Aos domingos, depois do culto da manhã, um grupo de 15 pessoas descia para um porão frio e abafado para um almoço com chá. Eu gostava de ser o mais jovem e o centro das atenções; eles levavam sanduíches e bolachas e disputavam o privilégio de me servir. Todas as tardes de domingo naquele pequeno porão que cheirava mal, vivenciava a comunhão com um grupo de idosos ingleses. Durante aquele ano em que Stuart me discipulou, desfrutei de uma incrível experiência entre gerações, que Deus usou para mudar minha vida. Um homem com mais de 80 anos de idade transmitindo sua fé e sabedoria para alguém quase sessenta anos mais jovem.

Depois disso, Deus colocou o dr. John Mitchell em minha vida. Tive o privilégio de me reunir quase semanalmente com ele, enquanto era aluno no seminário bíblico Multnomah em Portland, no estado do Oregon. Para ser franco, eu não achava suas aulas atraentes, mas percebi que ir ao seu escritório e ouvi-lo orar era uma experiência transformadora. Os conselhos e a sabedoria do dr. Mitchell, que tinha mais de 90 anos quando o conheci, deixaram sobre mim uma impressão indelével. Ver seu amor pelas Escrituras inspirou-me muito mais que qualquer sermão e inoculou em mim um amor pela Palavra de Deus que permanece até os dias de hoje. Sua caminhada íntima com Jesus era algo que posso explicar apenas como verdadeiramente sobrenatural.

Uma terceira influência importante em minha vida tem sido Rod Clendenen, que tem mais de 80 anos de idade. Rod continua a me mostrar que adorar é algo que você faz não apenas num culto de domingo, mas sempre. Ele ensina com sua vida a importância de não dependermos da igreja para o estudo da Bíblia, mas aprendermos a nos alimentar por conta própria. Essas lições jamais poderiam ter sido ensinadas com o mesmo impacto num sermão ou numa aula. Elas podem ser ensinadas somente através da mentoria, quando as gerações interagem umas com as outras fora do ambiente da igreja.

Cada um desses homens, um com 60 anos, outro com 80 e outro com 90, produziu um imenso impacto em minha vida. Tenho fotografias deles na parede do meu escritório, o que me ajuda a me lembrar das lições que me foram ensinadas por eles e que é possível chegar à velhice sendo sempre discípulo.

Procurando Gandalf

Howard G. Hendricks do Dallas Theological Seminary foi o palestrante convidado de um de nossos retiros de equipe. Quando ele se sentou à minha frente no café-da-manhã, tivemos uma conversa sobre relacionamentos entre pessoas de gerações diferentes. O dr. Hendricks pegou um guardanapo e desenhou duas longas flechas. Era um desenho mais ou menos assim:

MAIS IDOSO → *Significado*

Mentores ← **MAIS JOVEM**

"Isso é o que temos em nossas igrejas", disse ele. "Elas estão repletas de pessoas mais velhas em busca de significado. São pessoas que andaram com Deus, aprenderam grandes lições na vida e agora se encontram aposentadas, com tempo disponível, muitas vezes com falta de propósito e significado.

"E há também as gerações mais jovens", continuou ele, "que estão ávidas por alguém que lhes dê mentoria, alguém que invista em sua vida e lhes mostre os caminhos do Senhor. Nossas igrejas, enquanto isso, estão fazendo de tudo para manter essas gerações distantes. O futuro de nossas igrejas depende da transmissão da fé de uma geração a outra através da mentoria e dos relacionamentos entre gerações".

Não pude deixar de concordar.

Apesar do que alguns podem pensar, as pessoas das gerações emergentes desejam profundamente mentores espirituais mais velhos que as guiem na formação espiritual. Você pode ler em 2Timóteo 1.3-5 como a avó de Timóteo compartilhou sua fé com as gerações mais jovens. Tito 2.3,4, Salmos 71.18 e Joel 1.2,3 mostram como gerações mais velhas transmitiam a fé para as gerações mais jovens.

Pense nas mudanças que afetaram a família americana nos últimos cinqüenta anos. Não muito tempo atrás era comum que as pessoas mais velhas compartilhassem um lar com seus filhos e até netos, ou ao menos vivessem perto uns dos outros. As pessoas de diferentes gerações interagiam entre si regularmente. Mas as coisas mudaram. A maioria das famílias se muda diversas vezes devido às exigências da vida profissional, ou se desfaz e se muda após o divórcio. Muitas crianças raramente vêem os avós porque vivem em lugares diferentes do país.

Talvez como resultado dessa lacuna, as gerações mais jovens têm obsessão por estilos, gosto e experiências daqueles que vieram antes delas. Pense na popularidade das festas com o tema "Noite dos anos 70" e na volta de estilos musicais das décadas de 1930 e 1940. Lendas da música como Johnny Cash, Frank Sinatra e Tony Bennet estão desfrutando de um ressurgimento de popularidade. Apesar das diferenças culturais óbvias, as gerações emergentes têm um desejo profundo de estar ligadas a pessoas que têm sabedoria e experiência e de ser orientadas por elas.

Emprestando outro exemplo do livro de Tolkien *O senhor dos anéis*, vemos a confiança de Frodo em seu sábio e idoso mentor,

Gandalf. Todos nós precisamos de Gandalfs em nossa vida, e creio que as gerações emergentes estão procurando Gandalfs hoje.

Devemos fazer tudo o que pudermos para incentivar esses relacionamentos de mentoria. Gastamos muita energia tentando reunir as gerações para adorarem juntas, mas realmente não acredito que isso faça alguma diferença importante. Como você sem dúvida já percebeu, é impossível agradar a todos com um único estilo de culto de adoração, devido às nossas diferenças de valores, coração, mentalidade e estilo de adoração.

Mas como acontece uma verdadeira comunhão? Não é juntando pessoas num recinto. Devemos pensar em maneiras de conectar as gerações fora do culto de adoração.

Um programa de mentoria no qual grupos menores ou indivíduos possam se reunir com os mais idosos é uma excelente forma de atingir o objetivo da comunhão. Toda vez que procuramos líderes de grupos nos lares, que estudam os livros da Bíblia durante a semana, tentamos envolver as pessoas mais velhas para dirigir esses grupos, para que abram a porta de casa e compartilhem sua sabedoria.

> **A estratégia de criar relacionamentos de mentoria entre gerações é repleta de possibilidades.**
>
> — HOWARD HENDRICKS

Se sua igreja é constituída na maioria por jovens, pense em estabelecer um relacionamento com outra igreja com membros mais velhos. Isso pode ser benéfico para ambos os grupos. A igreja emergente deve trabalhar para estabelecer relacionamentos de mentoria entre gerações mais velhas e gerações mais jovens e fazer o que for preciso para alcançar esse objetivo. A mentoria entre gerações e a transmissão de sabedoria devem se tornar um valor na igreja emergente.

Quando se trata de crescimento espiritual, não existe mais uma fórmula para todo mundo

Apesar das melhores intenções e sem perceber, muitas igrejas modernas abraçaram uma abordagem "tamanho único" para a formação espiritual. Sistematizamos a fé com tamanha perfeição, que eliminamos o mistério e a diversidade. Ensinamos que, se preenchermos os espaços em branco, decorarmos os versículos e estudarmos o livrinho, nos transformaremos em discípulos.

É claro que nem todos os sistemas estruturados são ruins. Algumas pessoas crescem e prosperam com eles. Mas, em razão das diferenças nos valores que temos discutido, muitas vezes a ênfase na uniformidade e na lógica em tais sistemas é prejudicial para a formação espiritual das gerações emergentes.

Em seu livro *Sacred Pathways* [Caminhos sagrados], Gary Thomas explica bem essa diversidade: "Criar a expectativa de que todos os cristãos tenham determinado tipo de hora silenciosa pode desencadear uma devastação na igreja... Algumas vezes, quando os outros não vivenciam a mesma coisa que nós, supomos que algo deve estar errado com eles... Deus deseja a sua adoração, segundo ele o criou. Ela pode ser diferente da adoração da pessoa que lhe apresentou Cristo ou da pessoa que dirige o estudo bíblico de sua igreja".[4]

É obviamente uma situação complexa, mas é natural pensar que pessoas diferentes se relacionem com Deus de maneiras diferentes, da mesma forma que nosso temperamento e nossa personalidade afetam a maneira pela qual nos relacionamos com outras pessoas.

Gary Thomas identifica nove temperamentos espirituais, embora certamente existam mais. Algumas pessoas, por exemplo, tendem a ser mais sensoriais. São atraídas pelo litúrgico, pelo visual, pelo majestoso. Tentar forçar as pessoas com esse tipo de temperamento a se tornarem discípulos através de um treinamento cognitivo e racional apenas irá frustrá-las. De modo inverso, se o temperamento espiritual de alguém é mais intelectual, ele crescerá naturalmente através do estudo dos fatos e da lógica.

Esse é um conceito simples, mas possui ramificações imensas para as gerações emergentes. Devemos pensar em termos da fluidez e da diversidade quando buscarmos nosso alvo de fazer discípulos.

Desenvolvendo pessoas que se alimentam sozinhas, em vez de consumidores espirituais

Sou viciado em Bíblia. Não a idolatro, nem acho que ela seja o único meio pelo qual Deus se comunica. Mas suas páginas contêm

> Reconhecer que as pessoas têm temperamentos espirituais distintos é algo que muitas vezes não é lembrado nem levado em conta. Na metodologia de Jesus, podem-se ver incríveis ilustrações do reconhecimento dessa realidade.
>
> — HOWARD HENDRICKS

vida e direção e a suprema história de amor de Deus pelo homem. Eu adoro ler e refletir nessa história. Gosto quando a Bíblia convence e me dá ânimo (Hebreus 4.12). A Bíblia é um presente precioso de Deus, e precisamos saturar com ela nossa mente e coração (Salmos 119.9-16).

Rod, meu sogro, que já tem mais de 80 anos de idade, diz que percebeu um desenvolvimento doentio na igreja contemporânea. Ele acha que criamos o que ele chama de mentalidade de posto de gasolina. À medida que a igreja moderna tornou-se maior e proficiente em sua pregação, ensinamos às pessoas que venham à igreja encher o tanque. E da mesma forma, no afã de vermos discípulos preparados, criamos consumidores.

> Embora a esta altura já devessem ser mestres, vocês precisam de alguém que lhes ensine novamente os princípios elementares da palavra de Deus. Estão precisando de leite, e não de alimento sólido! Quem se alimenta de leite ainda é criança, e não tem experiência no ensino da justiça. Mas o alimento sólido é para os adultos, os quais, pelo exercício constante, tornaram-se aptos para discernir tanto o bem quanto o mal.
>
> — Hebreus 5.12-14

> **Jamais podemos nos esquecer de que a Bíblia é a única fonte confiável sobre Jesus.**
>
> — HOWARD HENDRICKS

É claro que um adulto que só toma leite tem o crescimento tristemente retardado e é imaturo. O versículo 14 nos diz que os adultos, e não alguma outra pessoa ou instituição, são responsáveis por seu crescimento espiritual. "Mas o alimento sólido é para os adultos, os quais, pelo exercício constante, tornaram-se aptos." Se alguém que deveria ser ou parece ser um crente maduro em Jesus diz que "vai à igreja para se alimentar", pode ser que ele não esteja tão solidificado como pensa. É claro que devemos servir "refeições saudáveis" em nossos cultos de adoração, mas elas não devem ser as únicas refeições que as pessoas consomem em toda a semana. Será que sutilmente acostumamos as pessoas a ir a um culto de adoração em busca do "alimento" semanal? Não me surpreende que estejamos descobrindo que muitos cristãos que vão toda semana aos cultos são completos analfabetos bíblicos.

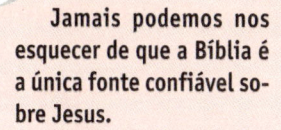

> As antigas disciplinas da fé são uma arte que se perdeu!
>
> — HOWARD HENDRICKS

Em *A renovação do coração,* Dallas Willard declara: "Devemos ser diretos e dizer que hoje uma das maiores barreiras a uma formação espiritual significativa segundo o caráter de Cristo é a extrema confiança na eficácia espiritual dos 'cultos regulares das igrejas', sejam do tipo que forem. Embora vitais, os cultos não são suficientes. É esse o problema".[5] Sei por experiência que Deus se move com poder nos cultos de adoração. Mas, se olharmos para o resultado do ensino e da pregação bíblica evangélica, veremos um quadro desanimador. Quando uma igreja elabora o seu ministério, ela deve enfatizar a formação espiritual fora dos cultos. Na igreja emergente, precisamos investir mais tempo e energia ensinando as pessoas a se alimentar com autonomia. Devemos fazer isso com determinação maior que a que se vê quando tentamos atraí-las para o culto para que desfrutem de nossas grandes reuniões de fim de semana.

Restaurando as antigas disciplinas para gerar cristãos clássicos

> As reflexões de Dan Kimball sobre o discipulado não devem se limitar à sua aplicação na igreja emergente. As disciplinas são necessárias em todos os lugares e podem constituir uma rica esfera de seguidores de Jesus de todas as gerações.
>
> — CHIP INGRAM

No caso de vinhos e de roupas, quando se fala em clássico, a imagem evocada é de algo de alta qualidade ou de alguma coisa antiga que tem grande valor. Acho que o mesmo acontece com as disciplinas da nossa fé. A igreja moderna transformou o fato de ser um discípulo numa coisa muito limitada, focando as disciplinas da oração, da leitura da Bíblia, da oferta e do serviço, mas parando aí. Negligenciamos muitas disciplinas da igreja histórica, incluindo jejum semanal, a prática do silêncio e a *lectio divina*.

As gerações emergentes, na busca de formas antigas, comprovadas e autênticas de se conectar com Deus, são muito atraídas por essas antigas disciplinas e por rituais espirituais históricos. A disposição que têm de participar é bem maior do que muita gente pode supor. Entre as coisas que poderíamos fazer está a criação de grupos de discussão dos *midrash* ou debates como os de fóruns gregos que ensinem a interpretar filmes de cinema de uma perspectiva teológica. Já ouvi falar de um grupo de adolescentes de uma escola que fizeram uma caminhada de oração pelas estações da crucificação montadas num acampamento. Em cada estação, eles paravam, meditavam nas Escrituras e oravam em silêncio. No último verão, um de nossos grupos de meio de semana promoveu um jejum de dois dias, que foi realizado com uma empolgação incrível. Logo comecei a imaginar por que não fazemos isso com mais freqüência. Creio que as gerações emergentes estão simplesmente esperando que seus líderes as conduzam a um novo nível de discipulado pela prática das antigas disciplinas da fé. Nunca as subestime.

Ação social na formação espiritual

Além do processo interior de formação espiritual, a nossa fé também inclui a vida no Reino, e uma das partes dela é a responsabilidade de lutar, local e mundialmente, por justiça social em nome dos pobres e necessitados. O nosso exemplo é Jesus, que gastou tempo entre os leprosos, os pobres e os necessitados. O Novo Testamento nos instrui: "cuidar dos órfãos e das viúvas" é sinal de uma religião pura (Tiago 1.27). Entretanto, temos nos estruturado para delegar essas responsabilidades a outros. Colaboramos com dinheiro, mas outra pessoa vai para favelas, albergues e orfanatos. Construímos prédios e criamos programas maravilhosos para a nossa gente, para que fique extremamente ocupada gerenciando esses programas. Com as gerações emergentes, creio que a ação social deve fazer parte de nossos valores essenciais e ser incorporada à nossa visão de igreja, tanto local como mundialmente.

Uma abordagem holística para a formação espiritual

Precisamos mudar para uma abordagem holística do discipulado e não continuar com uma abordagem segmentada. Precisamos olhar além dos estudos bíblicos e das técnicas para decorar versículos e avaliar nossa igreja como um todo. Como as nossas reuniões de adoração se encaixam no plano holístico do discipulado? Como o diálogo, em lugar da repreensão, encaixa-se nesse plano? Como as artes e a expressão criativa se encaixam no discipulado? (Sim, elas se encaixam!) Como o cuidado com o nosso corpo e com a nossa saúde se encaixam nesse plano holístico? A saúde do corpo é raramente incluída nas discussões sobre discipulado, mas ela é uma parte importante da responsabilidade que temos com nossos "templos" (1Coríntios 6.19,20). Como as disciplinas espirituais podem se tornar parte da vida cristã diária?

Os líderes da igreja emergente precisam repensar todo o conceito de discipulado, pois, falando com franqueza, se formos honestos, a igreja moderna não realizou um trabalho tão bom. Se formar discípulos é o nosso alvo primordial, é melhor que não tenhamos medo de reconsiderar como estamos fazendo isso.

Na igreja emergente pós-sensível-ao-interessado, todos nós precisamos praticar a presença de Jesus e organizar nossa vida de tal modo que possamos viver como ele viveria se estivesse em nosso lugar. Essa não é uma idéia absurdamente nova, mas apenas uma volta às coisas básicas do evangelho. É simplesmente um cristianismo clássico — cristianismo que as gerações emergentes tanto desejam ver e experimentar.

Pensamentos emergentes

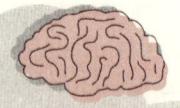

1. Em sua igreja, como você acha que a maioria das pessoas definiria o termo discípulo? Que porcentagem de sua igreja você considera que daria uma definição razoável para essa palavra?
2. Quais sistemas estão atualmente em vigor na sua igreja para a formação espiritual de uma pessoa? Se não há nada em vigor, qual seria o primeiro passo a ser dado nessa direção?
3. O que atualmente incentiva em sua igreja os relacionamentos entre gerações e a mentoria? Você consegue imaginar formas de melhorar essa área em sua igreja?
4. Se você quer ter mentores mais velhos para os jovens, serão necessárias formas de cuidar dos mais velhos e de alimentá-los. Como isso é feito pela igreja emergente?

Capítulo 20
Liderança para a igreja emergente

> "Quando se aproximou e viu a cidade [de Jerusalém], Jesus chorou sobre ela e disse: "Se você compreendesse neste dia, sim, você também, o que traz a paz!"
>
> — Lucas 19.41,42

Jesus desceu do monte das Oliveiras sabendo o que estava lhe esperando — prisão, julgamento, zombaria e espancamento impiedoso. Ele logo iria passar pela horrível experiência agonizante da cruz.

De uma perspectiva humana, ele poderia estar com ódio de Jerusalém, que o havia rejeitado. Ou poderia estar frustrado e cansado depois de tantos ensinamentos e milagres realizados que eles ainda não haviam "entendido".

Mas, em vez de repudiá-los por sua teimosia e incredulidade, Jesus parou, olhou a cidade e chorou por aqueles que não o conheciam. O coração de Jesus estava absolutamente quebrantado pelas mesmas pessoas que o haviam rejeitado.

Precisa-se de liderança compassiva na cultura emergente

A compaixão deve fazer parte da essência da liderança na cultura emergente. Vemos isso novamente demonstrado em Mateus 9.36, quando Jesus viu as multidões e teve compaixão delas porque eram como "ovelhas sem pastor". A palavra compaixão é a palavra mais forte traduzida por pena na língua grega, formada a partir de *splagchna*, que significa "as entranhas". Descreve a compaixão que leva uma pessoa às maiores profundezas de seu ser.[1] Os escritores na época do Novo Testamento referiam-se às partes do corpo para descrever as emoções. As entranhas ou intestinos e o estômago eram associados com a dor física mais profunda. Em outras palavras, Jesus sofria por eles com uma dor incrivelmente profunda porque viu que estavam perdidos e desamparados, na mesma condição de muitas pessoas que estão crescendo na cultura emergente atual. Nosso coração precisa se quebrantar e sentir dor pelas gerações emergentes que estão perdidas e desamparadas, "como ovelhas sem pastor".

Não é fácil o papel de liderança na igreja emergente. Enfrentamos muitas questões que não existiam nas gerações anteriores. Se nos motivarmos pelo desejo de construir uma igreja grande ou uma subcultura segura para os cristãos, ou se tivermos a tendência de acreditar que "essas gerações emergentes simplesmente não nos entendem e é muito provável que nunca irão nos entender", então estamos numa situação bem difícil. Ficaremos incrivelmente frustrados. À semelhança de Jesus, precisamos ser verdadeiramente motivados por um coração quebrantado.

Os líderes perderam vez e voz na cultura emergente

Os líderes têm um papel diferente nessa cultura pós-cristã em comparação com o que tinham na era cristã moderna. Até alguns anos atrás, os líderes cristãos tinham voz predominante na cultura e eram geralmente bem respeitados. Por certo vemos alguns líderes mais velhos no governo que ainda respeitam os líderes cristãos. Ainda há cristãos que respeitam os outros cristãos. Mas, se você sair desses círculos, a situação fica um pouco preocupante. Quase não temos voz junto à maioria das pessoas que influenciam a cosmovisão e as opiniões das gerações emergentes na cultura da mídia e do entretenimento.

Os líderes cristãos não são mais automaticamente ouvidos e respeitados. Na realidade, vemos cada vez mais o contrário acontecendo. A maioria das pessoas educada fora da igreja vê os líderes cristãos como pessoas que apenas buscam poder, apontam o erro dos outros, oprimem as mulheres e fazem parte da religião organizada. Em nossa cultura atual, há muitas vozes com diversas opiniões, visões e seguidores, todos competindo por atenção. Como líderes cristãos, enfrentamos o tremendo desafio de conquistar o direito de sermos ouvidos, dignos de confiança e respeitados.

O coração da liderança da igreja deve mudar em razão da cultura emergente

Os líderes realmente ainda precisam liderar, mas, para envolver a cultura emergente, precisamos mudar nossa abordagem da liderança. O quadro a seguir ilustra alguns contrastes entre abordagens da igreja moderna e da igreja emergente ante a liderança. Por favor, tenha em mente que se trata de generalizações:

Valores em transformação na abordagem da liderança

LÍDER MODERNO	LÍDER DA IGREJA EMERGENTE
Capitão Kirk: "Olhe para mim; eu tenho o plano".	Capitão Picard: "Eu lidero enquanto solucionamos isso juntos".
CEO / Gerente	Guia espiritual / Companheiro de jornada
O poder é concentrado	O poder é difuso
Hierárquico	Interligado
Voltado para objetivos	Voltado para relacionamentos
Uniformidade de valores	Diversidade de valores
Cargo e função dão o direito de liderar	Confiança e relacionamento dão o direito de liderar
Lidera falando	Lidera ouvindo

> Esse quadro ajuda muito a ganhar perspectiva dos valores da liderança que estão passando por mudanças.
> — HOWARD HENDRICKS

A abordagem CEO — Capitão Kirk *versus* a abordagem relacional — Capitão Picard

Stanley Grenz, no livro *Pós-modernismo: Um guia para entender a filosofia do nosso tempo,* usa o seriado de TV *Jornada nas estrelas* e *Jornada nas estrelas: A nova geração* como exemplos de valores modernos e pós-modernos. Gostaria de avançar com essa idéia ao contrastar os valores de liderança do Capitão James T. Kirk com os do Capitão Jean-Luc Picard (fanáticos por *Jornada nas estrelas*: por favor, perdoem as minhas simplificações extremadas das personagens. Tenho consciência de que elas são muito mais complexas).

O Capitão Kirk é o líder moderno supremo. Ele é um individualista contundente, valoriza o poder e o conhecimento e quer conquistar e controlar. Seja qual for a crise, o Capitão Kirk está sempre na direção tomando as decisões. A maioria dos episódios claramente se desenvolve em torno dele. Todos sabem que ele está no comando e sempre é o líder forte e assertivo: "Spock, reúna um grupo para a aterrissagem e explore a superfície do planeta". As personagens femininas do programa estão geralmente bem abaixo de Kirk na escada da liderança, e ele raramente pede algum conselho a elas. É um mundo dominado pelos homens e liderado pelo Capitão Kirk, que, na maior parte do tempo, o tem em suas mãos.

O Capitão Picard, por outro lado, é um líder, mas sua abordagem é bem diferente e encaixa-se bem melhor na cultura emergente. Quando enfrenta uma decisão, ele pede aos outros que dêem sua opinião e delega a eles a responsabilidade de fazer escolhas. Confia algumas funções importantes às mulheres e muitas vezes as procura para receber conselhos. Em vez de solucionar um problema como um conquistador, ele fala com freqüência sobre se colocar no lugar dos outros para que possa ver as coisas pelas perspectivas deles.

Outro aspecto importante do estilo de liderança de Picard é a diversidade, um valor importante que os líderes na cultura emergente precisarão adotar. Com a diversidade na liderança vem a diversidade de estilos e de abordagens. Isso significa uma menor padronização de uma estrutura da igreja e mais fluidez na maneira pela qual atuam as equipes de liderança. Estas deverão ser bem mais intencionais nas relações com os outros, sem se importar com quem ganha mais, sabe mais ou tem mais responsabilidade. Embora a diminuição do poder de controle seja contra as bases da liderança moderna, a diversidade também significa menos controle e um poder difuso entre muitas pessoas. Na igreja emergente, precisamos mudar para uma abordagem de equipe. Isso demandará mais tempo, mais construção de relacionamentos e a disposição de abrir mão de ser a pessoa que toma todas as decisões.

Note também que o Capitão Picard tem consciência do que acontece à sua volta e não apenas no nível da dinâmica entre vários governos, mas também no nível das galáxias e do Universo. Ele se preocupa com a justiça social entre os vários povos e formas de vida. Da mesma forma, também precisamos ampliar a compreensão de nossos papéis para sermos mais conscientes e preocupados com o mundo global. Temos de pensar cuidadosamente nas questões de justiça social. Será que os líderes cristãos não estão mais focados nos reinos cristãos internos do que no mundo externo falido?

Como Picard, que sempre está em contato com outros líderes, nós também precisamos ir além das denominações para buscar novas amizades. Estamos nisso juntos. Já se foram os dias de pastores super-heróis que eram pioneiros pelo caminho. A igreja emergente passa pela amizade de líderes que estão juntos na mesma jornada.

O pastor CEO *versus* o guia espiritual e companheiro de jornada

Em seu livro *Dining with the Devil* [Jantando com o Diabo], Os Guinness escreve sobre uma alarmante observação feita por um empresário japonês: "Toda vez que encontro um líder budista, encontro um homem santo. Toda vez que encontro um líder cristão, encontro um gerente".[2]

Que observação fascinante e talvez desconfortavelmente verdadeira. Já fui a muitas conferências sobre liderança promovidas por líderes e pastores modernos, e descobri que os termos e as

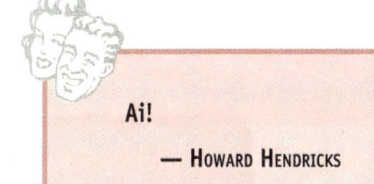

> Ai!
> — HOWARD HENDRICKS

analogias usadas com mais freqüência para definir papéis pastorais e de liderança são tirados do mundo corporativo dos executivos de empresas, e que o pastor sênior é quase sempre o CEO.

Os líderes de igreja aprendem a elaborar organogramas que refletem um estilo de liderança de cima para baixo. Até o vestuário daqueles que dirigem as conferências dizem: "profissional corporativo". É comum as equipes de igreja terem um pastor executivo, um diretor-executivo do ministério estudantil, um pastor sênior associado e outros cargos afins.

Como pastores CEOs, aprendemos a liderar a igreja como se ela fosse uma empresa. Sentamo-nos atrás de mesas em nossos escritórios, escrevendo visões, declarações de missão e a lista dos dez principais valores de nossa igreja. Constituímos equipes administrativas e equipes com executivos. Gerenciamos as nossas igrejas de forma eficiente como se estivéssemos gerenciando uma empresa, com telefone celular na cintura e *palm top* na mão, caminhando com um andar resoluto de CEO.

Admito que estou exagerando para explicar meu pensamento e não pretendo menosprezar a eficiência dessa abordagem em muitas igrejas modernas. As pessoas que vivem no mundo empresarial reagem bem a esses títulos executivos e a essa terminologia dos negócios usada também no ministério. Até Jesus usava metáforas conhecidas com seus discípulos para ajudá-los a compreender que seriam "pescadores" de homens. Mas enfrentamos valores diferentes nas gerações emergentes. Continuar com a abordagem moderna de liderança num mundo pós-cristão trará mais prejuízos que benefícios.

Vou explicar. Uma das críticas contra a igreja que mais se ouve hoje é que ela é uma "religião organizada", um "grande negócio", uma "religião moderna criada pelo homem". Então que mensagem estamos passando quando usamos termos como pastor executivo e equipe administrativa para descrever a "estrutura corporativa" da nossa igreja? Estamos reforçando estereótipos negativos? Não subestime o poder das palavras. Eu estava trabalhando numa "equipe administrativa" de uma igreja e mencionei a alguém que não era crente que eu havia estado em uma reunião da equipe administrativa na manhã daquele dia. Lembro-me do olhar de confusão que recebi. "Equipe administrativa? Pensei que você trabalhasse numa igreja." Achei muito esquisito ter de explicar que a igreja estava usando a terminologia do mundo empresarial.

Sei que na cultura moderna esses termos podem ser bem recebidos por aqueles que estão acostumados a ouvi-los no mundo dos negócios e, assim, ouvi-los no contexto da igreja pode parecer animador e fazer algum sentido. Mas, em relação às gerações que pensam que igreja não passa de um negócio, precisamos repensar essa questão. Pense em títulos como pastor sênior. Jesus tinha um discípulo sênior? Um pescador de homens sênior? Que tipo de mensagem é passada por esses títulos às pessoas das gerações emergentes?

O que precisamos compreender é que as gerações emergentes estão ávidas por uma experiência espiritual e por líderes que as dirijam para Deus. Pense no choque de valores que é oferecer a elas um diretor-executivo financeiro, um pastor sênior ou pastor executivo associado quando elas estão procurando um profeta, uma rabino, um místico espiritual, um filósofo, um xamã.

Deepak Chopra tem uma influência tremenda tanto em Hollywood quanto em todo o território americano em termos de direção espiritual. Ele foi descrito como um profeta-poeta e como uma mistura de físico com filósofo. Isso é o que as pessoas da cultura emergente estão buscando. Na realidade, nós na liderança cristã, como mensageiros do Reino, deveríamos ser os profetas-poetas, os rabinos, os filósofos, que poderiam traduzir as Escrituras para essa cultura.

Um pastor é um pastor de ovelhas, não um CEO

Não acho que é por acaso que pastor é o título que o Espírito de Deus concedeu aos líderes das igrejas. Por certo existiam negócios durante os tempos bíblicos, e Deus poderia facilmente ter usado a terminologia do mundo dos negócios e seus títulos. Até Jesus usava a palavra administrador (Lucas 12.42; 16.1-9). Mas o Espírito escolheu a palavra pastor para descrever aqueles que estariam cuidando do povo de Deus. É a palavra grega *poimen*, que significa "pastor de ovelhas, aquele que zela pelas manadas e pelos rebanhos" (e não apenas aquele que os alimenta). Assim, vale como metáfora para os pastores cristãos que guiam e também alimentam o rebanho (Atos 20.28). Isso envolve cuidado carinhoso e direção vigilante.[3]

As pessoas na cultura emergente não seriam atraídas para esse tipo de líder? Um pastor que cuida com carinho delas e as ama? Um pastor é um pastor de ovelhas que conhece sua ovelha (João 10.4-13). Qualquer coisa a menos do que isso faz de um pastor um mercenário. Pastores não apenas "fazem o trabalho" ou fazem com que as pessoas compareçam aos eventos. Eles são chamados a ser pastores de ovelhas que devem sair e procurar a ovelha perdida, deixando as outras 99 para fazer isso (Mateus 18.12,13).

Entendo perfeitamente que, em algumas igrejas grandes, os líderes precisam treinar e dirigir outros "pastores de ovelhas", que se tornam os pastores que poderão cuidar de todos (Êxodo 18.1-27). Mas não podemos jamais ser ludibriados por telefones celulares e *laptops* nem pelo ritmo da vida a ponto de perdermos o coração de um pastor. As gerações emergentes estão procurando pastores de ovelhas, não CEOs ou executivos.

> Também não podemos nos esquecer da importância de sermos visionários.
> — Howard Hendricks

As pessoas da sua igreja descreveriam você como gerente ou como homem santo?

Conheço muitos pastores que, para eliminar o aspecto corporativo, estão mudando os seus títulos de pastor sênior para pastor principal. Alguns pastores são bem criativos no modo de usar os novos títulos. Alguns até estão tirando inteiramente os títulos hierárquicos; não usam nenhum outro título, a não ser pastor. Não subestime a maneira pela qual as palavras moldam as opiniões das pessoas. Como você acha que o homem de negócios japonês mencionado por Os Guinness descreveria você, os pastores e os líderes de sua igreja? Gerentes? Ou homens santos?

O sanduíche de liderança de Nouwen-Maxwell

Na igreja emergente, em especial nas igrejas com mais de cem pessoas, os líderes enfrentam uma grande tensão: Como liderar bem e manter o nosso coração afável? Precisamos encarar a liderança como o escritor Henri Nouwen com sua disposição de ser como Jesus, cuidando das pessoas com compaixão, em total dependência do Espírito. Ao mesmo tempo, se a sua igreja crescer, você precisa desenvolver a capacidade de delegar responsabilidades, de formar equipes multifacetadas e de recrutar e treinar líderes, ou seja, aqueles aspectos pelos quais o autor John Maxwell é bem conhecido.

Se você ler esses autores, verá que eles abordam a liderança de maneiras bem diferentes. Mas usar uma abordagem sem a outra não trará bons resultados numa igreja emergente grande. Josh Fox e eu sempre brincamos que a nossa dieta de leitura deveria ser um sanduíche de liderança de Nouwen e Maxwell. Ambos são necessários para que se possam liderar grupos maiores de pessoas.

O que as gerações emergentes estão procurando em seus líderes

Participei de uma discussão com um grupo de líderes de igreja — formado principalmente por fundadores de igreja — em um evento da Leadership Network em São Francisco. Alguns deles haviam trazido uma ou duas pessoas de sua igreja. Um desses convidados era uma moça, com cerca de 20 anos de idade, que fazia parte de uma igreja no sul da Califórnia composta na sua maioria de artistas. O espaço de encontro da igreja funciona como uma galeria de arte e também como o local de reuniões. A maioria das pessoas da comunidade era recém-convertida à fé cristã e não havia recebido educação religiosa. Essa moça também era nova na fé e muito eloqüente ao falar de suas novas crenças e de seu amor por Jesus.

Como a discussão de nosso grupo era focada em liderança, os pastores verbalizaram diversas opiniões, incluindo muitas visões típicas sobre como um líder deveria ser. Mas percebi uma inquietação naquela moça, que estava sentada e ouvindo a discussão. Finalmente perguntei-lhe o que ela esperava de um pastor ou de um líder da igreja. O que ela disse valeu os dois dias que passei em São Francisco, pois aquilo ecoou dentro de mim e refletiu o que penso que deve estar no centro da igreja emergente. Escrevendo o mais rápido que podia, anotei suas palavras enquanto ela falava. Sei que, como líderes de igreja, não podemos simplesmente nos tornar o que as pessoas desejam. Se fizermos isso, teremos problemas, pois estaremos atendendo aos caprichos e desejos delas. Mas, à medida que você ler as declarações que a moça fez, pense em como elas podem afetar a maneira de você enxergar a liderança. Compare as palavras dela com as palavras que normalmente ouvimos sobre o perfil de um líder e sobre como ele deve ser.

> **"Desejo ter com meu líder o mesmo senso de comunidade que eu tinha quando ia fumar maconha com meus amigos."**

Esse foi o primeiro pensamento que lhe veio à mente. Para ela e para muitas outras pessoas, fumar maconha juntos representava uma forma de comunhão verdadeira (sem superficialidade nem pressa). Na época em que a moça costumava fazer isso, ela desfrutava uma sensação de igualdade e vínculo. Ela não sentia falta do efeito causado pela maconha, mas da sensação de comunhão verdadeira e de companheirismo. E queria a mesma experiência com os que a lideravam. Achei uma forma bonita e incomum de descrever uma experiência ideal (sem a maconha) de liderança e comunhão.

Como isso soa em sua igreja? Sei que é algo que pode ser muito mais difícil de obter numa igreja grande, mas você mesmo precisa lecionar na classe de novos membros, se houver uma em sua igreja, ou deve abrir sua casa uma vez por mês para receber essas pessoas recém-chegadas, pois elas valorizam muito o toque pessoal. Se você deseja que as pessoas o aceitem como líder, precisa estar disposto a pagar o preço. Mas oferecer às pessoas a oportunidade de visitar sua casa para conhecer um pouco mais você e sua família, para ver onde você mora, já é um grande passo. João 10.3-13 fala sobre a forte ligação que o pastor tem com sua ovelha. Não é apenas um trabalho. É um relacionamento de carinho verdadeiro. Você não pode apressar nem simular a comunhão. Você não pode fazer de conta que se importa com os outros.

Concordo com Dan Kimball quando ele afirma que os líderes da igreja emergente devem sair de seus escritórios e das instalações da igreja e estar entre as pessoas no mundo. Jesus não ficava sentado no templo o dia inteiro, mas sujava mãos e pés para encontrar-se com as pessoas no lugar em que estavam.

— SALLY MORGENTHALER

Eu o incentivo, se ainda não fez isso, a permanecer após o culto de adoração e conversar com as pessoas até que a última vá embora, não importa o tamanho da sua igreja. Assumi o compromisso de fazer isso para que pudesse ficar no meio das pessoas que pastoreio. Nos intervalos entre um culto e outro, prolongo a minha permanência no saguão, nos corredores e na cafeteria. Tento fazer o máximo para, de todas as formas possíveis, passar a mensagem de que faço parte daquilo tudo com eles, de que não estou separado nem distante.

Precisamos passar de um estilo de liderança voltado para objetivos para um estilo voltado para relacionamentos. Precisamos amar as pessoas e não nossos objetivos ou resultados. Tento marcar uma conversa semanal com alguma pessoa que não conheço muito bem ou com alguém chegando à nossa igreja, ou que esteja meio de lado, que já fez parte da igreja, mas nunca assumiu uma postura de serviço ou liderança. Mas nem sempre foi assim; eu costumava seguir a regra do "reúna-se apenas com os líderes".

Como não é viável nem um uso inteligente de nosso tempo gastar toda a semana reunindo-se com as pessoas, precisamos sempre treinar muitas pessoas em nossas igrejas para também se tornarem pastores de ovelhas. Entretanto, os líderes são aqueles que devem estar à frente. Não devemos enxergar as pessoas como números sem rostos que enchem nosso templo.

Crie o hábito de pelo menos escrever um bilhete para alguém em sua comunidade. Um pouco de incentivo por escrito, até mesmo um *e-mail* para ver como andam as coisas, é o tipo de iniciativa que tem um alcance bem maior do que você imagina. Faça tudo o que puder para manter esse valor sempre bem elevado, em especial entre as gerações emergentes, em meio às quais a confiança precisa ser reconquistada, pois se trata de gente que dá muito valor à comunhão.

> É muito importante usar um vocabulário pessoal quando nos dirigimos a grupos e quando pregamos, sempre com afeto e cuidado, sentindo a dor do outro.
>
> — Howard Hendricks

"Quero um pastor que me ajude a descobrir Jesus e a minha fé."

Gosto muito da escolha que ela fez do verbo descobrir. Ela não disse "falar de Jesus para mim" nem "pregar Jesus para mim".

Disse que queria um pastor que a ajudasse a descobrir Jesus. É claro que precisamos pregar sobre Jesus, mas a nossa pregação e ensino refletem um senso de descoberta do tipo que ela pede? Ou será que já nos acostumamos a, de alguma forma, despejar sobre as pessoas os fatos sobre Jesus, como se estivéssemos vendendo um carro usado?

"Eu quero alguém que me escute e que me ouça."

Você notou que ela não disse que queria um líder que lhe dissesse o que fazer em cinco passos fáceis? E não parece que ela quer um pastor que fale 90% do tempo. Ela quer um líder que a escute. As gerações emergentes desejam compreensão e não soluções nem análises rápidas. A liderança na igreja emergente tem mais a ver com ouvir e menos com falar. Jesus falava, ouvia e fazia muitas perguntas. Ele não monopolizava a conversa.

"Quero que meu pastor e meus líderes me ajudem a descobrir quem eu sou, em vez de me dizerem quem devo ser."

De novo, precisamos dar ouvidos a isso. Os evangélicos realmente se especializaram em dizer às pessoas como um cristão deve ser e agir. Muitas vezes queremos que os outros sejam e se pareçam conosco, em vez de serem como Deus os criou e idealizou sob a liderança do Espírito. Parece que estamos muito ansiosos por agarrar o microfone e dizer às pessoas o que elas devem fazer. Mas elas não estão nos escutando mais, e precisamos ouvi-las novamente.

Ouvir envolve primeiro descobrir quem é a pessoa. Jesus era alguém que fazia perguntas e ouvia. Devemos seguir seu exemplo, ouvir para descobrir em que ponto da jornada a pessoa se encontra naquele momento. De onde ela vem e onde esteve? Como ela pensa? Podemos nos surpreender com o que iremos descobrir.

"Quero alguém que me ajude a descobrir quais são meus dons e como usá-los para Deus."

Sem perceber, aquela jovem acertou em cheio a descrição bíblica do corpo que se encontra em 1Coríntios 12. Ela desejava servir a Deus com seus dons, mas não creio que estivesse pensando nos dons espirituais como costumamos pensar, analisando as pessoas com um monte de testes e depois dirigindo-as para onde nosso ministério precisa.

Permita que as pessoas atuem no ministério da maneira que Deus as criou, e assim elas haverão de crescer e de ser usadas por ele de formas jamais imaginadas. Devemos fazer nossa parte, incentivando-as e oferecendo-lhes confiança e apoio.

"Quero um líder que encoraje a artista que há em mim e não que me reprima ou ignore."

Aquela jovem era uma dançarina que desejava que seu pastor reconhecesse seu talento e de alguma forma lhe desse oportunidade de usar a dança para Deus. Ela representa uma grande parcela das pessoas das gerações emergentes que têm talentos, como dança, arte e poesia, e precisam ser remidas e exaltadas na igreja. Já ouvi muitas histórias de como as igrejas negligenciam determinados dons porque eles não se encaixam na programação oferecida. Pense na bela aquarela de cores e criatividade que pode ser revelada em nossa comunidade se simplesmente permitirmos que pessoas com toda sorte de dons tenham espaço e oportunidade de expressá-los para a glória de Deus.

"Eu quero pais."

Esse último comentário foi o mais surpreendente para mim, mas quanto mais penso sobre ele mais ele faz sentido. Ela era nova na fé, clamando por uma direção amorosa. Estava dizendo que desejava líderes que a protegessem com carinho, como se fossem pais, que a pastoreassem e a guiassem. Ela não tinha a expectativa de que todos os líderes fossem jovens ou entendessem sua cultura. Eles não precisavam se vestir na moda, nem conhecer todas as bandas novas. Ela simplesmente desejava líderes que a amassem incondicionalmente, suportassem-na e lhe dessem ânimo, da mesma forma que seus pais deveriam ter feito. Na igreja emergente, precisamos eliminar as barreiras entre gerações e proporcionar que o mais velho seja mentor do mais novo.

> **Faça os mais velhos se transformarem em mentores dos crentes mais jovens!**
> — Howard Hendricks

Os comentários daquela jovem com cerca de 20 anos de idade não tinham nada a ver com "quero um líder corajoso" ou "quero um líder que pregue ótimos sermões" ou "quero um líder que dissemine uma grande visão". Essas coisas são muito necessárias, mas os primeiros pensamentos dela foram simples e belos, voltados para a vida em comunidade. Se você estivesse na mesma igreja de uma pessoa como essa, como ela o descreveria? Esses valores fazem parte da mentalidade da liderança em sua igreja?

Liderança e a "cadeira vazia"

Outra questão importante que os líderes das igrejas emergentes devem valorizar são as ferramentas e os métodos que devemos usar para cumprir nossa missão. A cultura moderna tem nos ensinado a fazer reuniões parecidas com as do mundo empresarial, a ter a agenda sempre à mão, a fazer uso inteligente do tempo, já que se trata de um recurso muito limitado. E é verdade que precisamos fazer tudo isso. Não há tempo a perder no cumprimento de nossa missão. Mas, no afã de dirigir e viabilizar os ministérios, podemos estar nos esquecendo de alguma coisa — ou de Alguém.

Já participei de muitas reuniões da liderança da igreja e também já as dirigi; tenho observado que a maioria delas segue certo fluxo. Geralmente iniciam com uma oração, na qual se pede a Deus que nos guie e nos ajude em nossa pauta. Depois da oração, começa a reunião. Como o tempo é um recurso precioso, queremos ser bem organizados e eficientes. Fazemos minutas para registrar o que discutimos e para quem foram delegadas as responsabilidades. Podemos falar sobre as novas aulas que serão oferecidas ou sobre o declínio na freqüência da semana que passou. Falamos sobre a programação e ficamos frustrados com os problemas que tivemos com o projetor no final de semana. Falamos sobre os dois adolescentes que na última reunião de jovens da quarta-feira foram pegos tendo relações no quartinho do zelador. Planejamos, discutimos, solucionamos os problemas, os *laptops* trabalham o tempo todo, e então terminamos a reunião.

Tudo muito bem, pelo menos até considerarmos o que normalmente não acontece em uma reunião dessas.

Uma coisa que começou a me incomodar era que, depois de iniciar com uma oração, raramente mencionamos outra vez o nome de Jesus ou de Deus na reunião. Na verdade, contei (incluindo as reuniões que dirigi) quantas vezes usávamos o nome de Jesus e fiquei perturbado por perceber que havia caído na armadilha de tentar fazer as coisas de uma maneira tão eficiente que Jesus quase não precisava participar. Pedimos ajuda a ele e depois o abandonamos no restante da reunião. Mas pense nisso! Tudo o que fazemos é para ele e tem a ver com ele.

Depois que percebi isso, discuti esse assunto com a equipe e decidimos ir ao extremo para mudar esse modelo. Jesus disse "sem mim vocês não podem fazer coisa alguma" (João 15.5). Todos nós conhecemos esse versículo, mas sei que facilmente me torno auto-dependente e passo a cuidar do ministério por minha conta. Como eu queria que não nos esquecêssemos desse versículo, experimentamos outra coisa. No início de cada reunião de equipe, colocamos uma cadeira vazia no meio da sala. Chamamos essa cadeira extra de cadeira de Jesus. Quando começamos nossa reunião com oração, reconhecemos a presença de Jesus. Desse ponto em diante, a cadeira sempre nos faz lembrar de que Jesus é a razão da reunião, o ponto principal de cada discussão. Se temos um problema, é fácil lembrar que devemos orar e pedir-lhe que nos mostre o que fazer.

Uma vez, um amigo me deu uma estátua de Jesus com uns 30 centímetros de altura, que a mãe tinha lhe dado de presente. Como não sabia o que fazer com aquilo, resolveu dá-la a mim, e eu a coloquei perto da minha mesa. Um dia durante uma reunião de equipe, apenas por brincadeira, coloquei a estátua na cadeira de Jesus. Estávamos no meio da reunião quando nosso pastor sênior entrou para nos fazer uma visita. Ele viu a cadeira e a puxou para sentar-se. Quando dissemos a ele que era melhor não sentar naquela cadeira porque era onde Jesus estava sentado, ele olhou para baixo e viu a pequena estátua. Ainda bem que ele não entrou e sentou-se rapidamente, pois isso teria causado um grande problema! Tentei explicar sobre a cadeira de Jesus. Mas com aquela estátua ficou mais esquisito ainda para entender. Então desisti. Mais do que nunca na igreja emergente, devemos nos lembrar de manter Jesus no centro de tudo o que fazemos. Que sempre nos lembremos da cadeira vazia e de quem está sentado nela.

Os líderes da igreja emergente devem ser "serpentes e pombas"

Jesus disse: "Eu os estou enviando como ovelhas entre lobos" (Mateus 10.16). Enquanto a maioria de nós não sabe o que é ser preso por causa da nossa fé, *estamos* vivendo numa cultura pós-cristã que é hostil quando se trata do evangelho de Cristo. Mais do que nunca, precisamos seguir as instruções de Jesus aos seus discípulos para que fossem "astutos como as serpentes e sem malícia como as pombas".

Liderança do tipo "astutos como serpentes"

À primeira vista, parece estranho que Jesus tenha dito que devemos ser como as serpentes, já que pensamos nelas como símbolo de traição e engano. Quando Jesus usa a palavra "serpentes" em Mateus 10.16, ele a está usando como símbolo de astúcia e sabedoria. Na cultura do Oriente Médio, no primeiro século, as serpentes eram a personificação metafórica da inteligência, esperteza e ponderação. As serpentes são pacientes, esperam pelo momento certo para atacar e, quando fazem isso, são rápidas e eficientes — até fatais. Para sermos eficientes, devemos estudar as últimas tendências, participar de seminários relevantes e ler muito. Queremos ser habilidosos e sábios em tudo o que fazemos e na maneira de usar o nosso tempo.

Liderança do tipo "sem malícia como as pombas"

Jesus também diz que precisamos ser sem malícia como as pombas. As pombas são conhecidas por serem o mais gentil e inofensivo tipo de pássaro. Elas representam pureza e inocência.

> Concordo com o que Dan Kimball afirma aqui. A figura das serpentes e das pombas é uma analogia poderosa que Jesus usou para aqueles que o servem. Precisamos olhar mais para ela.
>
> — HOWARD HENDRICKS

Essa não deveria ser uma característica de nossa liderança na igreja emergente?

Vou compartilhar com você uma preocupação que tem crescido dentro de mim. Tenho participado de muitas conferências e de reuniões de liderança que focam o estilo "astuto como serpentes" e ouvido muito sobre pregação pós-moderna, fundação estratégica de igrejas e metodologias ministeriais. Mas o que não se vê nessa discussão, em grande parte delas, é alguma coisa sobre zelo por nossa alma. Não ouço mais falar de integridade ou de santidade, tanto nas conferências como nos livros de liderança ministerial. Não ouço mais falar em sermos cautelosos para não nos conformar com o mundo (Romanos 12.2) ou não nos deixar corromper pelo mundo (Tiago 1.27) como líderes. Isso não deveria ser inquietante?

Depois dos escândalos dos televangelistas no final da década de 1980, cresceu nossa percepção da necessidade de santidade pessoal, inocência e integridade. Mas, com o tempo, parece que essa preocupação se esvaiu. Não sou legalista e jamais proporia alguma coisa que pusesse em jogo o dom de liberdade que recebemos com a graça de Deus. Mas eu me preocupo com aqueles que têm o coração quebrantado pelas pessoas das gerações emergentes e podem estar sendo negligentes com a própria alma, o que pode resultar em lapsos de integridade e pureza. Esquecemo-nos de que nosso próprio vaso, que Deus está usando para alcançar as pessoas que amamos, é frágil e precisa desesperadamente do cuidado e da força do Espírito.

Vejam o que Reggie McNeal diz em seu livro *A Work of Heart* [Uma obra do coração]:

> As iniciativas de desenvolvimento de liderança voltadas para os líderes espirituais têm muitas vezes negligenciado as questões do coração. Com a ênfase, que já dura décadas, no ministério como atividade mecânica (como aconselhar os membros, como desenvolver uma igreja, como preparar o sermão, com levantar fundos, e a lista do "como" vai adiante), a atenção para a essência do ser dos líderes espirituais foi descartada em favor da busca de coisas

---

Estou com 46 anos de idade e pastoreio (de uma forma ou de outra) há mais de vinte anos, mas algumas vezes eu me sinto com 86 anos, precisando me aposentar logo, porque pastorear é difícil, muito difícil. Tantos colegas meus desistiram ou deixaram a chama se apagar, vítimas das exigências absurdamente contraditórias e excessivas do ministério nesses tempos de mudança. É verdade, há diversas instâncias de abuso da parte dos pastores, pois há os que tratam mal suas ovelhas, mas provavelmente há um número igual ou maior de pastores caminhando feridos, vítimas do abuso imposto por sistemas eclesiásticos doentios com exigências desumanas. Por mais que essa mudança no estilo de liderança possa ser negociada, tenho certeza de que duas exigências deverão ser respeitadas:

1. **As igrejas terão de cuidar de seus líderes como um bem necessário e amado.**
2. **Os pastores terão de cuidar de si mesmos e uns dos outros quando as igrejas não fizerem isso.**

— Brian McLaren

mais glamorosas ou que pelo menos fizessem o ministro e seu ministério mais "bem-sucedidos". ... Entretanto, todo o conteúdo e toda a sabedoria em torno do assunto da liderança não são capazes de, no final, superar um caso de doença espiritual do coração, uma "parada cardíaca". ... A funcionalidade substitui a formação espiritual. Muitas vezes, as manipulações de programas e as façanhas metodológicas servem como meros quebra-galhos que tentam substituir uma liderança espiritual genuína.[4]

Que lembrete sensato para que sejamos astutos como serpentes, deixando que Deus nos use com poder na cultura emergente; mas, se não formos sem malícia como as pombas, tudo isso não terá sentido.

> **A liderança na igreja emergente não é mais uma questão de focar estratégias, valores essenciais, declarações de missão ou princípios para o crescimento da igreja. Trata-se do fato de que os líderes são, em primeiro lugar, discípulos de Jesus, com coração missional e dependente de oração, movido por amor pela cultura emergente. Todo o restante fluirá disso, não o contrário.**

Um apelo pessoal

Imploro a todos que desejam impactar a igreja emergente que sejam "astutos como serpentes" e pensem estrategicamente, estudem a cultura e, mais do que nunca, atuem como missiólogos. Precisamos ser poetas, teólogos e filósofos novamente. Não precisamos ter medo de repensar tudo o que fazemos. Precisamos iniciar a caminhada por justiça social em nossas comunidades e pensar em nível global. Precisamos ser flexíveis quando liderarmos, em vez de rígidos e controladores. Precisamos ser líderes relacionais em vez de líderes voltados para superobjetivos. Mas por favor, por favor, por favor, acima de tudo, preste uma atenção implacável ao cuidado, mediante oração, de nossa alma de líder. Viva uma vida pura e santa, inocente como as pombas, no meio de uma cultura poluída e corrupta. Esteja constantemente ligado ao grande Pastor da igreja emergente em busca de sua liderança e direção. Nada é mais importante que isso. Nada.

Pensamentos emergentes

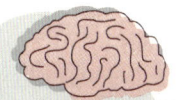

1. Você se identifica com o método de liderança do Capitão Kirk ou do Capitão Picard? Por quê? Se você não é o líder principal de sua igreja, como classificaria o estilo de liderança que vê ali? Seus líderes têm mais relação com a igreja moderna ou com a igreja emergente?
2. Quais títulos os líderes de sua igreja usam? São títulos compreensíveis para as pessoas da cultura emergente? Por quê?
3. Como as pessoas descreveriam os principais líderes da sua igreja? Que palavras usariam? Eles são gerentes ou homens santos?
4. Como a presença de Jesus é reconhecida na liderança e nas reuniões da igreja?

Epílogo pessoal
A estrada continua

"A estrada continua sempre, desde a porta onde teve início.
Agora ela já vai longe, e por ela devo seguir, se for capaz,
Nela prosseguindo com ávidos pés, até que ela desemboque num caminho mais largo
Onde se encontram muitos caminhos e missões.
E, depois, para onde vão? Eu não sei dizer.
— Bilbo Bolseiro, em *A sociedade do anel*

A epígrafe deste capítulo é uma canção que Bilbo Bolseiro canta no livro de J. R. R. Tolkien, *A sociedade do anel*,* quando sai de casa para uma viagem para um destino desconhecido. Sempre gostei da letra dessa música, pois suas palavras são otimistas e animadoras em meio à incerteza. Será que elas não refletem a condição da igreja emergente? Vivemos em dias de grandes possibilidades, mas com grandes ambigüidades. As novas gerações estão abertas para o elemento espiritual, e a igreja de Jesus Cristo está no rumo certo, como nunca esteve,

---

* Publicado no Brasil pela Martins Fontes. [N. do T.]

para levar esperança às gerações que estão buscando a verdade e algo em que acreditar. Não sabemos exatamente como a igreja emergente será ou como irá conduzir sua missão. Mas não importa se as coisas estão muito confusas ou se somos pós-qualquer coisa, a igreja de Jesus irá prevalecer.

Nada irá deter a igreja de Jesus

Quando estivemos em Israel há alguns anos, minha esposa, Becky, e eu fomos com nosso carro alugado até as colinas de Golã. Estávamos indo para o Parque Nacional de Banyas, local conhecido no Novo Testamento como Cesaréia de Filipe, um centro da cultura greco-romana notabilizado pelo culto pagão. Depois de estacionar e seguir algumas placas, chegamos à entrada de uma grande caverna aos pés de uma montanha íngreme. De dentro dessa caverna fluía um riacho, que vinha do alto e quando chegava ao vale tornava-se o rio Jordão. Na época de Cristo, esse lugar era conhecido como os Portões do Inferno, porque os pagãos acreditavam que era possível chegar ao submundo do inferno através daquela caverna. Nas paredes da montanha ficavam alguns nichos onde Pan e outras divindades, esculpidos na própria montanha, recebiam sacrifícios.

Ficamos num dos maiores nichos de altar, agora vazio e repleto de pedras empoeiradas e restos de alguns pássaros mortos há tempos. Abrimos a Bíblia para ler as palavras de Jesus em Mateus 16.17,18. Nessa passagem, Jesus e seus discípulos estavam diante da mesma montanha, tendo uma conversa importante. Depois de responder às perguntas de Jesus sobre o que os outros achavam dele, Pedro reconheceu que Jesus era o Cristo, o Filho de Deus.

Respondeu Jesus: "Feliz é você, Simão, filho de Jonas! Porque isto não lhe foi revelado por carne ou sangue, mas por meu Pai que está nos céus. E eu lhe digo que você é Pedro, e sobre esta pedra edificarei a minha igreja, e as portas do Hades não poderão vencê-la".

Que incrível e memorável jogo de palavras! As pessoas que adoravam os falsos deuses acreditavam que, daquele lugar, podiam ter acesso ao inferno. Ali adoravam os deuses Pan e Baal.

E foi esse lugar, dentre tantos outros, que Jesus escolheu para declarar que sua igreja iria prevalecer.

Becky e eu oramos um bom tempo dentro do altar esculpido, agradecendo a Deus o exemplo que Jesus nos deu e sua promessa de que sua igreja sempre estaria firmada. Sentimos que as semelhanças entre aquele primeiro grupo de seguidores e nós mesmos eram visivelmente claras. Aquele lugar pagão defronte aos Portões do Inferno é exatamente onde se encontram hoje todos os que escolheram levar Cristo para as gerações emergentes. Estamos cercados por falsos deuses e por filósofos religiosos e não-religiosos que desprezam o evangelho de Cristo ou se opõem francamente a ele. Estamos envoltos por influências pagãs e falsas doutrinas, e como conseqüência disso temos uma geração "atormentada e desamparada".

Mas não posso pensar em nenhum outro lugar onde eu queira estar! Considerando que você decidiu ler este livro, suponho que se sinta da mesma maneira. Temos muitos ministérios para cristãos professos e muitas e maravilhosas igrejas contemporâneas de estilo sensível-ao-interessado, que Deus está usando para alcançar com o evangelho as pessoas com postura moderna. A América do Norte já tem bastante diversão cristã nos festivais de *rock* freqüentados por cristãos. Mas quero estar presente no meio dos adoradores pagãos. Quero estar bem no meio dos altares de Pan e Baal, assim como Jesus esteve em Cesaréia de Filipe, plenamente certo de que sua igreja iria prevalecer. Quero me sentar no meio dos pecadores e dos coletores de impostos (Mateus 9.11) como Jesus fazia, dialogando com eles sobre a verdade que é luz e sobre a paz encontrada em Jesus. Quero fazer parte de uma igreja que não seja um lugar para onde as pessoas vão, mas, sim, uma igreja que são pessoas. Quero estar entre os que oram e pensam na igreja emergente de Jesus e em como ela será na cultura pós-cristã. A estrada que se abre ante nós não será fácil. Mas, conforme a música de Bilbo, devemos "nela prosseguir com ávidos pés" por causa da igreja emergente de Jesus. Devemos seguir a liderança do Espírito de Deus até que ele nos mostre qual "caminho mais largo" ele tem reservado para nós.

O que me traz grande alegria e torna essa jornada menos árdua é saber que não estou sozinho. Tanta gente em tantos lugares está começando a pensar as mesmas coisas. Tantos percebendo que alguma coisa está passando por mudanças. Não sabemos exatamente como explicar, mas sabemos que é real. Jamais serei capaz de demonstrar toda minha gratidão a Deus pelas amizades que tenho feito ao longo da estrada e pela ajuda mútua das conversas que tenho tido nessa jornada. Não há atos de indivíduos isolados ou pioneiros na igreja emergente. Que os nossos caminhos nessa jornada se encontrem, pois estamos verdadeiramente juntos. Para onde ela irá nos levar ainda não somos capazes de dizer. Mas estou ansioso por descobrir. Espero que este livro tenha lhe ajudado de alguma forma, para o bem da igreja emergente.

A propósito, preciso mencionar que ontem estive com Sky, nosso amigo pós-cristão, antiigreja e pós-interessado do primeiro capítulo, que se converteu. Ele ainda usa suas bonitas costeletas e ainda se veste como Sky! Ele me contou como tem sido divertido trabalhar com as crianças na igreja. Ele ministra para um grupo de idade pré-escolar. Ainda freqüenta com fidelidade seu grupo nos lares, estudando os livros da Bíblia com Rod e Connie, que são algumas gerações mais velhas que ele. Sky até dirige o grupo e ensina de vez em quando, pois adora estudar as Escrituras.

Ele agora está casado, e tive o privilégio de fazer uma cerimônia de casamento centrada em Cristo. Sky escreveu sozinho seus votos para Melissa, sua linda esposa, e o nome de Jesus estava presente em quase todas as frases. Eu me recordo de observar Sky e Melissa ajoelhados durante a cerimônia, quando então tomaram a ceia como o primeiro ato da vida de casados. Sky em seguida orou com ela em particular. E fez questão de, durante a cerimônia, explicar o amor e a fé que tinham como casal, pois muitos de seus amigos incrédulos estavam presentes.

Sabe, não acho que Sky seja um caso isolado. Muitos Skys vivem na sua comunidade e podem responder ao evangelho da mesma maneira. Se pelo menos puderem viver a experiência com uma igreja — ou seja, com pessoas — que cuide deles com carinho e se esforce por criar um relacionamento com eles. Se pelo menos houver uma igreja que não esconda nem camufle a adoração espiritual na frente dos outros, uma igreja que possa falar com inteligência sobre a vida no Reino e sobre o evangelho, e os convide a ser parte dela. Se pelo menos houver uma igreja que abrace seu papel para com o meio ambiente, para com os pobres e necessitados e para com a justiça mundial de uma forma mais séria para que os Skys na comunidade possam perceber isso. Se pelo menos houver uma igreja que tenha um grande amor pelas novas gerações e não tenha medo de repensar o que for preciso para alcançá-las, mesmo que precise abrir mão do controle ou de sistemas estabelecidos e seja necessário apresentar novos (e antigos) modos de cumprir o ministério. Se pelo menos houver uma igreja que concentre mais de sua energia na geração de discípulos orientados para o Reino e não em programações e eventos. Se pelo menos houver uma igreja que volte às origens simples e puras, na qual seus membros possam outra vez ser cristãos clássicos. Se pelo menos...

Modelo de uma reunião de adoração clássica

Muitas reuniões de adoração da igreja emergente não devem ser longas nem precisarão do nível de planejamento demonstrado neste modelo. Creio, entretanto, que, quando você tiver uma reunião para centenas de pessoas, seu nível de planejamento precisará mudar. Devemos ser responsáveis pelo que fazemos, e isso requer planejamento com oração. Embora o modelo a seguir possa parecer muito linear, rígido e com controle minuto por minuto, na verdade ele não é bem assim. Sua complexidade significa que precisamos pelo menos fazer uma estimativa do tempo. Estabelecer limites de tempo, na realidade, permite que a reunião de adoração aconteça com mais naturalidade. Permitimos que o Espírito altere as coisas enquanto elas acontecem e às vezes fazemos uma pausa num momento não planejado ou prolongue um período de oração.

Em 99% das vezes não conseguimos cumprir o tempo estimado, mas, se não planejarmos o culto, o atraso atrapalhará o culto infantil, pois estaremos impedindo que os pais saiam para buscar seus filhos. Ter alguma estrutura permite mais liberdade.

Depois do quadro, seguem diagramas que estabelecem um contraste entre as abordagens moderna e contemporânea no preparo do local de adoração e a abordagem da igreja emergente.

Noite de Ceia 20h	Tempo Estimado*	Tempo Real	Elementos	Diversos / Fontes	Iluminação / Cortinas
Projetar logotipo do vitral na tela antes do culto	19h30		Passagens bíblicas na tela *(slides)*		
Música do CD – para reflexão	19h45		Preparo pessoal para a adoração		
Período de adoração *We Want to See* *Solid Rock* *River* *Those Who Trust* *Holy, Holy, Holy*	20h		Banda na frente do palco	Banda	Palco Salão — *Dimmer* a 30%
Batismo / Testemunho	20h20			Microfone do batismo	Salão — *Dimmer* a 30%
Boas-vindas Anúncios *Christine*	20h25		*Slides* com anúncios	Microfone sem fio	Salão — 75% Palco
Equipe enviada ao México e Oração	20h28		Equipe no palco — *Slides* do México	Microfone sem fio	Salão — 75% Palco
Oração da oferta *Alisa Cizar*	20h31		Diáconos / Interlúdio com a banda	Microfone sem fio	Salão — 75% Palco
Canção e testemunho *Dan Ryan*	20h33		Versículos na tela	Banda	Salão — 45%
Mensagem da ceia *Dan K.*	20h38		Versículos / Imagens	Microfone de lapela	Salão — 80%
Arte / versículos durante a mensagem			Leitura das Escrituras — Christa M.	Microfone sem fio	Palco
Reflexão silenciosa e oração	21h11		Versículos / Imagens		Salão — *Dimmer* a 20%
Período de adoração / parte de trás do palco *Only You* *Hungry* *Sing Alleluia* *Run to You*	21h14		Ceia distribuída nas mesas da frente — as pessoas vêm e lhes é concedido tempo para orar pelo restante do culto* A banda toca na parte de trás do palco	Banda	Salão — *Dimmer* 25% Luz de palco baixa nos fundos
Hora do hino *My Jesus I Love Thee*	21h30		Cadeira de histórias — lateral do palco	Microfone sem fio	Luz na área da encenação
Leitura bíblica congregacional *Joe*	21h35		Versículos na tela	Microfone sem fio	Somente no palco
Dança de adoração *Kendra Karnes*	21h36		Imagens na tela	CD	Somente no palco
Período de adoração *Amazing Grace* *Forever I'm Yours*	21h39			Banda	Salão — 45% Palco
Oração de encerramento	21h45		Equipe de oração à frente	Microfone sem fio	Salão — 45% — Palco
Música final *suave*				CD	Salão — 30%

*NOTA: A duração de cada item é apenas estimada. Permita que o Espírito altere a reunião à medida que ela se desenvolve.

Uma abordagem moderna e contemporânea para preparo de um local de adoração

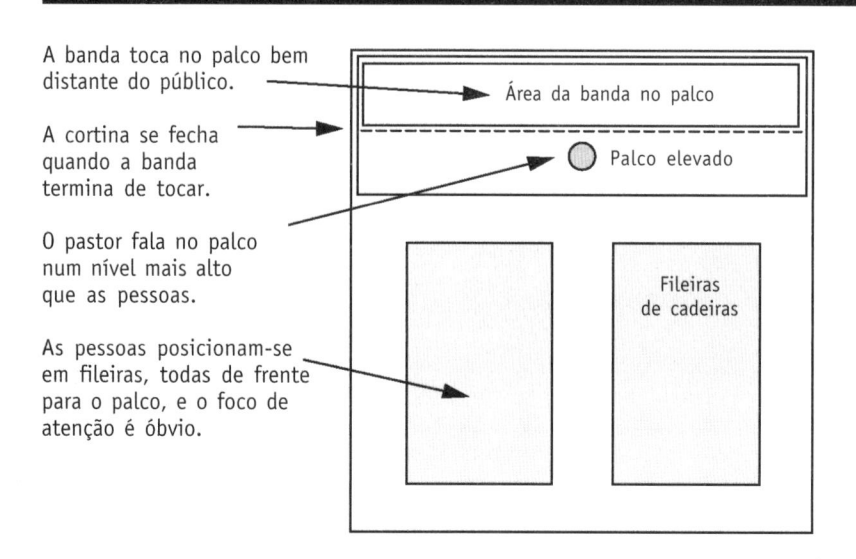

A banda toca no palco bem distante do público.

A cortina se fecha quando a banda termina de tocar.

O pastor fala no palco num nível mais alto que as pessoas.

As pessoas posicionam-se em fileiras, todas de frente para o palco, e o foco de atenção é óbvio.

- Área da banda no palco
- Palco elevado
- Fileiras de cadeiras

Uma abordagem de fé clássica para preparo de um local de adoração

mesmo salão, disposição diferente em razão da diferença de valores

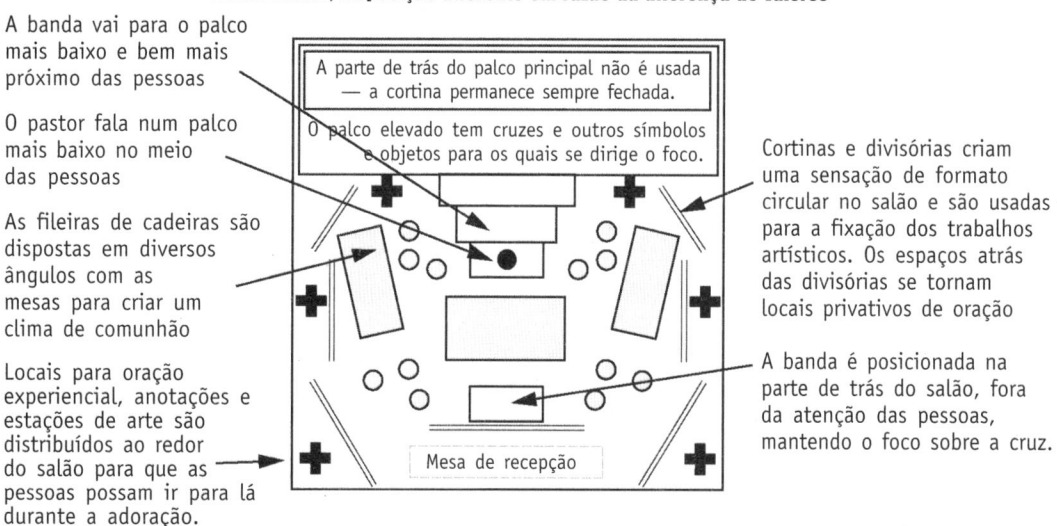

A banda vai para o palco mais baixo e bem mais próximo das pessoas

O pastor fala num palco mais baixo no meio das pessoas

As fileiras de cadeiras são dispostas em diversos ângulos com as mesas para criar um clima de comunhão

Locais para oração experiencial, anotações e estações de arte são distribuídos ao redor do salão para que as pessoas possam ir para lá durante a adoração.

- A parte de trás do palco principal não é usada — a cortina permanece sempre fechada.
- O palco elevado tem cruzes e outros símbolos e objetos para os quais se dirige o foco.
- Mesa de recepção

Cortinas e divisórias criam uma sensação de formato circular no salão e são usadas para a fixação dos trabalhos artísticos. Os espaços atrás das divisórias se tornam locais privativos de oração

A banda é posicionada na parte de trás do salão, fora da atenção das pessoas, mantendo o foco sobre a cruz.

Essa sugestão de arrumação NÃO deve ser considerada um modelo. Serve apenas para estimular a criatividade quando você pensar em fazer alguma mudança na arrumação do salão de suas reuniões para incorporar valores da igreja emergente às reuniões de adoração.

Exemplos de temas para ensino

Nesta parte encontram-se algumas mensagens "teotemáticas" que usamos, classificadas por séries e segundo a intenção teológica ligada a cada uma. O objetivo de cada série é contar a história para a formação de uma cosmovisão teológica, não apenas discutir os assuntos. Nosso sonho é que nossa igreja seja a personificação da nossa teologia, que nossa teologia não seja apenas conhecimento obtido. Normalmente uma série dura de três a seis semanas. Embora eu tenha posto muitas séries na área da santificação, quando se chega ao momento da aplicação tratamos do papel do Espírito na santificação em quase todas as séries. Cada mensagem também discute o que significa viver no Reino como discípulo com a mente voltada para missões.

Mission Santa Cruz [Missão Santa Cruz]; *livro de Jonas*. A primeira série que fizemos, passando por todo o livro com um grupo de estudantes com o objetivo de lançar a visão para o início do nosso culto de fé clássica. O tema era "Se Deus pôde mudar Nínive, então, com certeza, ele pode mudar Santa Cruz". (Missiologia, eclesiologia, nosso papel na história de Deus)

Created for Community [Criados para a comunhão]; *1João*. A segunda série que fizemos, com o foco de incentivar a comunhão entre aqueles que freqüentavam o grupo. (Eclesiologia, como somos parte da história do outro)

The Invisible World [O mundo invisível]; *várias passagens.* Essa é uma história emocionante de ser contada, principalmente porque sabemos o que acontece com o Diabo no final. (Angeologia, anjos, demônios, Satanás, oração)

Vintage Christianity [Cristianismo clássico]; *o Sermão do Monte, Mateus 5—7.* Levamos diversos meses para estudar esses três capítulos. Essa foi a primeira série na qual incentivei as pessoas a trazerem outras para ouvir da verdadeira essência da fé cristã e quebrar estereótipos. (Santificação)

Knowing God [Conhecendo a Deus]; várias passagens. Série de quatro semanas sobre a Trindade. (Doutrina de Deus, nós no relacionamento com o Deus trino)

Romeo and Juliet [Romeu e Julieta]; várias passagens. Série sobre namoro, relacionamentos e sexualidade humana. (Doutrina do homem, santificação, como nossa sexualidade e nossos relacionamentos fazem parte da vida no Reino)

Origins [Origens]; *Gênesis 1-4.* Série de oito semanas sobre a história da criação, homem, pecado, sábado, Satanás, casamento, divórcio e sexo. (Doutrina de Deus, homem, pecado)

Original Blues [Blues original]; *Salmos 73, 22, 51, 86, 63.* Série de cinco semanas sobre cinco salmos carregados de emoção. (Santificação)

On the Road [Na estrada]: Série de quatro semanas sobre como conhecer a vontade de Deus. (Soberania de Deus, como viver na história)

Welcome to the Jungle [Bem-vindo à floresta]. Pontos principais de Daniel 1-6. Série de seis semanas sobre a história de Daniel, que estava imerso numa cultura pagã, mas mesmo assim vivia como filho de Deus. (Oração, tentação, santidade, tomada de decisão, envolvimento com a cultura)

Life after Death? [Vida após a morte?]. Série de quatro semanas sobre céu e inferno, reencarnação, diversas passagens sobre a grande história do futuro. (Doutrina das coisas futuras)

Swing Lessons [Lições oscilantes]. Série de cinco semanas sobre as disciplinas espirituais, nas quais se ressalta que o resultado das disciplinas é o que importa e não propriamente as disciplinas. (Vida espiritual, santificação)

Cool Cats [Gatos descolados]. Série de quatro semanas observando as personagens bíblicas tanto do Antigo Testamento quando do Novo Testamento — Ester, Raabe, Barnabé, Daniel etc. (Caráter de Deus, santificação)

Decisions, Decisions [Decisões, decisões]. Série sobre como tomar decisões baseadas na Palavra, como embaixadores de Jesus vivendo no Reino. (Soberania de Deus, santidade, vida guiada pelo Espírito)

The Bible: Food for the Soul [A Bíblia: Alimento para a alma]. Série de quatro semanas sobre a doutrina da Bíblia, baseada em diversas passagens. (Doutrina da Bíblia)

Ways of Wisdom [Caminhos de sabedoria]; *Provérbios*. Seis semanas sobre os pontos principais do livro de Provérbios. Sobre vida prática perante Deus. (Santificação)

End of Days (Final dos dias]. Panorama de cinco semanas dos tempos finais da história e da profecia bíblica, com diversas visões sobre os finais dos tempos. (Escatologia)

Contact: Communicating with an Invisible God [Contato: Comunicando-se com um Deus invisível]. Série de quatro semanas sobre a oração. (Santificação, santidade, vida cheia do Espírito)

Reasonable Doubt [Dúvida razoável]. Série de cinco semanas baseada em pesquisas feitas com não-crentes colegas dos que freqüentam igrejas. Apologética típica, mas sem deixar de enquadrá-los na história. (Origem da Bíblia, problema do mal, inferno, salvação)

The Last Days of Jesus [Os últimos dias de Jesus]. Uma caminhada de três semanas através das narrativas da semana da Paixão até a ressurreição. (Cristologia, soteriologia)

Freedom: Understanding Who We Are as Christians [Liberdade: Compreendendo quem somos como cristãos]; *Romanos 6—8*. Série de seis semanas sobre a vida espiritual. (Santificação, obra do Santo Espírito)

Lessons Learned [Lições aprendidas]. Uma análise do significado e do propósito da vida e de nossa existência. Pontos principais do livro de Eclesiastes a respeito das lições que os sábios da terra aprenderam naquela época. (Santificação, perspectiva da vida)

God with Us [Deus conosco]. Uma análise de três semanas sobre a Trindade e o papel das três pessoas na história do Natal. (Cristologia, doutrina de Deus)

Reconstructing Jesus [Reconstruindo Jesus]. Uma análise de cinco semanas sobre as impressionantes alegações feitas por Jesus. (Cristologia)

Soul Mates: A Biblical Look at Marriage and Relationships [Almas gêmeas: Uma perspectiva bíblica do casamento e dos relacionamentos]; *Efésios 5*. Série de quatro semanas sobre a redefinição da aliança do casamento e o que significa ser uma só carne. (Santificação, a doutrina do homem, sexualidade humana, como o casamento se encaixa na história da vida no Reino)

Sacred Family: A Fresh Look at Family the Way God Designed It to Be [Família sagrada: Uma nova perspectiva sobre a família do modo que Deus a projetou]; *Efésios 6:1-4, Deuteronômio 6:4-9*. Análise de quatro semanas sobre o perfil bíblico da família, apresentando o conceito àqueles que nunca viveram numa família cristã. (Santificação, vida no Reino)

Em nosso ministério, também tentamos relacionar o que ensinamos ou fazemos a esses temas de nossa missão.

Sendo Jesus o centro e senhor da igreja, desejamos que a nossa missão possa:

Examinar a verdade: dialogar, aprender, ensinar e viver a história bíblica de Deus e o que significa ser um seguidor de Jesus (Atos 17.11,20; João 14.6).

Expressar a fé: Viver a missão com paixão e com criatividade, tanto em nível local quanto mundial, através das artes e da justiça social e convidando os outros para a vida no Reino (Gálatas 5.6; Colossenses 4.3-6; 1Pedro 3.15).

Ter experiência com Deus: ligar-se a Deus e amá-lo profundamente com o coração, o entendimento, a força e a alma enquanto vivemos uma vida de adoração em tudo o que somos e em tudo o que fazemos (Efésios 3.14-21; Mateus 22.37; Hebreus 12.28,29).

Entrar em comunhão: participar da vida em conjunto como igreja preparada para servir a Deus e ao próximo em amor e em relacionamentos mediante nossa diversidade singular, nossos sonhos e talentos (Atos 2.42-47; João 34—35; 1Coríntios 12.27).

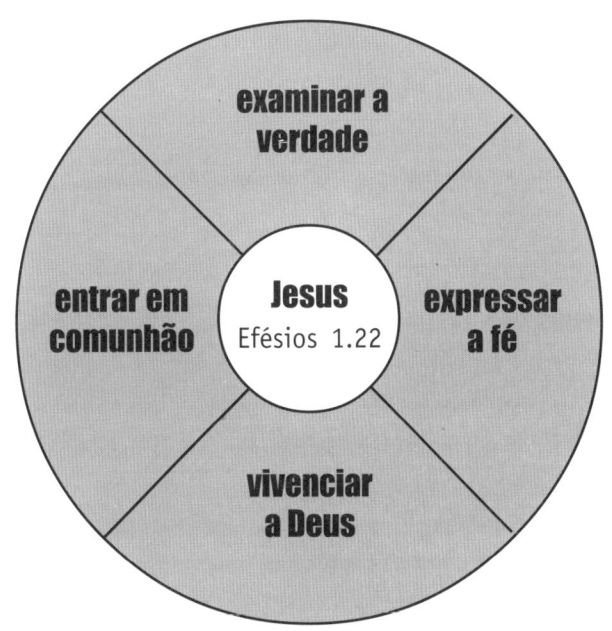

Recursos para a igreja emergente

Websites

Os *websites* vêm e vão. Por isso, limitei a lista abaixo a alguns que provavelmente estarão na internet por um bom tempo. Esses *sites* contêm *links* para centenas de outros *sites*.

www.vintagefaith.com. Oferece atualizações sobre os tópicos discutidos neste livro, além de exemplos e fotografias, idéias e amostras para os ministérios. É um suplemento interativo contínuo para este livro. Apresenta *links* para diversas igrejas emergentes, *webzines*, fontes sobre artes e outros *websites* úteis.

www.emergentvillage.org. Publica artigos e informações sobre conferências e reúne as vozes da igreja emergente.

www.next-wave.org. *Webzine* com muitos artigos sobre a igreja emergente originários de diversas perspectivas.

www.sacramentis.com. O *website* de Sally Morgenthaler oferece *links* para arte na internet assim como para artigos e recursos úteis.

www.theooze.com. The Ooze é um grande recurso com artigos instigantes sobre a igreja emergente. É também ótima fonte de *links* de igrejas emergentes nos Estados Unidos e em todo o mundo.

www.youthspecialties.com. A Youth Specialties sempre é grande fonte para os ministérios emergentes. Mesmo que trabalhemos com adultos, devemos acompanhar as tendências dos ministérios para jovens para seguir as pistas de qual será o futuro da igreja emergente.

Livros

Cultura e pós-modernismo

Grenz, Stanley. *A Primer on Postmodernism*. Grand Rapids, Mich.: Eerdmans, 1996. Algumas pessoas vêem esse livro como um clássico que trata o pós-modernismo de uma maneira compreensível, lidando com suas origens e impacto. Publicado no Brasil por Vida Nova sob o título *Pós-Modernismo: Um guia para entender a filosofia do nosso tempo.*

Grenz, Stanley J., e John R. Franke. *Beyond Foundationalism: Shaping Theology in a Postmodern Context*. Louisville: Westminster John Knox, 2000. Embora eu não entre na teologia da igreja emergente em meu livro, esse outro lida com questões que os líderes da igreja emergente devem analisar.

Jones, Tony. *Postmodern Youth Ministry*. Grand Rapids, Mich.: Zondervan, 2001. Embora seja um livro para ministério com jovens, traz mais detalhes sobre pós-modernismo do que meu livro.

McLaren, Brian. *Church on the Other Side*. Grand Rapids, Mich.: Zondervan, 1998, 2000. Eu não conseguia largar desse livro depois que comecei a lê-lo.

———. *A New Kind of Christian*. San Francisco: Jossey-Bass, 2001. Escrito como uma história, esse livro polêmico faz você pensar. Eu o li em dois momentos porque ele toca em muitas questões que nós na liderança estamos enfrentando. Realmente recomendo para os que estão iniciando na discussão da igreja emergente.

McLaren, Brian, and Tony Campolo. *Adventures in Missing the Point*. Sendo lançado pela emergentYS.

Rabey, Steve. *In Search of Authentic Faith: How Emerging Generations Are Transforming the Church*. Colorado Springs: Waterbrook, 2000. Um livro que examina algumas igrejas específicas que estão alcançando as gerações emergentes e o que elas estão fazendo.

Sweet, Leonard, ed. *Four Views of the Church in Postmodern Culture*. Sendo lançado pela emergentYS. Um importante livro que o ajuda a analisar onde você se encontra em resposta ao pós-modernismo e a aprender como os outros estão reagindo. O autor também coordenou **The Church in Emerging Culture - Five Perspectives** [no prelo, por Editora Vida].

Wilson, Jim. *Future Church: Ministry in a Post-Seeker Age*. Littleton, Colo.: Serendipity, 2002. Um livro que analisa as ligações e os aspectos comuns entre as igrejas emergentes.

Yaconelli, Michael, ed. *Stories of Emergence*. Sendo lançado pela emergentYS. Ótimo livro com histórias de líderes emergentes sobre suas lutas com a modernidade e com a igreja. Você pode se identificar com muitos deles.

Igreja e missões

Beckham, William A. *The Second Reformation: Reshaping the Church for the Twenty-first Century*. Houston: Touch Publications, 1995. Esse é um livro com opinião equilibrada que observa como nos distanciamos do modelo da igreja primitiva. Em vez de simplesmente afirmar que devemos voltar para as igrejas nos lares, Beckham propõe um equilíbrio entre grandes reuniões e igrejas nos lares.

Bercot, David. *Let Me Die in Ireland: The True Story of St. Patrick*. Tyler, Tex.: Scroll, 1999. Livro que nos dá ânimo quando pensamos que as coisas estão difíceis no ministério, assim como nos inspira para não desistirmos de alcançar as pessoas que sentimos que Deus nos chamou para alcançar.

Gruder, Darrell, ed. *The Missional Church: A Vision for the Sending of the Church in North America*. Grand Rapids, Mich.:

Eerdmans, 1998. Os capítulos 4 e 5 desse livro justificam a sua aquisição.

McManus, Erwin. *An Unstoppable Force: Daring to Become the Church God Had in Mind.* Loveland, Colo.: Group, 2001. Erwin dirige a Mosaic, uma igreja missional e muito criativa em Los Angeles. Vale a pena ouvir suas opiniões.

Newbigin, Lesslie. *The Gospel in a Pluralistic Society.* Grand Rapids, Mich.: Eerdmans, 1989. Quando Newbigin retornou para a Inglaterra depois de seu trabalho missionário na Índia, enfrentou uma cultura pós-cristã, que ele descreveu como mais difícil de alcançar que a cultura que havia deixado na Índia.

Liderança

Nouwen, Henri. *In the Name of Jesus: Reflections on Christian Leadership.* New York: Crossroad, 1993. Há muitos livros bons sobre liderança, mas esse anda no caminho inverso da maioria dos livros de liderança evangélicos ou do mundo dos negócios, e acho que nós, da igreja emergente, com certeza precisamos lê-lo. Nouwen levanta questões do coração para os que se encontram na liderança. Publicado no Brasil pela Editora Atos sob o título *O perfil do líder cristão do século XXI.*

Mallory, Sue. *The Equipping Church.* Grand Rapids, Mich.: Zondervan, 2001. Na igreja emergente, o ministério necessita mais do que nunca estar nas mãos das pessoas, conforme descreve a Bíblia em Efésios 4:11,12. A igreja emergente deve ser uma igreja equipada.

Maxwell, John. *Developing the Leaders around You.* Nashville: Thomas Nelson, 1995. Devemos abraçar as questões que Nouwen nos apresenta, mas também precisamos desenvolver algumas habilidades práticas de liderança, principalmente se sua igreja tem a expectativa de desenvolver níveis de liderança, estendendo sua missão ao crescer ou ao implantar novas igrejas. Os livros que descobri serem os mais práticos para uso nas igrejas são esse e o indicado a seguir, escritos por John Maxwell. Tenho que admitir que não concordo com muitos "princípios" ou "leis da liderança" e outras abordagens modernas que ele usa. Mas temos de dirigir e formar equipes, e esses dois livros oferecem princípios que representam necessidades dos líderes da igreja emergente.

———. *Developing the Leader within You.* Nashville: Thomas Nelson, 2000. Publicado no Brasil pela Record sob o título *Desenvolva a sua liderança.*

Formação espiritual

Case, Steve. *Book of Uncommon Prayer: Contemplative and Celebratory Prayers and Worship Services for Youth Ministry.* Grand Rapids, Mich.: Zondervan, Youth Specialties, 2002. Se você está procurando exemplos de como colocar em prática algumas disciplinas antigas numa reunião de adoração, esse livro é boa fonte. É orientado para jovens, mas poder ser usado também com adultos.

Talbot, John Michael, and Steve Rabey. *The Lessons of St. Francis: How to Bring Simplicity and Spirituality into Your Daily Life.* New York: Dutton, 1997. Explora alguns estilos de vida baseados nas disciplinas antigas que encontram acolhida na igreja emergente. Publicado no Brasil pela Best Seller sob o título *Lições de São Francisco.*

Willard, Dallas. *The Divine Conspiracy: Rediscovering Our Hidden Life in God.* New York: Harper Collins, 1998. Sem nenhuma dúvida, os livros que mais me influenciaram em minhas reflexões sobre discipulado e sobre formação espiritual para a igreja emergente são esse e o indicado a seguir, escritos por Dallas Willard. Publicado no Brasil pela Mundo Cristão sob o título *A conspiração divina.*

———. *Renovation of the Heart: Putting on the Character of Christ.* Colorado Springs: NavPress, 2002. Publicado no Brasil pela Mundo Cristão sob o título *A renovação do coração.*

Yaconelli, Mike. *Messy Spirituality.* Grand Rapids, Mich.: Zondervan, 2002. Mais do que nunca, precisamos admitir que o cristianismo não é apenas um perfeito sistema de princípios ou de passos a serem dados. Esse livro admite, de forma muito bonita, o fato de que a fé cristã não é previsível nem um pacote imaculado e perfeito. Essa é uma mensagem que as gerações emergentes precisam ouvir para que não sejam demasiadamente oprimidas por culpa, derrota e desapontamento.

Evangelismo

Hunter, George. *The Celtic Way of Evangelism.* Nashville: Abingdon, 2000. Provavelmente o meu livro sobre evangelismo favorito e que tem ligação com a cultura atual.

Kallenberg, Brad. *Live to Tell: Evangelism for a Postmodern Age.* Grand Rapids, Mich.: Brazos, 2002.

McLaren, Brian. *More Ready Than You Realize.* Grand Rapids, Mich.: Zondervan, 2002. Baseado em uma história verdadeira de como McLaren interagiu, quase sempre por *e-mail*, com um interessado pós-moderno.

Richardson, Rick. *Evangelism outside the Box.* Downers Grove, Ill.: InterVarsity, 2000. Livro de idéias práticas sobre evangelismo para serem implementadas em nossa cultura atual.

A igreja primitiva e a cultura judaica

Creio ser muito importante para os líderes da igreja emergente estudar e aprender sobre a cultura judaica do Novo Testamento e sobre o mundo no qual a igreja primitiva nasceu. Toda crítica de que a fé cristã é uma religião moderna organizada pode ser desafiada se compartilharmos as nossas raízes antigas e históricas. E mais importante ainda é enxergarmos Jesus e sua mensagem de uma forma renovada para nos ajudar a identificar como as nossas influências modernas marcaram a visão que temos dele e de seus ensinamentos.

Também devemos repensar o lugar de onde viemos e não supor que as pressuposições modernas sobre igreja sejam as verdadeiramente praticadas e ensinadas pelas Escrituras. Os livros mencionados a seguir não têm "Os cinco passos da liderança no pequeno grupo da igreja emergente", mas eles irão ampliar a nossa perspectiva do que realmente é cristianismo clássico. Você irá se surpreender quando perceber como nos desviamos daquilo que era considerado de alto valor na igreja primitiva.

Edersheim, Alfred. *The Life and Times of Jesus the Messiah.* Ed. rev. Peabody, Mass.: Hendrickson, 1997.

———. *Sketches of Jewish Social Life.* Ed. rev. Peabody, Mass.: Hendrickson, 1997.

Zondervan Illustrated Bible Backgrounds Commentary. Grand Rapids, Mich.: Zondervan, 2002.

Howard, Kevin, e Marvin Rosenthal. *The Feasts of Our Lord.* Nashville: Thomas Nelson, 1997. Esse livro analisa os feriados judaicos e explica seus significados messiânicos. Minha esposa e eu praticamos muitos dos feriados judaicos através do que foi ensinado nesse livro e tentamos ensinar o mesmo em nossa igreja.

Martin, Ralph P. *Worship in the Early Church.* Grand Rapids, Mich.: Eerdmans, 1975. Publicado no Brasil por Vida Nova sob o título *Adoração na igreja primitiva.*

Patzia, Arthur G. *The Emergence of the Church: Context, Growth, Leadership and Worship.* Downers Grove, Ill.: InterVarsity, 2001.

Stevenson, Kenneth. *The First Rites: Worship in the Early Church.* Collegeville, Minn.: Liturgical Press, 1990.

Vander Laan, Ray. *Faith Lessons: That the World May Know.* Grand Rapids, Mich.: Zondervan, 1998. Série em vídeo.

Wright, Norman T. *The Challenge of Jesus*: *Rediscovering Who Jesus Was and Is.* Downers Grove, Ill.: InterVarsity, 1999. Realmente recomendo esse livro como fonte de um panorama de quem é Jesus através das lentes do Novo Testamento.

Yancey, Phillip. *The Jesus I Never Knew.* Grand Rapids, Mich.: Zondervan, 1995. **Publicado no Brasil pela Editora Vida sob o título *O Jesus que eu nunca conheci*.**

Artes

De Borchgrave, Helen. *A Journey into Christian Art.* Minneapolis: Fortress, 1999. Excelente recurso para ler a história do desenvolvimento da arte cristã, assim como uma fonte de imagens para uso nas reuniões de adoração.

Doré, Gustave. *The Doré Bible Illustrations.* New York: Dover, 1974. Para trabalhos artísticos bíblicos, meu livro favorito sem dúvida é o de Doré. Sua arte não é brega e comunica poderosamente muitas cenas bíblicas tanto do Antigo quanto do Novo Testamento.

Dyrness, William A. *Visual Faith: Art, Theology, and Worship in Dialogue.* Grand Rapids, Mich.: Baker, 2001. Esse livro traz um panorama teológico sobre as razões de a arte ser uma parte importante da maneira de Deus se comunicar e de podermos também incorporá-la à adoração.

Notas

Introdução

¹*The American Heritage Dictionary of the English Language,* 4ª ed. Boston: Houghton Mifflin, 2000 e *The New Lexicon Webster's Dictionary*. New York: Lexicon, 1987.

²Tom CLEGG e Warren BIRD. *Lost in America*. Loveland, Colo.: Group, 2001, p. 25.

Capítulo 1

¹Uso o termo "interessado", em referência à pessoa que está examinando as coisas espirituais, apenas porque esse termo se tornou muito conhecido e amplamente utilizado. Concordo com muitos outros que pensam que rotular alguém como interessado é, na verdade, uma forma limitada de descrever alguém em sua jornada espiritual. De certo modo, quando as pessoas se convertem, elas continuam interessadas, à medida que continuam buscando a Deus em tudo o que fazem.

²*Oxford American Dictionary*. New York: Oxford University Press, 1980.

Capítulo 3

¹George BARNA. "How Americans See Themselves". *Barna Research Online*, 28 de maio de 1998. Veja www.barna.org/cgiin/PagePressRelease.asp?PressReleaseID=13&Reference=D. (Acessado em 4 de janeiro de 2002.)

²Ibid.

³George BARNA. "Adults Who Attended Church As Children Show Lifelong Effects". *Barna Research Online*, 5 de novembro de 2001. Veja www.barna.org/cgi-bin/PagePressRelease.asp?PressReleaseID=101& Reference=D. (Acessado em 4 de janeiro de 2002.)

⁴George Barna. "The Year's Most Intriguing Findings, from Barna Research Studies". *Barna Research Online*, 17 de dezembro de 2001. Veja www.barna.org/cgi-bin/Page-PressRelease.asp?PressReleaseID=77& Reference=D. (Acessado em 4 de janeiro de 2002.)
⁵Ibid.

Capítulo 4

¹Stanley J. Grenz. *A Primer on Postmodernism*. Grand Rapids, Mich.: Eerdmans, 1996, p. 12. [*Pós-Modernismo: Um guia para entender a filosofia do nosso tempo*. São Paulo: Vida Nova, s.d].

²Veja www.emergentvillage.com/defpostmodern.html. (Acessado em 13 de novembro de 2002.)

³Terry Mattingly. "Mixed Messages: Spears' Naughty Image Belies Her Christian Belief". *San Jose Mercury News* (2 de setembro de 2000), 3 ed.

⁴John Leland. "Searching for a Holy Spirit", *Newsweek*, 8 de maio de 2000, p. 61.

⁵Dave Tomlinson. *The Post-Evangelical*. London: Triangle, 1995, p. 75. (Uma nova edição desse livro foi publicada pela EmergentYS em 2003.)

⁶Ibid., 75-6.

Capítulo 5

¹Peter Drucker. *Post-Capitalist Society*. New York: Harper Collins, 1993, p. 1. [*Sociedades pós-capitalistas*. Thomson Learning, s.d.].

Capítulo 6

¹Lesslie Newbigin. *Unfinished Agenda*. London: SPCK, 1985, p. 249.

²Tom Clegg e Warren Bird. *Lost in America*. Loveland, Colo.: Group, 2001, p. 25.

³Newbigin. *Unfinished Agenda,* p. 249.

⁴Diana Eck. *A New Religious America: How a "Christian Country" Has Become the World's Most Religiously Diverse Nation*. New York: Harper Collins, 2001, orelha interna da capa e quarta capa.

⁵Ibid.

⁶Jeffrey L. Sheler. "Faith in America". *U.S. News and World Report*, 6 de maio de 2002, p. 42.

⁷John Leland. "Searching for a Holy Spirit". *Newsweek*, 8 de maio de 2000, p. 61.

⁸Ibid., p. 62.

⁹Susan Hogan Albach. "Teaching Values without Religion". *San Jose Mercury News,* 23 de dezembro 2000, 1. ed.

Capítulo 7

¹Rick Levin. "Christapalooza: 20,000 Christians Convene at the Gorge: God Doesn't Show". *The Stranger* (Seattle): 8 n. 48 (19–25 de agosto de

1999). Veja www.thestranger.com/1999-08-19/feature.html. (Acessado em 9 de fevereiro de 2002.)

²Stern sobre as ações de seus caluniadores para convencer os anunciantes a não patrocinar seu programa de rádio.

³Os CDs do Blink-182 que são sucesso de vendas possuem o selo de "letras explícitas" em suas capas. Uma das capas do CD e do vídeo traz uma atriz pornográfica, e o título de um de seus CDs é uma brincadeira de natureza sexual: "Tire as calças e aproveite".

Capítulo 8

¹Millard Erickson. *Introducing Christian Doctrine*. Grand Rapids, Mich.: Baker, 1992, 2001, p. 347. [*Introdução à teologia sistemática*. São Paulo: Vida Nova, s.d].

²Darrell Guder. ed. *The Missional Church: A Vision for the Sending of the Church in North America*. Grand Rapids, Mich.: Eerdmans, 1998, p. 79-80.

³Ibid., p. 83-84.

⁴Erwin Raphael McManus. *An Unstoppable Force: Daring to Become the Church God Had in Mind*. Loveland, Colo.: Group, 2001, p. 29-30.

Capítulo 10

¹Charles Ryrie. *Basic Theology*. Colorado Springs, Colo.: 1986, p. 428. [*Teologia básica ao alcance de todos*. São Paulo: Mundo Cristão, s.d].

²Ralph P. Martin. *Worship in the Early Church*. Grand Rapids, Mich.: Eerdmans, 1964, p. 11. [*Adoração na igreja primitiva*. São Paulo: Vida Nova, s.d].

³Sally Morgenthaler. *Worship Evangelism*. Grand Rapids, Mich.: Zondervan, 1995, p. 81.

Capítulo 11

¹Rick Warren. *The Purpose Driven Church*. Grand Rapids, Mich.: Zondervan, 1995, p. 165. **[Uma igreja com propósitos. 2. ed. São Paulo: Vida, 2008]**.

²Jim Cymbala. *Fresh Faith*. Grand Rapids, Mich.: Zondervan, 1999, p. 78. **[Fé renovada. São Paulo: Vida, 2001]**.

Capítulo 12

¹Devo a Paul Engle (diretor-executivo e editor associado da Zondervan) grande parte do que foi escrito neste capítulo. As anotações da tese de Paul "Aesthetics in Worship: Does Beauty Matter?" foram a fonte para o quadro desse capítulo assim como para os ponto principais.

Capítulo 13

¹*Oxford American Dictionary*. New York: Oxford Univ. Press, 1980, p. 595.

²Rick Warren. *The Purpose-Driven Church*. Grand Rapids, Mich.: Zondervan, 1995, p. 266-67. **[Uma igreja com propósitos. 2. ed. São Paulo: Vida, 2008]**.

Capítulo 15

¹Joseph Pine II e James H. Gilmore. *The Experience Economy*. Boston: Harvard Business School Press, 1999. A citação é da sobrecapa. [*O espetáculo dos negócios*. Campus Elsevier, s.d.].
²Kalle Lasn. *Culture Jam*. New York: Harper Collins, 1999, 19, p. 14-15.

Capítulo 16

¹Trecho obtido de "Eucharist", uma liturgia composta para o 1999 Greenbelt Festival na Inglaterra.
²Philip Yancey. *The Jesus I Never Knew*. Grand Rapids, Mich.: Zondervan, 1995, p. 50. **[O Jesus que eu nunca conheci. São Paulo: Vida, 2004]**.

Capítulo 17

¹Leadership Network. *Explorer* n. 57, 11 de março de 2002.
²Ibid.
³Leith Anderson. *A Church for the Twenty-First Century*. Minneapolis: Bethany, 1992, p. 46.
⁴E. M. Bounds. *Preacher and Prayer*. Grand Rapids, Mich.: Zondervan, 1946, p. 26.

Capítulo 18

¹Dallas Willard. *The Divine Conspiracy*. San Francisco: Harper Collins, 1998, p. 37. [*A conspiração divina*. São Paulo: Editora Mundo Cristão, s.d.].
²Darrell Gruder. ed. *The Missional Church*. Grand Rapids, Mich.: Eerdmans, 1998, p. 97.
³George G. Hunter III. *The Celtic Way of Evangelism*. Nashville: Abingdon, 2000, p. 53.
⁴George Barna citado na entrevista "Seven Questions with George Barna": www.ginkworld.net/current_7q/archives_7q_2002/7_questions_04012002.htm.

Capítulo 19

¹*A Greek-English Lexicon of the New Testament and Other Early Christian Literature*, compilada por Walter Bauer, traduzida e adaptada por William F. Arndt e F. Wilbur Gingrich, 2. ed. rev. e aumentada por F. Wilbur Gingrich e Frederick W. Danker. Chicago: University of Chicago Press, 1979, s.v. "mathetes," p. 486-87.

²Dallas WILLARD. *Renovation of the Heart*. Colorado Springs: Nav Press, 2002, p. 241. [*A renovação do coração*. São Paulo: Mundo Cristão, s.d].
³Ibid., 313.
⁴Gary THOMAS. *Sacred Pathways*. Grand Rapids, Mich.: Zondervan, 2000, p. 16.
⁵WILLARD. *Renovation of the Heart,* p. 250.

Capítulo 20

¹William BARCLAY. *The Gospel of Matthew*. Louisville: Westminster John Knox, 1956, vol. 1, p. 354.
²Os Guinness. *Dining with the Devil*. Grand Rapids, Mich.: Baker, 1993, p. 49.
³*Vine's Expository Dictionary of Biblical Words*. Nashville: Thomas Nelson, 1985. [Dicionário Vine. São Paulo: CPAD, s.d.].
⁴Reggie MCNEAL. *A Work of Heart: Understanding How God Shapes Spiritual Leaders*. San Francisco: Jossey-Bass, 2000, p. ix.

Colaboradores

Meu desejo foi demonstrar neste livro que a igreja emergente consiste em muitas vozes e opiniões. Assim, encontram-se espalhados pelo texto comentários de líderes da igreja que merecem meu respeito e com quem tenho amizade. Tenho visto Deus atuar muito por intermédio deles para impactar a cultura com Jesus. Eles representam várias gerações e têm abordagens diferentes em seus ministérios, tanto modernas quanto pós-modernas, em igrejas contemporâneas e emergentes. Mesmo assim, esses líderes não representam toda a imensa variedade de denominações, faixas etárias, raças, países, culturas e filosofias presentes nas igrejas emergentes e em seus líderes.

Howard Hendricks. É presidente do Center for Christian Leadership e ilustre professor no Dallas Theological Seminary (www.dts.edu). Há mais de quarenta anos influencia a vida de milhares de estudantes. Foi autor e co-autor de inúmeros livros, incluindo *As iron shapes iron, Vivendo na Palavra* (publicado no Brasil pela Imprensa Batista Regular)*, e Coloring outside the lines,* um livro sobre criatividade. Ele e sua esposa, Jeanne, estão casados há mais de cinqüenta anos, educaram seus quatro filhos e são avós orgulhosos de seis netas.

Chip Ingram. É presidente do ministério Caminhada Bíblica e pastor de ensino do programa de rádio nacional *Living on the Edge* (www.lote.org). Chip foi pastor sênior da Santa Cruz Bible Church (www.santacruzbible.org), igreja grande não-denominacional, localizada em Santa Cruz, Califórnia, onde ele e Dan Kimball trabalharam juntos na equipe por mais de doze anos. Chip é autor de *Holy Ambition: What It Takes to Make a Difference for God* e *I am with You Always: Experiencing God in Times of Need*.

Brian McLaren. É pastor-fundador da Cedar Ridge Community Church (www.crcc.org) em Spencerville, Maryland. Ele é autor de diversos livros, incluindo *A New Kind of Christian, Finding Faith, More Ready than You Realize* e *The Church on the Other Side*. É membro sênior da Emergent (www.emergentvillage.org).

Sally Morgenthaler. É presidente do Sacramentis.com e autora de *Worship Evangelism: Inviting into the Presence of God*. Seu livro se tornou um marco para ministérios pós-modernos e voltados para a adoração, obra cuja popularidade ultrapassa as barreiras denominacionais. Seu livro mais recente, *The Unchanted Now*, foca a adoração numa cultura pós-moderna. Amostras do material produzido por Sally, fotografias e outras informações sobre seu ministério podem ser encontradas em seu *website* (www.sacramentis.com).

Mark Oestreicher. Depois de trabalhar cerca de vinte anos em ministérios para jovens, Mark Oestreicher é agora presidente e editor do Youth Specialties (www.youthspecialties.com). Escreveu dezenas de livros para ministérios de jovens. Mark está liderando a Emergent-YS, uma parceria com a Emergent (www.emergentevillage.com), para oferecer recursos e treinamento a líderes de igrejas emergentes. Ele e sua esposa, Jeannie, moram em São Diego com seus meninos, Liesl e Max.

Rick Warren. É pastor sênior da Saddleback Church em Lake Forest, Califórnia (www.saddleback.com), cuja freqüência semanal já passou de 16 mil pessoas, da qual já se organizaram mais de 30 igrejas filhas. Rick é o autor de diversos livros de sucessos, incluindo *Uma vida com propósitos* e o livro ganhador do prêmio Gold Medallion, *Uma igreja com propósitos,* já traduzido para 16 idiomas e publicado em mais de 116 países. Com sua esposa, Kay, Rick dedica-se a oferecer recursos comprovados pela experiência em Saddleback, para incentivar pastores, ministros e líderes de igreja com ferramentas e recursos para desenvolvimento de igrejas saudáveis através de seu *website* www.pastors.com.

A igreja emergente
cristianismo clássico para as novas gerações

A conversa não acaba aqui...

Para mais informações sobre o assunto tratado neste livro, mais exemplos dos ministérios mencionados aqui, mais fotografias de diversas experiências de adoração da igreja emergente e *links* para outros *websites* e ministérios envolvidos com o mundo da igreja emergente, visite www.vintagefaith.com.

Se você tiver histórias ou exemplos de ministérios que deseja compartilhar, ou alguma opinião sobre este livro, eu gostaria muito de recebê-los, já que estamos juntos nessa jornada. Você pode entrar em contato comigo através do *website*.

— Dan Kimball

Conheça outras obras da Editora Vida

Repintando a igreja
uma visão contemporânea
Rob Bell

"Precisamos continuar reformando a maneira de definir a fé cristã, a maneira de vivê-la e explicá-la" — ROB BELL

Já parou para pensar que fazemos parte de uma corrente histórica e mundial de pessoas que crêem que Deus não nos abandonou, mas está envolvido em nossa história desde o início? Em Jesus, Deus habitou entre nós de maneira singular e poderosa, mostrando-nos um novo tipo de vida. Uma nova perspectiva sobre o mundo em que vivemos.

Como parte dessa tradição, Rob Bell expressa a necessidade que temos de "continuar pintando, continuar reformando" a história da igreja e da cristandade. Não apenas produzindo mudanças plásticas e superficiais, como melhor iluminação e música, mas reafirmando convicções acerca de Deus, de Jesus, da Bíblia, da salvação e do futuro.

O leitor é convidado a ver o quadro da Igreja cristã que cada pessoa, em seu tempo e espaço, está pintando. Ainda há mais pela frente! Ainda não terminamos de pintar este quadro! Como fizeram os primeiros cristãos, também devemos buscar o entendimento do alto para esta nossa realidade: "pareceu bem ao Espírito Santo e a nós"!

Rob Bell é pastor da Mars Hill Bible Church, uma das igrejas que mais crescem nos Estados Unidos. É graduado pelo Wheaton College e pelo Fuller Theological Seminary, em Pasadena, Califórnia. Ele e a esposa, Kristen, têm dois filhos e moram em Grand Rapids, Michigan.

Acesse os *sites* www.editoravida.com.br e www.vidaacademica.net

Proibida a entrada de pessoas perfeitas
Um chamado à tolerância na igreja
John Burke

Como receber "pessoas imperfeitas" na igreja?

O que têm em comum um budista, um casal motociclista, um ativista dos direitos homossexuais, um nômade, um engenheiro, um muçulmano, uma mãe solteira de vinte e poucos anos, um judeu, um casal que vive junto sem ser casado e um ateu?

Escrito para pastores, líderes, e interessados no impacto da Igreja no mundo de hoje e do amanhã, *Proibida a entrada de pessoas perfeitas* mostra como criar a cultura do tipo "venha como você está" e auxilia na construção da ponte sobre o abismo entre a igreja e o mundo pós-moderno.

Atual e relevante, esta obra oferece caminhos para derrubar as barreiras que afastam as novas gerações do amor de Deus. Burke lembra que Deus faz o que sempre fez em todas as gerações: institui sua igreja contando com pessoas imperfeitas, em situações aparentemente sem esperança. Ninguém está tão longe ou perdido que Deus não o possa alcançar!

John Burke é pastor da Gateway Community Church e presidente da Emerging Leadership Initiative. É casado e tem dois filhos.

Acesse os *sites* www.editoravida.com.br e www.vidaacademica.net

Esta obra foi composta em *Officina Sans* e impressa
por Imprensa da Fé sobre papel *Lux Scream* 70 g/m²
para Editora Vida em novembro de 2008.